Der Pfad des Glaubens

Said Nursis Botschaften für Herz und Verstand

Nachdruck oder Vervielfältigungen, auch auszugsweise, bedürfen der schriftlichen Zustimmung des Autors.

© 2025 Cemil Sahinöz
Verlag:
BoD · Books on Demand GmbH,
Überseering 33, 22297 Hamburg,
bod@bod.de
Druck:
Libri Plureos GmbH,
Friedensallee 273, 22763 Hamburg
ISBN: 978-3-8192-7626-2

©www.misawa.de
1. Auflage 2025
Alle Rechte liegen beim Autor.
Cover: Erman Doğan (info@grafist.de)

Inhalt

Vorwort 5

Wendepunkte im Leben Said Nursis 7

Gotteserkenntnis in der Risale-i Nur 18

Glaubt man aus Leichtigkeit und Bequemlichkeit an Gott? 21

Glauben oder Nicht-Glauben? Das ist hier die Frage.....23

Die Reise des Menschen 46

Die Dreifache Dimension des Lebens 52

Seelsorge und Psychotherapie 56

Krankheitsverständnis 63

Drei Arten von Geduld 68

Glück und Unglück bei Said Nursi und Imam Ghazali..74

Krankheiten der Gesellschaft und ihre Heilmittel.........93

Theodizeeproblem bei Said Nursi 98

Schicksal und freier Wille 104

Rolle der Senioren im Islam 110

Liebe als Ursache der Existenz 117

Sufismus bei Said Nursi 125

Die fünf Gebetszeiten und ihre Bedeutung 133

Weisheiten des Fastens...138

Verschwendung, Nachhaltigkeit und Umweltschutz ...145

Tierschutz und Tierliebe..150

Musikverständnis im Islam 159

Risale-i Nur als Tafsir 166

Die Bedeutung der Sunna..184

Die Miradsch-Nacht 191

Betrachtungsweise der Prophetengeschichten 196

Die Rechtsschulen des Islams 201

Sein Verständnis von Dschihad.....................................220

Haltung zur Republik, Demokratie und Säkularismus.227

Positives Handeln...232

Kultur des Miteinanders 241

Anti-Rassismus bei Said Nursi – eine Vision der universellen Brüderlichkeit 248

Religionspädagogik..259

Chronologie des Lebens von Said Nursi 278

Das Gesamtwerk Risale-i Nur im Überblick................285

Literatur..286

4

Vorwort

Der islamische Gelehrte Said Nursi (1876–1960) gehört
zu den faszinierendsten Denkern der Moderne. Seine
Ideen zu Religion, Wissenschaft, Politik, Freiheit,
Gesellschaft und interreligiösem Dialog sprengen
kulturelle und sprachliche Grenzen. Sie sind zu wertvoll,
um nur in der ursprünglichen türkischen Sprache und
innerhalb der türkischen Community verhaftet zu
bleiben. Denn Nursi entwirft ein Menschenbild, das in
seiner Tiefe und Wärme berührt: Es ist ein Bild voller
Hoffnung und Glauben, durchdrungen von Vertrauen,
Toleranz, Liebe, Aufrichtigkeit und dem festen Willen
zum Dialog.

Gerade in einer Welt, die unter der Last von Kriegen,
Krisen, Spaltung und Misstrauen leidet, brauchen wir
solche Stimmen. Nursi bietet keine Parolen – er bietet
Heilmittel. Seine Schriften, die unter dem Namen Risale-
i Nur ("Sendschreiben des Lichts") bekannt sind, bilden
eine geistige Apotheke für die kranke Seele unserer Zeit.
Wer sich auf diese Werke einlässt, findet keine fertigen
Antworten, sondern Wege – Wege aus Dunkelheit, Hass
und Orientierungslosigkeit.

Doch bevor wir uns der Wirkung seiner Ideen widmen,
sollten wir den Menschen Nursi besser verstehen. Oder

besser gesagt: Wir sollten zunächst verstehen, wer er nicht war.

Said Nursi war kein gewöhnlicher Moscheeimam – das schmälert nicht deren Bedeutung, zeigt aber, dass er andere Wege ging. Er war kein Philosoph im klassischen Sinne, kein Nationalist, kein Clanchef. Er war kein politischer Rebell. Nursi war weder ein Reformtheologe westlicher Prägung noch ein Politiker. Er war anders. Und gerade dieses "Anderssein" macht ihn so interessant.

Wer war er also?

In Bitlis war er ein junger, mutiger Rebell gegen die Enge des Denkens. In Istanbul ein Verfechter von Freiheit und Unabhängigkeit. Während des Ersten Weltkriegs kämpfte er als Held an vorderster Front. In Barla, wohin er verbannt wurde, entwickelte er sich zu einem Denker von europäischem Format, der moderne Fragen mit spiritueller Tiefe durchdrang. Er war ein Gelehrter, der Folter überstand, Demütigungen ertrug und dennoch nie aufhörte, an das Gute im Menschen zu glauben. In den letzten Jahren seines Lebens trat er als Verteidiger der Demokratie auf – mit klarer Stimme und ungebrochener Überzeugung.

Said Nursi war vieles – aber vor allem war er ein Verbreiter des Lichts. Und wer ihm zuhört, kann selbst Licht finden. Diese Arbeit möchte einige seiner Ideen näher beleuchten. Nicht, um ihn in Stein zu meißeln, sondern um ihn sprechen zu lassen. Für unsere Zeit. Für uns.

6

Wendepunkte im Leben Said Nursis

Wenn wir uns Said Nursis Leben anschauen, dann gibt es einige Wendepunkte in seinem Leben. Diese Wendepunkte führten letztendlich zum Schreiben der Risale-i Nur Werke.

Mit 14 Jahren hatte Said Nursi einen Traum, der ein wichtiger Wendepunkt in seinem Leben ist. Im Traum sah er, wie die Welt untergegangen war. In dieser Situation wollte er unbedingt den Propheten Muhammed besuchen. Er dachte sich, dass der Prophet bestimmt die Sıratbrücke (die Brücke im Jenseits) durchqueren würde. So entschied er sich, vor dieser Brücke auf ihn zu warten. Nursi bemerkte, dass alle Propheten nach und nach begannen, die Brücke zu überqueren. Er küsste jedem einzeln die Hand. Zum Schluss kam der Prophet Muhammed. Nursi warf sich dem Propheten vor die Knie und bat ihn: „Oh Gottes Gesandter, ich will Wissen von Ihnen." Der Prophet antwortete: „Wenn du meiner Religionsgemeinschaft (meiner Umma) keine Fragen stellst, so bekommst du das Wissen des Korans." Voller Freude stand Nursi auf (2001a, S.30). Dieser Traum ist Ausschlaggebend für den Wissensdurst Said Nursis.

Ein anderer Wendepunkt: Im Jahre 1906 las er in der Zeitung, dass der britische Premierminister William Ewart Gladstone über den Koran folgendes gesagt hatte: „Wir können die Muslime, solange sie diesen Koran haben, nicht beherrschen. Entweder müssen wir diesen vernichten oder sie von ihm abbringen". Als er dies las, verlautete Nursi wiederum in den Zeitungen, „Ich werde der Welt verkünden und beweisen, dass der Koran eine unauslöschliche Sonne ist" (Nursi, 2001a, S.44). Dies ist der zweite Wendepunkt im Leben von Said Nursi. Aus diesen Worten und dieser Aufgabe wird später die Nurculuk Bewegung entstehen.

Ein dritter Wendepunkt im Leben Nursis ist eine Vision, die er hat. Er schreibt hierzu folgendes: „Ich war unter den berühmten Ağrı Dağı, der als Berg Ararat bekannt ist. Plötzlich explodierte der Berg mit einem fürchterlichen Knall. Stücke von der Größe eines Berges wurden durch die ganze Welt geschleudert. Ich schaute um mich und sah in diesem Moment, dass meine Mutter bei mir war. Ich sagte zu ihr: ʹHabe keine Angst, dies geschah auf einen Befehl Gottes hin. Er ist All-Barmherzig und All-Weise.ʹ In diesem Moment sah ich plötzlich, dass eine wichtige Person mir einen Befehl gab: ʹZeige den Wundercharakter des Koran!ʹ Ich wachte auf und verstand, dass eine große Explosion und ein Aufruhr stattfinden würde. Die Mauern, die den Koran umgaben, würden zerstört werden. Dann würde der Koran sich selbst verteidigen. Er würde angegriffen werden, und sein Wundercharakter wäre eine stählerne Waffe. Und ich verstand, dass ich es wäre, der dazu bestimmt ist, dieses Mal den Wundercharakter des Korans zu enthüllen, was über meine Fähigkeiten hinaus ging" (2004b, S.507; 2001b, S.357; vgl. 2001a, S.44). Auf Grund dieser Vision wird sich später Said Nursi nur noch auf den Koran fixieren und die Glaubenswahrheiten, namentlich Risale-i Nur, verfassen.

8

Und schließlich ein letzter Wendepunkt. Diesmal war er in Ankara. Er beschrieb den Zustand der Regierung als „Betrunken vom Sieg". So verteilte er unter den Abgeordneten einen Aufsatz, in dem er die Wichtigkeit des Pflichtgebetes und der Danksagung an Gott beschrieb (Nursi, 2000d, S.85-87; 2001a, S.125-127). Daraufhin sollen mehrere Abgeordnete sich dem Gebet zugewendet haben, was einige Politiker verärgert haben soll. Es kam zu verschiedenen Wortgefechten und Meinungsunterschieden. Nursi erklärte sein Vorhaben. Daraufhin entschuldigte man sich bei ihm. Man bot ihm ein lukratives Gehalt und einen hohen Posten an. Doch Nursi lehnte ab und schrieb später: „Wenn ich dieses Angebot angenommen hätte, wäre das Risale-i Nur, das weder das Werkzeug für irgendetwas ist noch irgend einer Sache nachfolgt und das Geheimnis der Aufrichtigkeit trägt, nicht entstanden" (2000b, S.258; 2004a, S.334).

Nursi verstand, dass er in Ankara nicht länger bleiben konnte. Seine Hoffnungen für eine Regierung, die die Werte des Islams einhält, waren enttäuscht worden. So stieg er, laut seiner Biographie, in den Zug, fuhr nach Van und wandelte sich zum Neuen Said (Nursi, 2001a, S.133; 2001d, S.294ff; 2002a, S.29-31). Nursi spricht hier vom „Zugticket", das ihn zum Neuen Said verwandelte.

Es wäre aber zu einfach, wenn man diese Verwandlung als Antwort auf die neue Türkei beschriebe. Vielmehr war es für Nursi ein Rückzug von Genuss und weltlichem Ruhm. Als Mitglied des höchsten osmanischen Rates für

Fragen der Bildung lebte er in einem gehobenen Lebensstil in einer Villa. Durch eine Vision (Nursi, 2001d, S.294ff; 2002a, S.29-31) kam er zum Entschluss, dass weltlicher Reichtum nicht strebenswert sei. Ebenfalls könne man nicht mit Politik den Glauben im Volk befestigen. Daher wollte er sich auf den Einzelnen konzentrieren. Das islamische Bewusstsein könne nicht durch die Hand des Staates erweckt werden, sondern durch den Einzelnen. Er widmete sich also der Basisebene einer Gesellschaft. Hinzu kommt, dass er einen Text des mittelalterlichen Sufi Scheichs Abdulkadir Geylani auf sich selbst bezog (2001b, S.339ff; 2004b, S.489). Dieser gab den Rat, „weltabgeschiedener und politikfremder und Einsiedler-Asket zu werden" (Vahide, 1999, S.34). Daraufhin verzichtete Nursi auf Reichtum und Macht und zog sich in die Berge zurück. In völliger Abgeschiedenheit lebte er auf dem Hügel Yuşa in Istanbul. Danach zog Nursi zunächst in seine Heimatstadt Bitlis und anschließend nach Van, wo er die nächsten zwei Jahre seines Lebens in den Höhlen verbrachte. Für islamische Gelehrte charakteristischerer Weise zog sich Nursi aus der Politik und dem gesellschaftlichen Leben zurück (Aries, 2004, S.70). Schon Dhu al-Nun al-Misri betonte, dass nichts „der Rechtschaffenheit zuträglicher wäre als die Einsamkeit, denn derjenige, der alleine ist, sieht nichts außer Gott, nichts rührt ihn, außer der Wille Gottes" (Abu-Rabi, 2003, S.84; vgl. Smith, 1995, S.196). So benutzte Nursi das Exil und die Einsamkeit als Inspiration für seine Werke. Er wandelte das Gefühl der Entfremdung in ein Gefühl des Aufgehobenseins (Haddad, 1999, S.309; Abu-Rabi, 2003, S.70). Der Neue

Said zeichnete sich dadurch aus, dass er weder politisch aktiv wurde, noch sich zur Politik äußerte.

Er widmete sich der Risale-i Nur. Die Risale-i Nur ist die Verwirklichung seines Traumes, Naturwissenschaft und Religionswissenschaft zu vereinen. Während seiner Zeit in Van entwarf Nursi die Idee einer Universität, die ihn sein Leben lang beschäftigen sollte. Er ging davon aus, dass der Rückzug aus den Wissenschaften zum Untergang des Bildungssystems im Osmanischen Reich geführt hatte. So hatte er die Idee einer Universität in Van (namentlich: Medresetüz Zehra; eine Analogie zur „Al Azhar"-Universität in Kairo). Hier sollten religiöses und naturwissenschaftliches parallel gelehrt werden. Hiermit wollte er zeigen, dass Wissenschaft und Religion, Freiheit und Glauben und Moderne und Tradition miteinander vereinbar sind (Yavuz, 2004, S.122). Später schreibt er hierzu (Nursi, 1999, S.80): „Die Wissenschaft von der Religion ist das Licht (Ziya) des Gewissens. Die Naturwissenschaft spiegelt das Licht (Nur) der Vernunft wider. Die Wahrheit wird offenbar durch die Vereinigung der Beiden. Wenn sie getrennt sind, kommt es zu Fanatismus in der Religion. Und es entstehen Argwohn und Zweifel in der Wissenschaft."[1] Somit wollte er die weltliche Bildung

---

[1] Zum Unterschied zwischen *Ziya* und *Nur*: „Dhiya (*Ziya*) is the light of the source of light itself, for example, the light of the Sun. Nur is a light emanating from an indirect source, for example, the light of the Moon. The Qur'anic verse (10:5) ascribing *Dhiya* (*Ziya*) to the Sun, and *Nur* to the Moon well exemplifies this point. The light of the Sun that comes directly to us is *Dhiya* (*Ziya*), and the light reflected on the world through the Moon is *Nur*" (Karabaşoğlu, 2003, S. 291).

vor dem Unglauben und die religiöse Bildung vor dem Fanatismus bewahren (Yavuz, 2004, S. 124).

Ein entscheidendes Gespräch, welches dieses Gedankengut zeigt, führte Nursi 1936, als er nach Kastamonu verbannt wurde. Er schriebt dazu folgendes: „In Kastamonu kam eine Schar von Gymnasiasten zu mir, und sie sagten: 'Erzähle uns von unserem Schöpfer, unsere Lehrer sprechen nicht über Gott.' (Abdullah Yegin abi ist die glückliche Person, die ihm diese Frage stellt). Da sagte ich zu ihnen: 'Alle Wissenschaften, die ihr studiert, sprechen beständig von Gott und machen den Schöpfer bekannt, jede Wissenschaft mit der ihr eigenen besonderen Zunge. Hört nicht auf eure Lehrer, hört auf die Wissenschaften'" (Nursi, 2002b, S.96; Nursi, 2000a, S.23). Said Nursis Annahme, dass jede Wissenschaft die Existenz Gottes zeigt und dass u.a. die Naturgesetze das System Gottes (Sünnetullah) sind, lieferte eine moderne Interpretation des Korans, die dem Wissenschaftszeitalter entsprach. Der Alltagsmuslim konnte also Physiker und gleichzeitig auch Imam (Prediger) werden. Dies ist eine der soziologischen Gründe, warum viele Wissenschaftler die Risale-i Nur lasen. Sie, also die Bücher, boten eine Alternative zum säkularen Staat, der indirekt forderte, „Entweder Physiker oder Imam". Mit Hilfe der Risale konnte dies nun aufgebrochen werden. Der israelische Religionswissenschaftler Yehezkel Landau beschreibt diesen Zustand in einem Interview folgendermaßen: „Ein Wissenschaftler sagt, 'Ich brauche die Religion nicht'. Einige Geistliche sagen 'Alles, was ich wissen muss, steht in meinem heiligen Buch'. Nursi sagt, 'Nein, das stimmt nicht. Sowohl das heilige Buch, als auch die

Wissenschaft sind von Gott gesandte Offenbarungen. Beides sind Wege um den Schöpfer zu verstehen" (Akman, 2004). So konnte Nursi den Bruch zwischen den esoterisch-subjektiven Mystikern und den intellektuell-objektiven Philosophen, der in der Gründungszeit der Türkischen Republik zustande kam, beenden (Karabaşoğlu, 2003, S.269).

Die Politik jedoch versuchte dies mit allen Mitteln zu verhindern. Daher müssen wir uns natürlich die Frage stellen, warum sich die Risale-i Nur Bewegung trotzt Widerstände (Verbote, Verfolgungen und massiver Anti-Propaganda) so gut verbreiten konnte? Dies hat mehrere Gründe:

1.   Die geistliche Leere konnte gefüllt werden.

Die Nurculuk Bewegung war ja keine Erwiderung auf irgendeine Ideologie. Dies wäre eine oberflächliche Fehleinschätzung. Die Nurculuk Bewegung ist auch keine Gegenideologie, weil die Bewegung keine ideologische oder politische Identität hat.

Der Grund für den rasanten Anstieg der Bewegung war vielmehr, dass die Bewegung eine Antwort auf die geistliche Leere, die zu Beginn des 20. Jahrhundert in der Türkei herrschte, anbot. In der neugegründeten Türkei füllte Nursi die Lücke der Religiosität, die durch die Reformen des Staates entstanden war. So entstand der größte Teil der Werke im Kontext des neugegründeten türkischen Nationalstaates, der die alte islamische Identität abzulegen versuchte und neue Werte integrierte.

13

Deutlich ist aber, dass es nicht Nursis Intention war, bewusst diese Lücke zu füllen. Vielmehr führten sozio-kulturelle und sozio-ökonomische Umstände zu dieser Tatsache. Nursi verstand schon früh, dass die Jungtürken und die Intellektuellen, die gegen Ende des 20. Jahrhunderts eine Revolution im Osmanischen Reich wollten, sich vom Islam entfernen würden, da sie die Religion als Quelle des Abstiegs sahen. Auch war ihm bewusst, dass der traditionelle Islam keine Antworten auf die Fragen der Moderne bieten würde. So entwickelte er eine moderne islamische Identität, indem er den Muslimen eine neue soziale Landkarte bot (Mardin, 2003, S.49). Die Risale-i Nur ist also nicht nur eine Apotheke, sondern ein Navigationssystem.

Laut dem Soziologen Serif Mardin (1989, S.25) war der türkische Nationalismus unfähig gewesen, ihre Sichtweise durchzusetzen. Die positivistische Sicht des Staates und die Säkularisation setzten sich in der ländlichen Türkei nicht durch. Dies führte zu strukturellen Konflikten in den Provinzen und Dörfern, da die Veränderungen und Institutionen die Bedürfnisse der Gesellschaft im ländlichen kaum stillten (Mardin, 1997, S.374, 385). So durchlebte das Volk zwischen 1930 und 1950 eine Identitätskriese. Durch die revolutionären Veränderungen in allen Ebenen der Gesellschaft verlor sie ihren Bezug zur Vergangenheit und somit auch zu ihrer eigenen Identität. Die neue Identität, die ihnen vom Staat aufgedrückt wurde, war nicht kongruent genug und entfremdete zudem die Menschen. Und genau hier setzte die Nurculuk Bewegung ein. Sie deckte und befriedigte die religiösen

Bedürfnisse der Muslime in der Türkei. Said Nursi bot ihnen mit der Risale-i Nur Ethik eine Identität, die auf ihrer alten Identität aufbaute. So war es leicht, sich die Ideen Nursis anzueignen, ohne sich zu entfremden. Dadurch konnte sich die Risale-i Nur schneller verbreiten.

2.   Religion und Wissenschaft vereint.

Said Nursi erreichte durch sein Geschick, sowohl das Herz als auch den Verstand anzusprechen, ein breites Publikum. Er schaffte es, die islamische Tradition zu modernisieren, den Muslimen ein wissenschaftliches und ethisches Rüstzeug zugeben und ein dynamisches Identitätsbewusstsein zu vermitteln (Yavuz, 2004, S.121). Er gab Antworten auf neue Fragen. Fragen, die der islamischen Welt fremd waren und erst durch die Industrialisierung Zugang zur muslimischen Welt fanden. Der traditionelle Islam hatte keine Antworten auf diese Fragen der Moderne. **Said Nursi schlug einen neuen Weg ein und bearbeitete diese Fragen mit der gleichen Methode, wie sie gestellt wurden.** Er benutzte die gleichen Mittel wie die Moderne, um den Glauben zu legitimieren. Diese neue Art und Methode fand besonders unter Intellektuellen eine Akzeptanz. Diese schlossen sich dieser neuen modernen Bewegung an. Denn durch Nursi wurde das Streben nach Wissenschaft "wieder" zum İbadet (Gottesdienst). Dies ist natürlich keine Erfindung Nursis, daher der Beisatz "wieder". Durch seine Arbeiten gelang ihm eine Öffnung zur modernen Naturwissenschaft. Ein Individuum konnte gleichzeitig Naturwissenschaftler und Geistlicher werden

15

und musste sich nicht für die eine oder andere Seite entscheiden.

3. Vergesellschaftung der Religion.

Nursis Auffassung des Islams ermöglichte jedem den Zugang zum Koran. Dieser Zugang war Jahrhundertelang nur Gelehrten vorenthalten. Nursi brach diese Tradition und überlies es jedem Einzelnen, „den Islam nach seinen eigenen Umständen zu interpretieren" (Yavuz, 2004, S.127). Dadurch vergesellschaftete er die Religion und machte sie nutzbar. Er vereinfachte religiöse Themen und machte sie verständlich für die Individuen. So konnte ein jeder zur eigenen Autorität in Religionsfragen werden und die Abhängigkeit zu einem geistlichen Führer oder Gelehrten wurde durchbrochen. Die folgenden Zeilen machen dies auch deutlich. Said Nursi sagt: „Wer ein Jahr diese Abhandlungen und Lektionen, also die Risale-i Nur, liest, versteht und sie annimmt, der wird ein bedeutender, wahrhaftiger Gelehrter unserer Zeit werden. Auch wenn er sie nicht versteht, so ist dennoch in Anbetracht dessen, dass die Schüler der Risale-i Nur eine geistige Körperschaft bilden, ohne Zweifel diese geistige Körperschaft einem Gelehrten unserer Zeit gleich" (Nursi, k.A.d, S.334; 2000f, S.229). Durch die Vergesellschaftung versuchte er, das religiöse Bewusstsein in der Gesellschaft zu erwecken. Er versuchte die Religion, genauer die orthopraktische Lebensweise, in die Praxis zurückzuholen. Dabei verwies Nursi auf den Verstand. Der Tauhidgedanke Nursis spielt hier eine große Rolle.

16

Somit ist die Nurculuk Bewegung, keine Bewegung, die ihre Anhänger aus der Gesellschaft zurückzieht, sondern sie aktiv in die Gesellschaft zu integrieren versucht.

Die Aufgabe Deutschlands ist es, Said Nursi zu lesen und zu verstehen. Unsere Aufgabe ist es, diese Bücher zu verbreiten und zu leben.

Gotteserkenntnis in der Risale-i Nur

Imam Ghazali (2004b, S. 41ff) teilt das Wissen in verschiedene Bereiche ein:

1. Religionswissenschaften
   a) Grundlegende, theoretische Wissenschaften (Einheit Gottes, Koranexegese, Hadith) b) Praktische Wissenschaften (Gottesdienste, Rechte der Mitmenschen, Ethik)
2. Positive Wissenschaften
   a) Logische Wissenschaften
   b) Naturwissenschaften
   c) Theologie

Die höchste Stufe des Wissens und die größte Wahrheit ist laut dem Islam die Erkenntnis Gottes (marifetullah). Man könnte sogar sagen, dass alle Wissenschaften nur Werkzeuge sind, um den Schöpfer zu erkennen. Die Erforschung des Universums und das Streben nach der Wahrheit dient dem Ziel, Gottes "Handlungsweise" und seine Weisheit zu verstehen. Da der Zweck der Schöpfung des Menschen darin besteht, Gott zu erkennen, kann man sagen, dass dies das höchste Ziel ist.

Erst nach der Erkenntnis Gottes beginnt die wahre Liebe (muhabbetullah) zu ihm, denn der Mensch liebt, was er kennt, und kann nicht wirklich lieben, was er nicht kennt. Damit eine Liebe zu Gott entsteht, ist also die Erkenntnis Gottes notwendig.

Nursi beschreibt die Beziehung zwischen Erkennen und Lieben folgendermaßen: „Wisse mit Sicherheit: Das höchste Ziel der Schöpfung und die erhabenste Frucht der Natur ist der Glaube an Gott. Die erhabenste Stufe der Humanität und der Menschheit höchster Rang liegt in der Gotteserkenntnis, die aus dem Glauben an Gott erwächst. Überaus strahlende Glückseligkeit und süßeste Gnadengabe für Dschinnen und Menschen liegt in der Gottesliebe, die in der Gotteserkenntnis liegt. Die reinste Freude für die Seele und ungetrübter Frohsinn für das Herz des Menschen liegt in dem Wohlgeschmack des Geistes, der in der Gottesliebe liegt. In der Tat liegt alle wahre Glückseligkeit, reine Freude, angenehmer und ungetrübter Genuss mit Sicherheit in der Gotteserkenntnis und der Gottesliebe. Eines kann ohne das andere nicht sein. Wer Gott den Gerechten kennt und liebt, empfängt ohne alle Grenzen Glückseligkeit, Gnadengeschenke, Licht und (die Erkenntnis) der Geheimnisse entsprechend seinen Fähigkeiten oder Taten. Wer Ihn nicht wirklich kennt und liebt, muss hingegen physisch wie psychisch Qualen, Leiden und Sorgen ohne alle Grenzen erfahren" (Nursi, k.A.f, S. 405).

Gott zu erkennen bedeutet, die Frage „Was für ein Gott?" zu beantworten. Da wir Gott mit nichts in der Schöpfung vergleichen können, können wir ihn nur so erkennen, wie er sich uns selbst beschreibt. Im Koran und in den Hadithen stellt sich Gott durch Seine Attribute vor. Im "Dschawschan al Kabir" (das große Bittgebet) begegnet Er uns mit 1001 Attributen. Im Koran macht Er sich durch die "Al Asma al Husna" (die schönsten Namen) bekannt.

Said Nursi verwendet in seinen Werken eine interessante Methode, um Gott zu beschreiben. Er verwendet fast nie einfach nur das Wort "Allah". Anstatt nur Allah zu schreiben, verwendet er je nach Zusammenhang eines der Attribute Gottes. Geht es um Gerechtigkeit, schreibt er "Adl" (der Gerechte), bei Versorgung "Razzaq" (der Versorger), bei Barmherzigkeit "Rahim" (der Allbarmherzige) usw.

Mit dieser interessanten Methode beantwortet er die Frage „Was für ein Gott?" in jeder Zeile und prägt dem Leser die Eigenschaften Gottes ein.

Der Leser beginnt, Gott zu lieben, je mehr er ihn kennt. Zweifel, die er möglicherweise hatte, verschwinden. Je mehr er liebt, desto stärker wird seine Verbindung und sein Vertrauen zu Gott. Das bedeutet, er beginnt auf Gott zu vertrauen.

Mit der Erkenntnis und Liebe zu Gott verändern sich auch die Gebete. Wenn man Heilung wünscht, wendet man sich an den "Shafi" (den Heiler), für Vergebung an den "Gaffar" (den Verzeiher) und für die Lösung von Schwierigkeiten an den "Fattah" (den Öffner).

Durch diese Methode, die man in keinem anderen Werk findet, wird das Risale-i Nur zu einem einzigartigen Buch der Gotteserkenntnis.

Glaubt man aus Leichtigkeit und Bequemlichkeit an Gott?

Said Nursi spricht in seinem Koran-Kommentar "Risale-i Nur" an vielen Stellen davon, dass es "einfacher" oder "leichter" ist, die Existenz Gottes und dass alles von Gott erschaffen wurde, anzunehmen. Andererseits sagt er, dass der Glaube daran, dass alles von selbst entstanden ist, ein "schwieriger Weg" sei.

An einer Stelle heißt es beispielsweise: „Auf dem Weg der Leugnung zu gehen, ist noch mühsamer, noch gefährlicher als über das Eis zu gehen. Was aber den Weg des Glaubens betrifft, so ist er sehr leicht und ohne jede Mühe wie in Licht und Luft zu gehen oder im Wasser zu schwimmen. […] Dies ist ein Beispiel für die Leichtigkeit des Monotheismus. […] Und ein Beispiel für die Mühsal der Leugnung" (Nursi, 2011b, S. 138).

Wer die Risale-i Nur nicht vollständig gelesen hat oder mit Nursis Stil nicht vertraut ist, könnte aus diesen Zeilen vielleicht schließen, dass er den einfachen Weg wählt und dass der Glaube an Gott eine Bequemlichkeit oder Leichtigkeit ist.

Betrachtet man jedoch alle Texte, in denen diese Zeilen vorkommen, als Ganzes, so stellt man fest, dass die Wörter "leicht" und "schwierig" hier im Sinne von "logisch", "vernünftig" und "möglich" verwendet werden.

21

Wenn Nursi also sagt, dass es "leicht" ist, einen Schöpfer anzunehmen, meint er damit, dass dieser Gedanke logisch, vernünftig und die einzig mögliche Erklärung ist.

Wenn er von der "Schwierigkeit" des Leugnens spricht, meint er damit nicht, dass die Leugnung ein "schwer zu verstehendes wissenschaftliches Problem" ist oder dass man sich deshalb "ohne nachzudenken zum Glauben bekehren" soll.

Nursi sagt auch nicht: „Auch wenn es schwierig ist, könnte die Leugnung mit geringer Wahrscheinlichkeit wahr sein." Das Wort "schwierig" wird hier im Sinne von "unlogisch", "unvernünftig" und "unmöglich" verwendet. Das heißt, er bezeichnet es als unlogisch und unvernünftig, in das Universum zu schauen und keinen Schöpfer zu sehen, und er betrachtet es als unmöglich, dass es keinen Schöpfer gibt.

Zusammenfassend lässt sich sagen, dass der Glaube an Gott keine Bequemlichkeit oder Leichtigkeit ist, sondern logisch, vernünftig und die einzige Möglichkeit. Die Leugnung hingegen wird als unlogisch, unvernünftig und unmöglich bezeichnet.

Glauben oder Nicht-Glauben? Das ist hier die Frage

„Glauben oder Nicht-Glauben? Das ist hier die Frage", hätte wohl Shakespeare gesagt, wenn er sich mit dieser Fragestellung beschäftig hätte. Dabei ist die Frage so alt wie die Schöpfungsgeschichte und wird in allen Offenbarungen immer wieder zum Ausdruck gebracht. Was der Glaube, eben der Nicht-Glaube jedoch bedeuten, soll hier skiziiert werden.

Der Glaube

Wenn man das Wort Glaube im arabischen (iman) betrachtet, dann fällt auf, dass es eine andere inhatliche Bedeutung hat, als die, die man im Deutschen darunter versteht. Iman ist demnach nicht einfach nur zu "glauben" (im Sinne von "vermuten"), dass es einen Schöpfer gibt, sondern es mit Sicherheit zu bestätigen. Demnach versteht man im islamischen Kontext Glaube als die Anerkennung und Bestätigung der Offenbarung mit klarer Sicherheit und Gewissheit. Es bedeutet also, die vom Propheten Muhammed überbrachten, zweifelsfreien Offenbarungen zu bejahen.

Dabei ist der Glaube eine Eigenschaft des Herzens. Wie es der islamische Gelehrte Sa'd ad-Din at-Taftazani in seiner Exegese ausdrückt, ist der Glaube ein Licht, das Gott in das Herz des Menschen legt, nachdem dieser seinen freien Willen dafür eingesetzt hat (Nursi, k.A.k, S.

77). Das bedeutet, dass der Mensch die vom Propheten überbrachte Wahrheit aus freiem Willen annimmt und sich zu eigen macht, woraufhin Gott dieses Licht in sein Herz legt, das fortan zu seiner inneren Eigenschaft wird. Dieses Licht ist sowohl eine Kraft als auch eine Erleuchtung, die das Verborgene sichtbar macht. Es ist zudem eine Eigenschaft, die Wahrheit anerkennt, bestätigt und Sicherheit gewährt.

Der Philosoph Augustinus sagte: „Glaube ist zu glauben, was du nicht siehst, die Belohnung dafür ist zu sehen, was du glaubst." Die Belohnung, also das "Unsichtbare" zu sehen, offenbart sich durch das Licht Gottes, also durch den Glauben an ihn.

Auch Said Nursi betont die Bedeutung des Glaubens mit den Worten: „Glaube macht den Menschen zum Menschen. Sogar den Menschen zum Sultan. [..] Ja, derjenige, der den wahren Glauben in Händen hält, vermag der ganzen Welt Widerstand zu leisten und sich je nach der Stärke seines Glaubens vom Druck aller Geschehnisse zu befreien" (Nursi, k.A.c, S. 548ff). Damit hebt er hervor, dass der Glaube eine wesentliche Eigenschaft der Menschlichkeit ist und dass jemand mit starkem Glauben – weil er auf Gott vertraut – dem Universum trotzen kann.

Ein gläubiger Mensch ist sich seines Schicksals sicher, daher weiß er, dass alles, was ihm widerfährt, eine Prüfung ist, und bleibt gelassen. „Vertraue auf Gott! Nur so wirst du vor der Bedrängnis in der Gefangenschaft des Diesseits bewahrt bleiben, davor, vor aller Welt ein

24

Bettler zu sein, vor jedem Ereignis zu zittern, vor eitlem Ruhm und Spott, vor Qual im Jenseits" (Nursi, k.A.c, S. 549). Somit wird der innere Frieden des Gläubigen nicht gestört. Ist er reich oder gesund, so ist er dankbar und nicht überheblich; ist er arm oder krank, so übt er Geduld und lehnt sich nicht auf. Nursi schreibt dazu: „Oh Freund! So wie alle Freuden im Glauben liegen, so liegen alle Leiden im Irrglauben" (Nursi, 2012a, S. 52). Unruhe, Unglück und Schmerz entspringen daher der Verleugnung Gottes.

Im Koran werden die Begriffe „Schönste Gestaltung" und „Niedrigste der Niedrigen" (Koran, 95:4-5) verwendet. Durch den Glauben wird der Mensch auf die höchste Stufe erhoben, während die Leugnung ihn in die tiefste Erniedrigung stürzt, denn es widerspricht der natürlichen Schöpfung des Menschen.

Die Leugnung

Für den Nicht-Glauben wird in der Literatur öfters der äußerst negativ konnotierte Begriff "Unglaube" genutzt. Im Koran finden wir hierzu den Begriff "kufr". Dieses Wort bedeutet wörtlich "verdecken" oder "verhüllen". Im Islam bezeichnet es die Verleugnung, Ablehnung oder Verheimlichung einer durch den Propheten überbrachten, zweifelsfreien Wahrheit. In dieser Definition sind auch das Beigesellen anderer zu Gott, das Zuschreiben ungebührlicher Eigenschaften an ihn, die Leugnung einer koranischen Offenbarung oder eines feststehenden Urteils, die Leugnung der Engel, des Jenseits, der offenbarten Schriften und der Propheten enthalten. Daher

25

ist es angemessener, für den "Nicht-Glauben" den Begriff der Leugnung zu nutzen, da dies eine Existenz leugnet und damit viel treffender ist als der Begriff "Unglaube".

Leugnung ist ebenfalls eine Eigenschaft des Herzens und das Gegenteil des Glaubens. Im Türkischen wird das Wort außerdem in der Bedeutung von Schimpfen verwendet, was sich jedoch von der islamischen Definition unterscheidet. Zudem impliziert der Begriff die "Undankbarkeit", wie z.B. in dem Begriff "küfran-ı nimet" (Undankbarkeit für die Gaben Gottes).

Die Bedeutung von Leugnung kann man in weitere Unterpunkte aufteilen:

1. Nichtanerkennung oder Ablehnung einer nachgewiesenen Tatsache (Adem-i Kabul). Diese Form der Leugnung entspringt meist aus Unwissenheit oder mangelnder Überzeugung.
2. Aktive Zurückweisung: Die Überzeugung, dass etwas, das existiert, nicht existiert (Kabul-ü Adem). Diese Form der Leugnung ist selbst eine Art von Glaube und entspringt einer gegenteiligen Überzeugung.
3. Das Leugnen, Verbergen oder Abstreiten einer eigenen Tat oder Aussage. Das Gegenteil ist in diesem Fall das Eingeständnis.

Glaube gehört zur Natur des Menschen

Die Quelle des Glaubens ist nicht Schwäche oder Hilflosigkeit. Der Glaube ist dem Menschen von Natur aus gegeben. Descartes betont dies mit seiner Aussage: „Etwas Existierendes kann nicht aus dem Nichts entstehen." Er verweist darauf, dass der Mensch mit seinem Verstand zu Gott finden kann.

In der Geschichte gibt es hierzu zahlreiche Beispiele: Der Prophet Abraham verwarf den Götzendienst durch seinen Verstand und suchte den wahren Schöpfer (Koran, 6:74-81). Hamza, der Onkel des Propheten, fragte sich beim Jagen beständig: „Diese Schöpfung muss doch einen Erschaffer haben." Selbst Agnostiker erkennen an, dass es einen Schöpfer geben muss, auch wenn sie seine Attribute nicht bestimmen können. Bestimmte Ideologien akzeptieren ebenfalls einen Schöpfer, nennen ihn jedoch "Natur". Götzendiener haben erkannt, dass es Schöpfer geben muss, sind aber in die Vielgötterei verfallen. Die alten Griechen hielten die unterschiedlichen Eigenschaften Gottes für verschiedene Götter und schrieben jedem Aspekt der Schöpfung eine eigene Gottheit zu.

Auch Imam Maturidi (2003) erklärt, dass man den Verstand nutzen muss, um die Existenz Gottes zu erkennen, während man die Offenbarung benötigt, um seine Eigenschaften zu verstehen.

Glaube ist dem Menschen also angeboren. In diesem Zusammenhang kam der Molekularbiologe Dean Hamer nach sechsjähriger Forschung zum Ergebnis, dass es im genetischen Code des Menschen ein "Gottes-Gen" gibt (Hamer, 2006).

Warum leugnet der Mensch dann?

Trotzdessen gibt es Menschen, die die Existenz des Schöpfers leugnen. Laut Said Nursi sind dabei zwei Gründe entscheidend:

1. Leugnen aus Unwissenheit
2. Leugnen trotz Wissen:
   a) Die Person kennt die Wahrheit, akzeptiert es aber nicht.
   b) Die Person hat eine Gewissheit, aber keine Bestätigung des Glaubens.
   c) Die Person bestätigt den Glauben, hat jedoch keine innere Sicherheit (Nursi, k.A.k, S. 129).

Das bedeutet, dass es sowohl Menschen gibt, die aus Unwissenheit leugnen, als auch solche, die es aus Trotz oder Hochmut tun. So kann ein Mensch allein aus Sturheit Gott leugnen. Hierzu passend eine Überlieferung: „Und auch dies ist zuverlässig überliefert, stieg bei der Eroberung von Mekka Bilal Habeshi auf das Dach der Kaaba und rief zum Gebet, während Abu Sufyan, Attab ibn Assid und Harith ibn Hisham, Fürsten vom Stamme der Qureysh beieinander saßen und miteinander plauderten. Da sagte Attab: ′Mein Vater Assid hatte das Glück, diesen Tag nicht zu sehen.′ Harith entgegnete ihm: ′Konnte Muhammed keinen anderen

Mann als Gebetsrufer finden als diese schwarze Krähe?´ Und er machte so Bilal Habeshi verächtlich. Abu Sufyan wandte ein: ´Ich würde mich hüten, etwas dergleichen zu sagen. Selbst wenn es niemanden gäbe, so würden doch die Steine von Batha (Mekka) ihm Nachricht (über euer Gespräch) geben und dadurch wird Muhammed es erfahren.´ In der Tat begegnete ihnen wenig später der Ehrenwerte Gesandte, mit dem Friede und Segen sei und wiederholte ihnen buchstäblich, was sie zueinander gesprochen hatten. Da legten nun auch Attab und Harith Zeugnis ab und wurden Muslime" (Nursi, k.A.k, S. 192ff).

Diese Überlieferung zeigt: Wenn Abu Sufyan glaubt, dass selbst die Steine darüber berichten würden, dann weiß er insgeheim um die Prophetenschaft des Propheten Muhammed, aber er leugnet es aus Trotz und Feindschaft. Denn wäre er wirklich nicht überzeugt gewesen, warum hätte er dann daran geglaubt, dass die Steine es berichten würden? Das wäre ein Widerspruch. Attab und Harith wiederum glaubten aus Unwissenheit nicht. Als sie die Warhheit erfuhren, traten beiden zum Islam über, während Abu Sufyan in seiner Sturheit verharrte.

Ein ähnliches Ereignis erlebte Abu Sufyan später erneut. Eines Tages sahen Abu Sufyan und Safwan, ein weiterer Anführer der Quraisch, auf einer Reise einen Wolf, der eine Gazelle jagte. Die Gazelle floh in das heilige Gebiet (Haram), woraufhin der Wolf umkehrte. Verwundert über dieses Geschehen, sahen Abu Sufyan und Safwan plötzlich, dass der Wolf sprach und die Prophetenschaft

Muhammeds verkündete. Da sagte Abu Sufyan zu Safwan: „Wir wollen diese Geschichte niemandem weitererzählen, denn ich fürchte, dass sonst alle Bewohner von Mekka sich ihm anschließen werden" (Nursi, k.A.f, S. 275).

Der Philosoph Emerson sagt hierzu: „Was ich sehe, zwingt mich dazu, an das zu glauben, was ich nicht sehe." Erst durch Sturrheit, lehnt man die Realität ab oder verdrängt es. Der Physiker Einstein wiederum schrieb seine verstandenen Erkenntnisse der Wissenschaft zu, während er das, was er nicht verstand, Gott zuschrieb. Das ist letztlich auch eine Form von Trotz.

Diskussionskultur zwischen Glaubenden und Leugnern

Said Nursi war der Meinung, dass es wichtig ist, zu überzeugen, und sich nicht wie Barbarem, die keine Worte verstehen, zu kämpfen (k.A.b, S. 86; 2012b, S. 415). Das bedeutet, dass die Methode der Überzeugung angewendet werden sollte. In Bezug auf das Thema Glauben, bedeutet dies, transparent und ohne gegenseitige Vorwürfe oder Feindseligkeiten miteinander zu diskutieren. Andernfalls wird eine Seite die andere als "Fanatiker" und die andere Seite die andere als "Gottlos" beschimpfen. Jegliche Gespräche und Diskussionen wären dann unnötig.

In diesem Zusammenhang gibt es auch eine Erzählung vom Prophet Abraham, der einen älteren Mann, der nicht an Gott glaubte, als Gast ablehnte. Doch unmittelbar danach sagte Gott sinngemäß: „Oh Abraham! Du solltest den Menschen mehr Mitgefühl und Barmherzigkeit zeigen. Ich habe diesem Diener, der siebzig Jahre lang gegen mich sündigte, anstatt mir zu dienen, den Götzen huldigte und ungehorsam war, seinen Lebensunterhalt nicht verweigert." Daraufhin entschuldigte sich Abraham beim Gast und bewirtete ihn.

Auch als der Prophet Moses zum Pharao ging, befahl ihm Gott, mit sanften Worten zu sprechen: „Und so redet mit ihm in sanften Worten, auf daß er bedenken oder sich fürchten möge" (Koran, 20:44). Ebenso wird dem Propheten Muhammed geraten, beim Verkünden des Glaubens sanfte Worte zu verwenden: „Durch Erbarmen von Gott bist du mild zu ihnen gewesen; wärst du aber schroff und hartherzig, so würden sie wahrlich rings um dich auseinandergelaufen. So verzeihe ihnen, bitte für sie um Vergebung und ziehe sie in den Angelegenheiten zu Rate" (Koran, 3:159) und „Rufe zum Weg deines Herrn mit Weisheit und schöner Ermahnung, und streite mit ihnen in bester Weise" (Koran, 16:125).

In diesem Kontext betrachtet Said Nursi diejenigen, die nicht glauben, als seine Gesprächspartner (k.A.d, S. 184ff). Er feindet sie nicht an, sondern versucht, sie zu überzeugen. Ob sie glauben oder nicht, hängt jedoch nicht vom Prediger ab. Das Ergebnis gehört Gott. Daher können Menschen anderen keinen Glauben geben, sie können nur Wissen vermitteln. Glaube ist – wie oben erwähnt – eine freiwillige Herzensangelegenheit mit der Führung Gottes.

Der Pädagoge Muhsin Abdülhamid interpretiert die Methode von Nursi folgendermaßen: „Nursi, der seine Inspiration aus dem Koran schöpft, bietet den durstigen Köpfen und Herzen eine großartige und perfekte 'Reise der Reflexion'. Er lässt die Menschen vor existierenden Kunstwerken, die eine unvergleichliche Schönheit und eine unbeschreibliche Landschaft besitzen, innehalten und erklärt ihre Geheimnisse bis ins Detail. Während er die Ordnung und Harmonie im Universum beschreibt, verwendet er den Verstand wie ein Instrument, das die Herzen berührt, die Unachtsamkeit vertreibt und das innere Auge öffnet. Er ergreift die Hand der Menschheit, die im finsteren Dunkel der Vergänglichkeit gefangen ist, und führt sie, indem er aufzeigt, dass der Himmel, die Erde und alles, was sich darin befindet, ihren Schöpfer preisen."

Diese Methode finden wir bei Said Nursi an vielen Stellen seiner Werke: bei einer geistigen Reise eines Reisenden, der seinen Schöpfer im Universum sucht, in der Abhandlung über die Natur, im 32. Wort, im 11. Wort oder in den Abschnitten, die mit „Oh meine Seele" beginnen.

Im 32. Wort sehen wir folgende Methode: Nursi beginnt mit dem kleinsten und steigert sich zum größten Wesen, und bei jedem Schritt beweist er die Existenz Gottes: Staub -> Zellen im Blut -> Zelle -> Körper -> Mensch -> Erde -> Welt -> Sonne -> Stern (Nursi, k.A.c, S. 1065ff).

Versiegelte Herzen

Im Koran heißt es an vielen Stellen, dass es "versiegelten Herzen" gibt:

- „Was meinst du wohl zu jemandem, der sich als seinen Gott seine Neigung genommen hat, den Gott trotz (seines) Wissens hat in die Irre gehen lassen und dem er das Gehör und das Herz versiegelt und auf dessen Augenlicht eine Hülle gelegt hat? Wer könnte ihn nach Gott rechtleiten? Bedenkt ihr denn nicht?" (Koran, 45:23)
- „Gott hat ihre Herzen und ihr Gehör versiegelt, über ihrem Augenlicht befindet sich eine Hülle. Für sie wird es gewaltige Strafe geben." (Koran, 2:7)
- „Gott läßt dann in die Irre gehen, wen er will, und leitet recht, wen er will. Und er ist der Allmächtige und Allweise." (Koran, 14:4)
- „Wen Gott rechtleiten will, dem tut er die Brust auf für den Islam. Und wen er in die Irre gehen lassen will, dem macht er die Brust eng und bedrängt, so als ob er in den Himmel hochsteigen sollte. So legt Gott den Greuel auf diejenigen, die nicht glauben." (Koran, 6:125)

Doch daneben gibt es auch Verse, die betonen, dass Gott niemandem Unrecht tut:

- „Und nimmer ist es Gott, der ihnen Unrecht getan hat, sondern sie selbst haben sich Unrecht zugefügt." (Koran, 29:40)

- „Aber nimmer ist es Gott, der ihnen Unrecht getan hat, sondern sie selbst haben sich Unrecht zugefügt." (Koran, 30:9)
- „Nicht wir haben ihnen Unrecht getan, sondern sie sind es, die Unrecht getan haben." (Koran, 43:76)

Betrachtet man diese Verse als Ganzes, wird deutlich, dass es letztlich die Leugner selbst sind, die ihr Herz versiegeln. Gott erfüllt nur ihre eigenen Wünsche, die sich aus ihrer Lebens- und Denkweise ergeben. Der Mensch selbst sorgt mit seinem Verhalten dafür, dass sein Herz versiegelt wird. In den Worten Nursis, wird demjenigen, der freiwillig ins Verderben geht, keine Gnade zuteil (Nursi, k.A.c, S. 260). Genauso wie für den Glauben freier Wille notwendig ist, gilt dies auch für die Leugnung. Alles andere würde dem Attribut der Gerechtigkeit Gottes widersprechen.

Letztlich ist es also das eigene Ego, welches eine Person zur Leugnung führt: „Ja, das 'Ego' ist zunächst wie ein dünner Strich, ein feiner Faden oder eine gedachte Linie. Doch wenn es nicht in seinem wahren Wesen erkannt wird, beginnt es im Verborgenen zu wachsen, bis es sich schließlich über den gesamten menschlichen Körper ausbreitet. Es wird wie ein gewaltiger Drache, der das ganze Wesen des Menschen verschlingt. Dieser Mensch wird mit all seinen Empfindungen und Fähigkeiten ganz von seinem Ego vereinnahmt. Wenn sich dann auch noch der kollektive Stolz seiner Nation oder Gemeinschaft mit seinem persönlichen Ego verbindet, gewinnt dieses eine ungeheure Kraft. So stellt sich sein Ego Gottes Geboten entgegen, ähnlich wie Satan es tat. Dann beginnt er, durch Selbstvergleiche alles mit sich selbst zu messen und verteilt somit Gottes Herrschaft auf andere Wesen und Ursachen. Dadurch fällt er in einen ungeheuren Götzendienst (Beigesellung). Dies bestätigt den Vers: 'Götzendienst ist fürwahr ein gewaltiges Unrecht' (Koran, 31:13). So wie ein Dieb, der von öffentlichem Eigentum stiehlt, es auch anderen leichter macht, zu stehlen, so sagt einer, der behauptet 'Ich bin mein eigener Herr', indirekt auch: 'Jeder ist sein eigener Herr.' Dies führt dazu, dass er den Glauben an den einzigen Schöpfer verliert und sich schließlich im Irrtum verirrt. Solange das Ego in diesem verräterischen Zustand verharrt, befindet es sich in völliger Unwissenheit. Selbst wenn es tausend Wissenschaften beherrscht, bleibt es ein unwissender Tor, der sich in einer verkehrten Ignoranz befindet. Denn alle Erkenntnisse, die das Universum ihm bringt, prallen an ihm ab, weil er in sich nichts findet, was diese Wahrheit bestätigen oder bewahren könnte. Jede Wahrheit, die ihm begegnet, wird durch seine innere Finsternis verzerrt. Selbst wenn die absolute Weisheit zu ihm käme, würde sie für ihn wie sinnlose Willkür erscheinen. Denn sein Ego ist mit Beigesellung und Leugnung gefärbt. So sehr das Universum auch mit leuchtenden Zeichen der Wahrheit erfüllt ist – die dunkle Stelle in seinem Innern lässt ihn sie nicht sehen" (Nursi, 2012b, S. 728).

Warum existiert die Hölle?

Nursi geht auch der Frage nach, warum eine Hölle überhaupt notwendig sei: „[Leugnung] ist der Grund in die Hölle zu kommen, er ist auch der Grund für die Existenz der Hölle. Denn gäbe es einen kleinen Herrscher mit seiner kleinen Würde, einem kleinen Eifer und mit einer kleinen Majestät. Wenn jemand in seiner Schamlosigkeit (eine Straftat begehen und) zu ihm sagen würde: 'Du bestrafst mich nicht, denn du kannst es ja gar nicht.' Auf jeden Fall würde (selbst dieser kleine) Herrscher, wenn sich in seinem Land kein Gefängnis befände, (nur) für ihn ein Gefängnis einrichten und ihn darin einsperren. In Wirklichkeit bezichtigt ein Leugner durch die Verleugnung der Hölle einen sehr großen Herrn, der einen grenzenlosen Eifer, Würde und Majestät besitzt, der Lüge und der Ohnmacht. Er beschuldigt ihn der Lüge und der Schwäche. Er verletzt heftig seine Würde und belästigt seine Majestät rebellisch. Angenommen, es gäbe überhaupt keinen Grund für die Existenz der Hölle, würde er auf jeden Fall wegen der Leugnung, der so sehr eine Bezichtigung der Lüge und eine Belästigung beinhaltet, die Hölle erschaffen und diesen Leugner hineinwerfen" (k.A.i, S. 222).

Glaube als Voraussetzung

In diesem Zusammenhang verwendet Nursi auch die Aussage: „So wie ein Islam ohne Glaube nicht Mittel der Rettung sein kann, so kann auch ein Glaube ohne den Islam nicht das Mittel zur Rettung sein" (k.A.f, S. 55ff).

Zur Kategorie des "Islam ohne Glauben" zählen sowohl Muslime, die die Vorschriften des Islams praktizieren, aber die Glaubensgrundlagen ablehnen, als auch Menschen, die die islamische Lebensweise übernommen

36

haben, jedoch nicht an Gott glauben. Demnach hat nicht jeder Muslim auch tatsächlich muslimische Eigenschaften: „Nicht jede Eigenschaft eines Muslims muss muslimisch sein, ebenso wenig müssen alle Eigenschaften und Fähigkeiten eines Leugners leugnerisch sein" (2012b, S. 472).

Das bedeutet, dass allein gute Taten und ein "reines Herz" nicht ausreichen. Die eigentliche Voraussetzung ist der Glaube. Dies belegt ein Hadith, den Aischa überliefert:

„Ich (Aischa) fragte: ´Oh Gesandter Gottes! Abdullah Ibn Judan pflegte in der Zeit der Unwissenheit seinen Verwandten zu helfen und die Armen zu speisen. Wird ihm das (in der Ewigkeit) von Nutzen sein?´ Er antwortete: ´(Nein), denn er hat niemals gesagt: Mein Herr, vergib mir meine Sünden am Tag des Jüngsten Gerichts´" (Muslim). Der Glaube ist also eine Voraussetzung. Erst dann werden die guten Taten zu Taten, die man ausschließlich nur für Gott macht und nicht für eigene Ziele.

Zur der in der islamischen Theologie oft diskutierten Fragestellung, ob Abu Talib, der Onkel des Propheten Muhammed, gläubig war oder nicht, kommt Nursi zu folgendem Ergebnis: „Die Schiiten sind von seinem Glauben überzeugt. Die meisten Sunniten sind nicht von seinem Glauben überzeugt. Was ich in meinem Herzen empfinde, ist Folgendes: Abu Talib mochte die Botschaft des Ehrenwerten Gesandten, mit dem Friede und Segen sei, nicht. Er liebte ihn dagegen sehr in seiner Eigenschaft als eine Persönlichkeit und als Mensch.

Diese seine - durchaus ernsthafte - Liebe und Zärtlichkeit wird sicherlich nicht ohne Wirkung geblieben sein. Abu Talib hatte in der Tat Gottes Ehrenwerten Geliebten stets in wahrhaft aufrechter Weise geliebt, sich stets für ihn eingesetzt und ihn beschützt. Wenn Abu Talib, der nicht wegen seiner Leugnung oder aus Verstocktheit, vielmehr auf Grund von Gefühlen der Scham und mit Rücksicht auf sein Ansehen im Stamm nie ein formales Glaubensbekenntnis abgelegt hatte, auch zur Hölle gegangen wäre, so hätte doch Gott der Gerechte zum Lohn für seine guten Taten eine Art persönliches Paradies inmitten der Hölle erschaffen können. So wie er manchmal an einigen Plätzen mitten im Winter einen Frühling zu erschaffen und den Kerker eines Gefangenen durch den Schlaf in einen Palast zu verwandeln vermag, so vermag er auch eine persönliche Hölle in ein persönliches Paradies zu verwandeln" (k.A.f, S. 717).

Wäre es also möglich, allein durch gute Taten ins Paradies zu gelangen, dann hätte Abu Talib es verdient. Denn er unterstützte den Propheten Muhammed und wurde von ihm geliebt. Doch wenn er nicht geglaubt hat, dürfte er auch nicht ins Paradies eintreten – allerdings können seine guten Taten seine Strafe mildern. Dass eine solche Milderung oder eine "besondere Art von Paradies" möglich ist, zeigt ein weiterer Hadith, der später in der längeren Fassung wiedergegeben wird: „Selbst wenn diese Menschen in die Hölle geschickt würden, würde Gott die Hölle für sie in eine Art Paradies verwandeln" (Baihaqi).

Glaube in der Zeit der Fatrat (Unterbrechung der Offenbarung)

Nursi macht jedoch eine Ausnahme für die Zeit der Fatrat, also als keine Offenbarungen den Meschen zugekamen. Laut Nursi sind Menschen, die keine richtige Information über die göttliche Offenbarung erhalten haben oder nur falsche Informationen hatten, nicht verantwortlich. Der Koran verweist auf diese Tatsache:

„[Die Gesandten kamen] als Verkünder froher Botschaft und als Überbringer von Warnungen, damit die Menschen nach den Gesandten kein Beweismittel gegen Gott haben." (Koran, 4:165)

„Damit ihr (nicht etwa) sagt: 'Zu uns ist kein Frohbote und kein Warner gekommen.' Nun ist ja ein Frohbote und ein Warner zu euch gekommen." (Koran, 5:19)

„Ganz gewiß werden wir diejenigen, zu denen Gesandte gesandt worden sind, fragen, und ganz gewiß werden wir die Gesandten fragen." (Koran, 7:6)

„Wir strafen nicht eher, bis wir einen Gesandten geschickt haben." (Koran, 17:15)

Nursi interpretiert dies folgendermaßen: „Aber auch diejenigen, welche schon älter als fünfzehn Jahre sind, haben einen großen Lohn, wenn sie in ihrem unverschuldeten Leiden ruhig und bescheiden bleiben, ja werden sogar vor der Hölle errettet. Denn in dieser Endzeit hat sich ja zudem auch noch ein Vorhang der Gleichgültigkeit, eine Art Zwischenzustand über die Religion im allgemeinen und die Religion des Propheten, über dem der Friede und Gottes Segen sei, herabgesenkt. [...] Besonders die Alten, vom Unglück geplagten, die Armen und Schwachen litten unter der Macht und Gewalt der großen Diktatoren und ihrer Grausamkeit. Wenn dabei Menschen vom Unglück getroffen wurden, die ungerecht und grausam waren, welche unschuldige Menschen ins Elend gestürzt hatten, diese egoistischen, niederträchtigen, teuflischen Menschen, die um ihres eigenen Vorteils willen Feuer unter den Menschen geschürt haben, so ist das für sie die vollkommene und ganz und gar verdiente Gerechtigkeit des Herrn" (k.A.h, S. 109ff).

Sein Urteil bezieht sich also auf Menschen, die sich in einer Zeit der Fatrat befinden. Also jene, die vom Islam nie erfahren haben oder vollkommen falsche Informationen darüber erhalten haben. Nursi nennt hier noch das 15. Lebensjahr als Ausgangspunkt. Hintergrund dazu ist, dass das 15. Lebensjahr laut der islamischen Rechtschule der Schafiiten das Ende der Pubertät symbolisiert. Da Nursi Schafiit war, bezieht er sich darauf. Unabhängig vom Alter betont er also, dass es hierbei um Meschen geht, die im islamischen Sinne als mündig gelten.

Dasselbe Urteil wie bei Said Nursi findet sich auch bei Imam Ghazali, der als "Hujjat al-Islam" (Beweis des Islam) bekannt wurde. Laut ihm werden Menschen, denen die Botschaft des Islam nicht erreicht hat, die göttliche Barmherzigkeit spüren. Er teilt diese Personen, in drei Gruppen ein:
>„1. Jene, die niemals den Namen des Propheten Muhammed gehört haben.

2. Jene, die den Namen des Propheten, seine Eigenschaften und seine Wunder gehört haben. Diese leben in Gebieten nahe islamischer Länder oder unter Muslimen. Sie sind Leugner und Häretiker.

3. Die Gruppe, die zwischen diesen beiden Stufen steht: Sie haben den Namen des Propheten gehört, aber nicht seine Eigenschaften und Besonderheiten. Vielmehr haben sie ihn von Kindheit an nur als jemanden kennengelernt, über den man sagt: 'Ein Mann namens Muhammed – möge Gott ihn bewahren! – hat fälschlicherweise behauptet, ein Prophet zu sein.' Dies ist vergleichbar mit der Art und Weise, wie unsere Kinder von Musailima dem Lügner hören, der behauptete, Gott habe ihn als Propheten gesandt, obwohl er ein Betrüger war.

Meiner Meinung nach ist ihr Zustand vergleichbar mit dem der ersten Gruppe, denn sie haben zwar den Namen des Propheten gehört, aber nur in Verbindung mit gegenteiligen Eigenschaften. Dies führt nicht dazu, dass sie sich mit der Wahrheit befassen oder sie erforschen" (Al Ghazali, 1990, S. 60-61).

Laut Imam Maturidi ist ein Mensch auch in einer Zeit der Fatrat für seinen Glauben verantwortlich, da er durch seinen Verstand zu Gott finden kann. Nach Imam Ash'ari hingegen kommen jene Menschen ins Paradies, wenn sie keine klare Botschaft erhalten haben und keinen Polytheismus begangen haben. Imam Rabbani behandelt das Thema in seinem 259. Brief und findet eine Mittelposition: Sie gehen weder ins Paradies noch werden sie bestraft, sondern werden zu Staub (2001, S. 1076-1088).

Es gibt hierzu eine bedeutende Hadith-Überlieferung. Der Prophet Muhammed sagte: „Es gibt vier Gruppen von Menschen, die am Tag des Jüngsten Gerichts eine Entschuldigung vorbringen werden: Die Tauben, die nichts hören konnten; die geistig Eingeschränkten; die Hochbetagten und die Menschen, die in der Zeit der Fatrat gestorben sind. Die Tauben werden sagen: 'Oh Herr! Der Islam ist gekommen, aber wir haben nichts gehört.' Die geistig Eingeschränkten werden sagen: 'Oh Herr! Der Islam ist gekommen, aber die Kinder haben mich mit Dreck beworfen.' Die Hochbetagten werden sagen: 'Oh Herr! Der Islam ist gekommen, aber wir konnten nichts verstehen.' Die in der Zeit der Fatrat Verstorbenen werden sagen: 'Oh Herr! Zu uns ist kein Prophet gekommen.' Selbst wenn diese Menschen in die Hölle geschickt würden, würde Gott die Hölle für sie in eine Art Paradies verwandeln" (Baihaqi).

Dies zeigt, dass es möglich ist, einen Ort der Bestrafung in eine Art Paradies zu verwandeln. Eine andere Überlieferung belegt dies ebenfalls: Abu Lahab ließ seine Sklavin Thuwayba aus Freude über die Geburt des Propheten frei. Deshalb wird seine Strafe jedes Jahr in der Nacht des 12. Rabi' al-Awwal gemildert, indem er zwischen seinen Fingern erfrischendes Wasser trinkt (Bukhari).

Nursi erläutert das Thema weiter: „Doch nach dem Geheimnis des Verses 'Wir strafen nicht eher, bis Wir einen Gesandten geschickt haben' (Koran, 17:15) sind die Menschen, die in einer Zeit zwischen den Propheten leben, gerettet. Und es wird allgemein bestätigt, dass sie für ihre kleineren Fehler nicht bestraft werden. Nach Imam Schafi und Imam Ash'ari sind sie selbst wenn sie der Leugnung verfallen sind und sich nicht an die Grundlagen des Glaubens halten, dennoch gerettet. Denn die Verantwortung vor Gott erfolgt aus der Sendung (eines Propheten). Aus der Sendung erfolgt die Verantwortung durch die Erkenntnis. Da Gottvergessenheit und der Ablauf der Zeit den Glauben der vorhergegangenen Propheten verdunkelt hatte, war er für diese Menschen der Zwischenzeit nicht mehr beweiskräftig genug. Wenn sie dennoch gehorchen, empfangen sie ihren Lohn, falls nicht, werden sie doch nicht bestraft. Denn da (ihnen ihr Glaube) verborgen blieb, konnte er ihnen auch nicht als Beweis dienen" (k.A.f, S. 714). Sobald der Islam also gekommen ist, verlieren alle vorherigen Offenbarungen ihre Gültigkeit. Nursi bezieht sich nur auf Ausnahmesituationen wie die Zeit der Fatrat. In dieser Angelegenheit folgt er nicht Imam Maturidi oder Imam Rabbani, sondern hält sich an Imam Schafi, Imam Ghazali und Imam Ash'ari und bleibt somit in der Tradition der islamischen Gelehrten.

Der Prophet Muhammed sagte außerdem, dass Menschen, die durch bestimmte Katastrophen sterben, z.B. Ertrunkene, im Feuer Verstorbene, von einem giftigen Tierbiss Verstorbene, an inneren Krankheiten Gestorbene oder unter Trümmern Verstorbene als Märtyrer gelten können (Ibn Asakir).

Kinder vor der Pubertät

Für Kinder, die das Alter der Reife noch nicht erreicht haben, trifft Nursi folgende Aussage: „Wer durch ein unabwendbares Unglück, das infolge der Verbrechen einiger Diktatoren über ihn kam, in Tod und Verderben gestürzt wurde, erlangt, so er noch keine fünfzehn Jahre alt ist, unabhängig von seiner Religionszugehörigkeit, genauso wie die Muslime den Status eines Märtyrers. Durch eine große innerliche Belohnung würde ein solches Unglück für ihn bedeutungslos werden" (k.A.h, S. 109). Dies gilt also für Kinder, die noch nicht religionsmündig sind. Eine Überlieferung vom Propheten Muhammed bestätigt dies: „Sie (die Kinder der Polytheisten) haben keine Sünden, für die sie bestraft und Bewohner der Hölle werden sollten. Sie haben aber auch keine guten Taten, für die sie belohnt und zu Herrschern des Paradieses gemacht werden sollten. Sie werden Diener der Paradiesbewohner sein'" (Ibn Kathir, 9/4705-4711).

In einer weiteren Überlieferung erklärt der Prophet, dass jeder Mensch im Zustand der natürlichen Veranlagung des Islam geboren wird: „Jedes Kind wird mit der Fitra (natürlichen Veranlagung) geboren" (Bukhari, Janazah: 92; Abu Dawud, Sunnah: 17; Tirmidhi, Qadar: 5). Jedes Kind ist also in diesem Sinne von Geburt an Muslim, egal, wie er sich selbst bezeichnet.

Fazit

Sowohl der Glaube als auch die Leugnung sind Zustände, die der Mensch mit seinem freien Willen wählt. Daher ist er für diese Wahl verantwortlich und wird zur Rechenschaft gezogen. Die Leugnung kann manchmal aus Unwissenheit entstehen, manchmal aber auch aus Trotz und Stolz. Die Islamgelehrten empfehlen, die Botschaft des Islam denjenigen, die leugnen, auf die schönste und sanfteste Weise zu übermitteln.

Der Glaube ermöglicht es dem Menschen, seine wahre Aufgabe zu verstehen, während die Leugnung dazu führt, dass das Herz versiegelt wird und folglich die Wahrheiten und Weisheiten nicht begriffen werden können.

In Zeiten der Fatrat (wenn Menschen keine oder nur verfälschte Informationen über den Islam erhalten haben), ist ihre Situation eine andere. Dann sind sie nicht verantwortlich vor Gott. Doch diejenigen, die die Möglichkeit haben, den Islam kennenzulernen, werden nicht allein durch gutes moralisches Verhalten und gute Taten als Gläubige betrachtet.

Die Reise des Menschen

Der Prophet Muhammed sagte: „Sei auf dieser Welt wie ein Fremder oder wie Durchreisender" (Bukhari 81, Nr. 6492). Dieser Hadith erinnert daran, dass das Leben in dieser Welt vergänglich ist und man sich nicht an materielle Dinge binden sollen. Wie ein Fremder oder Reisender sollte man die Zeit auf dieser Erde, also das ganze Leben, sinnvoll nutzen und sich auf die weitere Reise, ins Jenseits, vorbereiten (vgl. Sahinöz, 2005). Der Prophet legt damit den Fokus auf die wahren Werte, damit man nicht in die Illusionen der Welt verfällt. Er betont, dass die wahre Heimat das ewige Leben ist, weshalb man die Prioritäten danach ausrichten sollte. Diese Haltung fördert Bescheidenheit, Dankbarkeit und den bewussten Umgang mit der Zeit.

Bei Said Nursi finden wir bezüglich dieser Reise reichlich Hinweise. An verschiedenen Stellen der Risale-i Nur beschreibt Nursi die einzelnen Stationen dieser Reise:

- „Der Mensch ist ein Reisender. Von der Kindheit in die Jugendzeit, von der Jugendzeit ins Greisenalter, vom Greisenalter ins Grab, vom Grab zur Auferstehung, von der Auferstehung bis in die Ewigkeit setzt sich seine Reise fort" (2011b, S. 380ff).
- „Was die Reise betrifft, so ist sie eine Reise, die aus der Welt der Seele, dem Schoß der Mutter, durch Jugend und Alter, Grab und Zwischenreich,

Auferstehung und Brücke in die Ewigkeit führt"
(k.A.c, S. 569).

- „Betrachten wir nun die Reise in die Verbannung,
  so führt sie heraus aus der Welt der Geister,
  heraus aus dem Mutterschoß, hindurch durch
  Kindheit und Greisenalter, durchs irdische Leben,
  Grab und Zwischenwelt zur Wiederauferstehung
  hinüber über die Brücke von ´Sirat´: eine lange
  Fahrt der Prüfung" (k.A.c, S. 52).
- „Das prächtige Landgut ist das Paradies. Die
  Überfahrt dorthin beginnt am Grab. Sie ist des
  Menschen Reise vom Grabe zur Auferstehung
  und darüber hinaus ins ewige Leben" (k.A.c, S.
  35).

Damit eröffnet Nursi eine tiefgründige Perspektive auf
die Reise des menschlichen Lebens. Er betrachtet das
Leben nicht als isoliertes Ereignis, sondern als eine
Abfolge von Übergängen und Prüfungen, die den
Menschen auf eine ewige Existenz vorbereiten. Diese
Reise beginnt vor der Geburt und erstreckt sich über das
irdische Leben hinaus bis in die Ewigkeit. Jede Stufe
dieser Reise hat ihre eigene Bedeutung und Funktion, die
wir im Folgenden analysieren.

Die Welt der Geister

Der erste Schritt der Reise beginnt in der Welt der
Geister, einem Zustand vor der physischen Existenz.
Nach islamischer Überlieferung wurde hier die Essenz
des Menschen erschaffen, und er hat bereits eine
Beziehung zu seinem Schöpfer aufgebaut. In diesem

Stadium wurden die Menschen gefragt: „Bin ich nicht euer Herr?" (Koran, 7:172), worauf sie mit „Ja" antworteten. Dieser Moment prägt die Grundlage für die Beziehung des Menschen zu Allah und die Verpflichtung, während der Reise des Lebens die Wahrheit zu suchen.

Der Schoß der Mutter

Die nächste Station ist der Mutterschoß, der die physische Existenz einleitet. Im Dunkel der Gebärmutter wächst der Mensch, geschützt und umsorgt, heran. Dieses Stadium symbolisiert das Potenzial für das Leben, das auf die Reise durch die physische Welt vorbereitet wird. Es ist ein Zeitraum des Wartens und der Vorbereitung auf eine Realität, die weit größer ist als das enge Universum des Mutterleibs.

Kindheit

Die Kindheit ist die erste Begegnung mit der äußeren Welt. Sie ist geprägt von Unschuld, Lernfähigkeit und einem natürlichen Vertrauen. Diese Phase stellt eine Reise der Entdeckung dar, in der der Mensch die Grundlagen für Wissen, Moral und Beziehung aufbaut. Gleichzeitig ist sie ein Spiegel der göttlichen Gnade, da die Abhängigkeit des Kindes von anderen die Barmherzigkeit und Fürsorge Gottes widerspiegelt.

Jugend

Mit der Jugend beginnt eine Phase der Energie, Leidenschaft und Entscheidungsfreiheit. Sie ist zugleich die Zeit der größten Prüfungen, da der Mensch oft von seinen Wünschen und Ambitionen geleitet wird. Die Jugend symbolisiert eine Brücke zwischen der unschuldigen Kindheit und dem verantwortungsbewussten Erwachsenenalter. Es ist ein entscheidender Abschnitt, in dem die Richtung des Lebens klarer wird und der Mensch sich entweder dem Schöpfer oder den Illusionen der Welt zuwendet.

Alter

Das Alter bringt Reife, Erfahrung und Reflexion. Es ist die Phase, in der der Mensch die Vergänglichkeit des Lebens bewusst erkennt. Diese Erkenntnis ruft den Menschen zur Rückbesinnung auf den Schöpfer und das Ewige. Gleichzeitig erinnert das Alter daran, dass das irdische Leben nur eine vorübergehende Etappe ist. Die körperliche Schwäche, die das Alter oft begleitet, dient als Mahnung an die Abhängigkeit von Gott.

Tod und Grab

Der Tod ist kein Ende, sondern der Beginn einer neuen Phase. Das Grab, oft als Zwischenreich bezeichnet, ist eine Stufe zwischen der physischen Welt und der Ewigkeit. Hier wird der Mensch in einen Zustand des Wartens versetzt, in dem seine Taten im irdischen Leben gewürdigt oder bereut werden. Das Grab ist ein

Übergangsort, der die Endlichkeit des irdischen Lebens und die Unendlichkeit des Jenseits verbindet.

Wiederauferstehung

Die Wiederauferstehung markiert die Wiedervereinigung von Seele und Körper. Hier wird der Mensch für seine irdischen Handlungen zur Rechenschaft gezogen. Dieses Stadium ist die Offenbarung der wahren Natur des Lebens, in dem der Mensch die Früchte seiner Entscheidungen erntet. Die Wiederauferstehung ist nicht nur ein Ereignis, sondern auch ein Moment der Wahrheit, in dem jede Täuschung aufgedeckt wird.

Die Brücke von Sirat

Die Brücke von Sirat symbolisiert den abschließenden Übergang zur ewigen Bestimmung des Menschen. Sie ist ein Prüfstein, der die Standhaftigkeit und den Glauben des Menschen auf die Probe stellt. Nur diejenigen, die auf dem geraden Weg wandelten, überqueren diese Brücke sicher. Sie ist ein Bild für die Konsequenz der irdischen Entscheidungen und die Gnade Gottes, die den Menschen sicher ans Ziel bringt.

Die Ewigkeit

Die Reise endet in der Ewigkeit, die entweder die Glückseligkeit des Paradieses oder die Strafe der Hölle bedeutet. Das Paradies ist die Erfüllung der Sehnsucht nach Gott, nach Frieden und nach Vollkommenheit. Es ist der Ort, an dem der Mensch seine endgültige

Bestimmung erreicht und die Gnade Gottes in ihrer vollkommenen Form erfährt.

Fazit

Said Nursi beschreibt die menschliche Existenz als eine durch Prüfungen geprägte Reise, die von der Schöpfung bis zur Ewigkeit reicht. Jede Stufe dieser Reise hat ihren eigenen Sinn und Zweck, der den Menschen auf die Begegnung mit seinem Schöpfer vorbereitet. Durch diese Betrachtung wird deutlich, dass das Leben nicht willkürlich ist, sondern ein sorgfältig orchestrierter Prozess, der den Menschen zur höchsten Wahrheit führt. Die Reise mag schwierig und voller Prüfungen sein, doch sie ist gleichzeitig eine Gelegenheit, die Gnade und Weisheit Gottes zu erkennen.

Die Dreifache Dimension des Lebens

Alles, was uns im Leben widerfährt, jede noch so kleine Begebenheit oder Situation, ist ein vielschichtiges Geschehen, das sich laut Said Nursi auf drei Ebenen entfaltet: der weltlichen, der jenseitigen und der Ebene der göttlichen Attribute (vgl. Nursi, 2011b, S. 70, 139-140; k.A.c, S. 603, 1125-1126; k.A.f, S. 539). Diese drei Aspekte sind wie Fäden, die ein komplexes Gewebe des Lebens weben und uns dabei helfen, die tieferen Bedeutungen hinter unseren Erfahrungen zu verstehen.

Der weltliche Aspekt

Dies ist die Ebene, die wir am unmittelbarsten wahrnehmen. Hier gelten die Gesetze der Natur und der Gesellschaft. Ursache und Wirkung sind klar definiert und folgen den bekannten physikalischen Gesetzen.

Der jenseitige Aspekt

Hinter jedem Ereignis verbirgt sich eine tiefere Weisheit, eine Lektion, die uns das Leben lehren möchte. Diese Ebene ist oft schwerer zu erkennen, da sie sich unserem rationalen Verstand entzieht. Aus den Überlieferungen des Propheten Muhammed können wir ableiten, dass es z.B. verschiedene Gründe gibt, warum wir bestimmte Situationen erleiden:

1. Sündenvergebung: Gott tilgt mit einem Unheil, einer Krankheit oder einer Krise unsere Sünden.

2. Strafe: In manchen Fällen kann ein Unglück als Strafe für vergangene Taten gedeutet werden.

3. Reifungsprozess: Die Situation dienst als Prüfstein, um unseren Charakter zu stärken und uns zu einem reiferen Menschen zu machen.

4. Schutz: Die Situation schützt und bewahrt uns vor einem noch größeren Leid.

Der Aspekt der göttlichen Attribute

Jedes Ereignis ist eine Manifestation oder Reflexion eines oder mehrerer göttlicher Attribute. Alles, was in unserem Leben geschieht, ist letztendlich auf die Eigenschaften Gottes zurückzuführen. Jedes Ereignis, sei es Freude oder Leid, Erfolg oder Misserfolg, ist Ausdruck eines bestimmten göttlichen Attributs.

Wenn wir beispielsweise eine unerwartete Güte erfahren, könnte dies als Manifestation der göttlichen Barmherzigkeit gedeutet werden. Erleiden wir hingegen Unrecht, könnte dies als Ausdruck der göttlichen Gerechtigkeit gesehen werden, die uns dazu auffordert, über unser eigenes Verhalten nachzudenken. Auf diese Weise können wir in jedem Ereignis, selbst in den schwierigsten, einen tieferen Sinn und eine Verbindung zum Göttlichen erkennen. Es ist eine Einladung, über den Tellerrand des Alltäglichen hinauszuschauen und die Welt als Ausdruck göttlicher Ordnung zu verstehen.

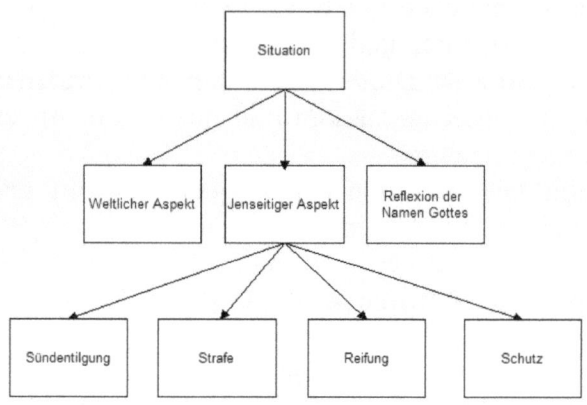

Ein Autounfall als Beispiel

Stellen wir uns vor, eine Person verursacht einen Autounfall, weil sie zu schnell gefahren ist. Auf der weltlichen Ebene ist die Ursache klar: Überschreitet man die erlaubte Geschwindigkeit, erhöht sich das Risiko eines Unfalls.

Auf der jenseitigen Ebene könnte der Unfall als eine Möglichkeit dienen, die Person auf die Gefahren des Rasens aufmerksam zu machen und sie dazu zu bewegen, ihr Leben zu ändern. Möglicherweise war der Unfall eine Möglichkeit, vergangene Sünden zu tilgen oder eine Strafe für vergangene Taten. Sie könnte auch eine Chance sein, ein reiferer Mensch zu werden. Es könnte aber auch Eingreifen sein, um von einem noch größeren Unglück zu bewahren. Je nach Kontext könnte es eins oder mehrere dieser Aspekte beinhalten.

54

Auf der Ebene der göttlichen Attribute könnte dieser Vorfall als Manifestation der göttlichen Gerechtigkeit gedeutet werden, da die Person die Konsequenzen ihres Handelns zu tragen hat. Gleichzeitig könnte aber auch die göttliche Barmherzigkeit zum Ausdruck kommen, wenn die Person den Unfall überlebt und die Chance erhält, ihr Leben neu zu ordnen.

Fazit

Das Leben ist ein komplexes Gewebe aus Ursache und Wirkung, göttlicher Führung und persönlicher Verantwortung. Indem wir die Ereignisse unseres Lebens unter diesen drei Aspekten betrachten, können wir ein tieferes Verständnis für uns selbst und die Welt gewinnen. Wir erkennen, dass selbst die scheinbar zufälligen Ereignisse unseres Lebens einen Sinn haben und Teil eines größeren Plans sind.

Seelsorge und Psychotherapie

Das Aufsuchen eines Therapeuten, Beraters oder Seelsorgers war in der islamischen Geschichte nie ein Tabuthema. Ein Gespräch mit einem solchen Experten war gewissermaßen eine Auslegung des Koranverses „Diejenigen, die ihre Angelegenheit(en) durch Beratung untereinander (regeln)" (Koran, 42:38).

So gab es stets islamische Gelehrte, die sich mit den Themen der menschlichen Psychologie befassten, etwa Harith al Muhasibi (9. Jhr.), al Kindi (9. Jhr.), Abu Bakr ar Razi (10. Jhr.), Farabi (10. Jhr.), Ibn Sina (Avicenna, 11. Jhr.), Gazali (11. Jhr.), Fahraddin ar Razi (13. Jhr.) und Ibn Khaldun (15. Jhr.).

Dies änderte sich jedoch ab der Industrialisierung im 19. Jhr. Seitdem hat die Menschheit in technischer und materieller Hinsicht enorme Fortschritte gemacht. Diese Entwicklung war aber nicht von einem gleichwertigen Fortschritt in ethischer, spiritueller und seelischer Hinsicht begleitet. Im Gegenteil, die Spiritualität ist zurückgegangen, und die Menschen haben den ersehnten inneren Frieden nicht im Materiellen gefunden. Sie sind von materiellen Dingen, gesellschaftlichen Positionen oder anderen Faktoren abhängig geworden. So hat sich nicht nur die Wirtschaft, sondern auch psychische Probleme und Unzufriedenheit haben sich globalisiert.

Als Gegenmittel gegen diese gesellschaftlichen psychischen Krisen empfahl der Islamgelehrte Said Nursi

Glauben und Vertrauen: „Ich schätze, dass diejenigen, die auf dem ganzen Erdenrund in allem Sturm und Brand noch den Frieden des Herzens bewahren und die Ruhe des Geistes retten können, einzig diejenigen sind, die den wahren Glauben und Vertrauen in Gott besitzen und darum zufrieden sind" (Nursi, k.A.h, S. 121). Er sah den Glauben als ein Anker gegen jegliche Krisen.

Bekanntlich setzte sich Nursi dafür ein, Naturwissenschaften mit Religionswissenschaften zu vereinen: „Die Wissenschaft von der Religion ist das Licht des Gewissens. Die Naturwissenschaft spiegelt das Licht der Vernunft wider. Die Wahrheit wird offenbar durch die Vereinigung der Beiden. Wenn sie getrennt sind, kommt es zu Fanatismus in der Religion. Und es entstehen Argwohn und Zweifel in der Wissenschaft" (Nursi, 1999, S. 80). Wenn man diesen Ansatz auf die Psychotherapie überträgt, war Nursi für die Erweiterung des modernen Verständnisses von Psychologie um die Faktoren Glaube und Spiritualität. Im Grunde also das, was eine gute Seelsorge ausmacht. Wenn Glaube in der Therapie ausgeblendet wird, kann dies ggfs. keine vollumfassende Hilfe ermöglichen. Gleichzeitig würde eine Ablehnung der Psychologie dazu führen, dass psychische Erkrankungen nicht ernst genommen werden.

Daher setzte sich Nursi für eine Synergie zwischen spirituellen Aspekten und modernen Wissenschaften ein (vgl. Rahman, 2020) und betonte die Rolle spiritueller Aspekte in den modernen Wissenschaften. Demnach kann keine Psychologie existieren, ohne die spirituelle Realität zu berücksichtigen. Durch die Verwendung von göttlichen Quellen werden verschiedene Informationen über die menschliche Natur bereitgestellt. Die Ausklammerung göttlicher Informationen würde die Psychologie zu einer halben Wahrheit machen. Daher entwickelte er ein integratives islamisches Persönlichkeitsmodell, das die Seele miteinschließt.

Dabei sei es wichtig, Lösungsansätze und Hilfestellungen zu geben, die diese beiden Methoden kombinieren und der Natur des Menschen und seiner Beschaffenheit entsprechen „Die natürliche Beschaffenheit lehnt alles ab, was unnatürlich und ungebührlich ist, und verwirft es" (Nursi, k.A.c, S. 625). Hierzu gibt Nursi auch ein Beispiel: „Sich an die Anweisungen geschulter und gläubiger Ärzte zu halten, ist ein bedeutendes Heilmittel. Die meisten Krankheiten entstehen durch Missbrauch, Unmäßigkeit, Maßlosigkeit, Lasterhaftigkeit, Ausschweifung und Unvorsichtigkeit. Der gläubige Arzt wird dem Kranken sicherlich im Rahmen dessen, was erlaubt ist, einen Rat erteilen oder ihm etwas verbieten. Er wird ihm Missbrauch und Maßlosigkeit verbieten und ihm Trost geben. Der Kranke, der auf diese Ratschläge und Tröstungen vertraut, wird für seine Krankheit Erleichterung finden, und nach seiner Beklemmung froh und frei atmen können. [...] Wenn aber jemand in die Hände jener unbarmherzigen, halbgebildeten oder verständnislosen Doktoren gerät, verschlimmert sich noch seine Einbildung. Handelt es sich dabei um einen Reichen, verliert er ein Vermögen. Und wenn nicht dies, dann den Verstand oder die Gesundheit" (Nursi, k.A.d, S. 433ff). Daher ist es im Sinne von Nursi wichtig,

Psychotherapie und Glaube zu verbinden. Hierfür sehen wir Ansätze in seinen Werken.

Selbstverständlich sind die Werke von Nursi, also die Risale-i Nur, keine Therapiebücher und enthalten keine psychotherapeutischen Methoden. Doch wie bei anderen Büchern auch - etwa in den Geschichten von Rumi (vgl. Tarhan, 2012), in Büchern über die Beziehung zwischen Koran, Hadith und Psychotherapie (vgl. Necati, 2008, 2011; Tarhan, 2009; Laabdallaoui, Rüschoff, 2009) – gibt es auch in den Schriften von Nursi wertvolle Erkenntnisse zur menschlichen Psychologie (vgl. Şahinöz, 2016, 2020a; Şahinöz, Altıner, 2018). Natürlich ist das Hauptziel der Risale-i Nur nicht die Psychotherapie, aber es ist möglich, die aus diesen Schriften gewonnenen Erkenntnisse in der Selbstbehandlung und Selbstreflexion zu nutzen. In der Psychologie wird dies als Bibliotherapie bezeichnet – also als Therapie durch das Lesen von Texten.

Konkrete Textstellen aus der Risale-i Nur, die sich im Bereich der Psychotherapie und Seelsorge bewegen, sind z.B.

- 21. Wort - Unterbewusstsein des Menschen und Zwangsgedanken
- 26. Wort – Schicksal und freier Wille
- 29. Wort – die Natur des Geistes
- 30. Wort - Selbsterkenntnis
- 17. Brief - Beileidsbekundungen bei Kindestod
- 20. Brief - Tröstungen
- 22. Brief - Beziehungen zwischen Menschen

- 2. Lichtblitz - Geduld bei Krankheiten und Krisen
- 13. Lichtblitz - Zwangsgedanken
- 25. Lichtblitz - Seelenführer für die Kranken
- 26. Lichtblitz - Tröstungen

In solchen und weiteren ähnlichen Textstellen beschäftigt sich Nursi mit Themen der Seelsorge und Psychotherapie, wie z.B. Verzweiflung, Hoffnungslosigkeit, Depression, Zwangsgedanken oder Hilflosigkeit. Er bietet dem Leser einen Perspektivenwechsel (vgl. Şahinöz, 2024) an, in dem er sowohl dem menschlichen Sein als auch Krankheiten und Krisen einen Sinn gibt. Auf diese Weise bewahrt er den Menschen vor der Sinnlosigkeit.

Nursi bietet daher "Medikamente" im Sinne eines Perspektivenwechsels an. Da seine Quellen stets der Koran und die Traditionen des Propheten Muhammed sind, stammen diese Medikamente aus der Apotheke des Korans und sind daher wirksam, weil sie mit der Natur des Menschen vereinbar sind. Im Koran heißt es: „Er (der Koran) ist für diejenigen, die glauben, eine Rechtleitung und eine Heilung" (Koran, 41:44), „Wir offenbaren vom Koran, was für die Gläubigen Heilung und Barmherzigkeit ist" (Koran, 17:82). Nursi drückt diese Tatsache wie folgt aus: „Dieser Heilungsvers war lange Zeit das Heilmittel und die Medizin für meine Probleme, und ich habe ihn aus den Mitteln des allweisen Korans, der die große Apotheke Gottes ist, und aus den Gläsern der Risale-in-Nur entnommen. Ich fand darin tausend Heilmittel für meine Probleme" (Nursi, 2000b, S. 703), „Wenn sie aus der heiligen Apotheke des Koran die

60

Medikamente des Glaubens als ein Gegengift zu entnehmen wissen, können sie sowohl ihre eigenen Krankheiten als auch die Wunden der Menschheit heilen" (Nursi, k.A.i, S. 56).

Letztendlich gelingt die Verbesserung des seelischen Zustandes laut Nursi durch die Beschäftigung mit dem Glauben: „Denn da sie im Lichte und in der Sichtweise des Unterrichts im wahren Glauben, […] in allen Dingen stets die Spur und das Antlitz der göttlichen Barmherzigkeit erblicken, in allen Dingen Seine vollkommene Weisheit und die vollkommene Ausgewogenheit Seiner Gerechtigkeit bezeugen, in vollkommener Hingabe und Zufriedenheit auch mit allem Unglück, das zum Handeln der Herrschaft Gottes hinzu gehört und das sie in Ergebenheit und Gelassenheit, zufrieden auf sich nehmen, keineswegs versuchen, in ihrem Mitgefühl selbst noch über die göttliche Barmherzigkeit hinauszugehen, erleiden sie auch niemals Pein und Qual" (Nursi, k.A.h, S. 121). In einem anderen Brief erwähnt Nursi die weltlichen Vorteile der Beschäftigung mit den Glaubenswahrheiten und schreibt in diesem Zusammenhang: „Ruhe und Freude im Herzen" (Nursi, k.A.j, S. 174).

Fazit

Seelsorge und Psychotherapie haben im Islam eine lange Tradition, die aber in der Industrialisierung des 19. Jahrhunderts an Bedeutung verlor. Said Nursi kritisiert den Rückgang von Spiritualität und den Fokus auf Materialismus, der innere Unzufriedenheit fördert, und sieht Glauben und Vertrauen in Gott als Heilmittel gegen Krisen. Er verbindet Natur- und Religionswissenschaften und erweitert Psychotherapie um spirituelle Elemente, da Glaube und Spiritualität essenzielle Faktoren für seelisches Wohlbefinden sind.

Seine Werke sind keine Therapiebücher, bieten jedoch durch Ansätze wie Perspektivenwechsel, Trost und Sinngebung wertvolle Beiträge zur Seelsorge. Nursi bezeichnet den Koran als "Apotheke Gottes" und glaubt, dass dessen Heilmittel den seelischen Zustand verbessern können.

Er hebt hervor, dass Krankheiten und Krisen durch Glaubenswahrheiten als sinnvoll erkannt werden können, was Verzweiflung und Hoffnungslosigkeit vorbeugt. Für ihn führen diese Wahrheiten zu Gelassenheit, innerem Frieden und einer tiefen Verbindung zu göttlicher Barmherzigkeit. Letztlich sieht er Glauben als unverzichtbares Gegengift gegen die seelischen Wunden der Menschheit.

Krankheitsverständnis

Das Verständnis von Krankheit in den Werken Said Nursis weicht stark von einer rein medizinischen oder materialistischen Betrachtung ab. Während die moderne Medizin Krankheit oft als ein biologisches Problem betrachtet, das es zu beheben gilt, sieht Nursi sie als eine tiefere, vielschichtige Realität, die spirituelle, ethische und existenzielle Dimensionen umfasst. Krankheit ist für ihn nicht nur ein Leiden, sondern auch eine Prüfung, eine Reinigung und ein Mittel zur spirituellen Reifung

Krankheit als göttliche Prüfung und Barmherzigkeit

Nursi betrachtet Krankheit als eine Form der göttlichen Prüfung, die dazu dient, den Menschen an seine Abhängigkeit von Gott zu erinnern. In der modernen, materialistischen Welt neigt der Mensch dazu, sich von Gott abzuwenden und sich in weltlichen Angelegenheiten zu verlieren. Eine Krankheit kann diesen Kreislauf unterbrechen, indem sie ihn auf seine Schwäche, Sterblichkeit und seine Abhängigkeit von einer höheren Macht hinweist.

In seinen Texten betont Nursi, dass das Leid eines Gläubigen niemals sinnlos ist. Krankheit ist nicht nur eine Strafe oder eine zufällige biologische Störung, sondern ein Instrument der göttlichen Erziehung. Sie erinnert den Menschen an seine wahre Bestimmung: die Anbetung und Hingabe an Gott. Dabei verweist Nursi auf zahlreiche islamische Grundprinzipien, in denen Prüfungen als Mittel der Reinigung dargestellt werden.

Ein zentrales Beispiel ist die Geschichte von Propheten Ayyub (Hiob), der eine schwere Krankheit erlitt, sich jedoch nicht von Gott abwandte. Stattdessen blieb er standhaft im Glauben, und seine Geduld wurde am Ende mit Heilung belohnt. Nursi nutzt diese Geschichte (Nursi, k.A.d, S. 13ff), um zu verdeutlichen, dass Leiden, wenn es mit Geduld und Gottvertrauen getragen wird, zur spirituellen Erhöhung führt.

Krankheit als Reinigung von Sünden

In einem weiteren wichtigen Aspekt seines Krankheitsverständnisses beschreibt Nursi Krankheit als eine Form der spirituellen Reinigung. Er argumentiert, dass ein gesunder Mensch oft in Sünden verfällt, während ein Kranker durch sein Leiden gesühnt wird (Nursi, k.A.d, S. 41). In diesem Sinne betrachtet er Krankheit als eine göttliche Barmherzigkeit, die den Menschen von den Lasten seiner Verfehlungen befreit.

Dabei stützt er sich auf Ahadith des Propheten Muhammed (Friede sei mit ihm), die besagen, dass jede Krankheit, jedes Leid und jede Schwierigkeit, die ein Gläubiger erfährt, ihm seine Sünden vergibt, selbst wenn es nur ein kleiner Dorn ist, der ihn sticht: „Niemals wird der Muslim Anstrengung, Krankheit, Trübsal, Kummer, Übel oder Schaden erleiden, sogar wenn ihn nur ein Dorn sticht, ohne dass Allah ihn dies als Sühne für seine Sünden zurechnet" (Bukhari, 5641; Muslim). Krankheit

64

ist für Nursi daher kein rein negatives Ereignis, sondern ein Mittel der seelischen Reinigung und Vorbereitung auf das Jenseits.

Krankheit als Gelegenheit zur Dankbarkeit und Reflexion

Ein bemerkenswerter Aspekt in Nursis Betrachtung ist die Aufforderung, Krankheit als eine Gelegenheit zur Dankbarkeit zu begreifen (Nursi, k.A.d, S. 410). Ein gesunder Mensch vergisst oft, Gott für seine Wohltaten zu danken. Erst wenn er krank wird, beginnt er zu erkennen, wie wertvoll Gesundheit ist.

Nursi ermutigt seine Leser, Krankheit als eine Art spirituelle Einkehr zu nutzen. Während der Kranke von weltlichen Ablenkungen entlastet wird, hat er die Möglichkeit, sich intensiver mit dem Jenseits und mit seinem Verhältnis zu Gott auseinanderzusetzen. Krankheit wird zu einer Zeit der inneren Besinnung, in der der Gläubige seine Abhängigkeit von Gott bewusst wahrnimmt und tiefe Dankbarkeit empfindet, sowohl für die guten als auch für die schweren Zeiten.

Krankheit als Ermahnung gegen Arroganz und Selbstüberschätzung

Nursi betrachtet Krankheit auch als ein Gegenmittel gegen Arroganz. Der Mensch neigt dazu, sich seiner Kraft und Intelligenz zu rühmen und sich als unabhängig zu betrachten. Krankheit zerstört diese Illusion. Sie zeigt ihm seine Schwäche, macht ihm bewusst, dass er selbst über seinen eigenen Körper keine absolute Kontrolle hat. Diese Erkenntnis führt den Menschen zurück zur Demut, einer der zentralen Tugenden des Islam.

Er vergleicht den Menschen mit einem Gast in dieser Welt. So wie ein Gast sich nicht als Besitzer des Hauses sieht, sondern dankbar für das ist, was ihm gewährt wird, so sollte der Mensch verstehen, dass sein Körper und seine Gesundheit Leihgaben von Gott sind (Nursi, k.A.d, S. 412ff). Krankheit erinnert ihn daran, dass er nicht über sich selbst herrscht, sondern dass sein Leben, sein Wohlbefinden und sein Schicksal in den Händen Gottes liegen.

Der Umgang mit Krankheit: Geduld, Gebet und Hoffnung

Nursi rät dem Gläubigen, in Zeiten der Krankheit nicht zu verzweifeln, sondern sich auf drei zentrale Prinzipien zu stützen: Geduld, Gebet und Hoffnung.

Geduld ist eine Tugend, die im Koran immer wieder betont wird. Sie bedeutet nicht bloßes Ertragen, sondern die bewusste Akzeptanz des göttlichen Willens. Wer Geduld übt, erlangt spirituelle Stärke und vertieft sein Vertrauen in Gott.

Das Gebet spielt in der Risale-i Nur immer wieder eine zentrale Rolle. Nursi empfiehlt, Krankheit als Anlass für vermehrtes Bittgebet zu nehmen, nicht nur für körperliche Heilung, sondern auch für spirituelle Erkenntnis. Das Gebet verbindet den Kranken mit Gott und gibt ihm die innere Kraft, sein Leiden als Prüfung und nicht als Strafe zu betrachten.

Schließlich hebt Nursi die Bedeutung der Hoffnung hervor. Selbst wenn die medizinischen Mittel ausgeschöpft sind, bleibt die Hoffnung auf Gottes Barmherzigkeit bestehen. Nursi erinnert daran, dass selbst in den schwersten Momenten der Glaube ein Licht ist, das den Gläubigen durch die Dunkelheit führt.

Fazit

Said Nursis Krankheitsverständnis ist tief verwurzelt in der islamischen Theologie und stellt eine Alternative zu einer rein materialistischen Sichtweise dar. Krankheit ist für ihn kein bloßes Übel, sondern eine Gelegenheit zur spirituellen Reflexion, Reinigung und Annäherung an Gott. Sie dient als Erinnerung an die Vergänglichkeit des Lebens, als Prüfung der Geduld und als Mittel zur Erneuerung des Glaubens.

Seine Perspektive bietet Trost und Sinn in Zeiten des Leidens. Sie fordert den Menschen auf, sich nicht nur auf die körperlichen Aspekte der Krankheit zu konzentrieren, sondern auch auf ihre spirituellen Lektionen. In einer Welt, die Krankheit oft als bloßes Hindernis betrachtet, lehrt Nursi, dass sie auch eine Tür zur Nähe zu Gott sein kann.

Drei Arten von Geduld

Im Koran und in den Ahadith findet man zahlreiche Aussagen zum Thema Geduld. So sagte z.B. der Prophet Muhammed: „Geduld ist der Schlüssel zur Erleichterung" (Al Munawi, Feyzü'l-Kadir, 6:298; Acluni, Keşfu'l-Hafa, 2:21).

Wenn wir von Geduld sprechen, denken wir meistens an Situationen wie Krankheiten und Krisen. Dabei gibt es weitere Anwendungsbereiche von Geduld. Der Islamgelehrte Said Nursi teilt Geduld in drei Arten auf:
„Nun aber ist die Geduld von Dreierlei Art:
Erstens: Geduld üben in der Zurückhaltung von den Sünden. Diese Art der Geduld wird Gottesfurcht genannt und führt uns zu der tiefen Wahrheit von ʹFürwahr, Gott ist mit den Gottesfürchtigenʹ (Koran, 2:194).
Zweitens: Geduld üben im Unglück heißt Gott vertrauen und sich (seinem Willen) zu unterwerfen, das heißt, wir erfahren die Ehre der Offenbarung der Koranverse ʹFürwahr, Gott liebt die ihm vertrauenʹ (Koran, 3:159) und ʹFürwahr, Gott liebt die Geduldigenʹ (Koran, 3:146). Was hingegen die Ungeduld betrifft, so enthält sie ein Vorwurf gegen Gott, woraus eine Kritik an seiner Handlungsweise, eine Klage gegen seine Barmherzigkeit und eine Missachtung seiner Weisheit resultiert. Denn der Mensch weint in der Tat in seiner Schwäche und Hilflosigkeit, wenn er sich über einen Schicksalsschlag beklagt. Doch sollte er seine Klage vor ihm ausschütten und nicht gegen ihn. Seine Worte sollten so sein wie die des ehrenwerten Propheten Jakob, mit dem der Friede

sei: ʹFürwahr, ich schütte meine Klage und meinen Kummer vor Gott ausʹ (Koran, 12:86). Das heißt, man sollte seine Klage vor Gott ausschütten, statt: ʹAch und oh weh!ʹ zu stöhnen und zu sagen: ʹWas habe ich denn getan, dass dies über mein Haupt gekommen ist?ʹ, so als wolle er sich vor den Menschen über Gott beklagen. Auf diese Weise das Mitleid der Menschen zu erregen, ist negativ und sinnlos.

Die dritte Art von Geduld ist die Geduld im Dienst und in der Anbetung. Diese Form von Geduld erhebt ihn zu der Stufe eines Geliebten. Sie führt schließlich (auf die Stufe) eines vollkommenen Dieners, welches die höchste Stufe ist" (Nursi, k.A.f, S. 519).

Nursi hat hiermit eine tiefgründige Analyse von Geduld und deren Rolle im islamischen Leben dargelegt. Die Geduld, die er beschreibt, ist nicht bloß eine passive Haltung gegenüber den Herausforderungen des Lebens, sondern ein aktiver und gelebter Bestandteil des Glaubens. Dabei steht sie in Verbindung mit islamischen Konzepten wie Gottesfurcht, Vertrauen in Gott und Hingabe und hat soziologische, theologische und psychologische Dimensionen.

Geduld in der Zurückhaltung von Sünden

Die erste Form der Geduld, die Nursi beschreibt, ist die Geduld, die notwendig ist, um sich von Sünden fernzuhalten. Diese Geduld, die er als Gottesfurcht bezeichnet, ist ein aktiver Prozess der Selbstdisziplin und der ständigen Wachsamkeit gegenüber den eigenen Schwächen. Der Mensch ist in der Lage, die

69

Versuchungen dieser Welt zu überwinden, indem er sich nicht von seinen Leidenschaften und Begierden leiten lässt, sondern sich bewusst auf das Wohlgefallen Gottes ausrichtet. Der Koran verspricht: „Fürwahr, Gott ist mit den Gottesfürchtigen" (Koran, 2:194), und dies ist ein zentraler Aspekt dieser Geduld.

Die soziologische Dimension dieser Geduld ist eng mit der sozialen Norm und den moralischen Erwartungen innerhalb der Gemeinschaft verbunden. In vielen Gesellschaften, insbesondere in religiösen Gemeinschaften, wird das Einhalten moralischer Normen und das Zurückhalten von sündhaften Handlungen als Zeichen von Stärke und Charakter angesehen. Die Geduld in der Zurückhaltung von Sünden dient nicht nur dem individuellen Wohl, sondern stärkt auch die moralische Struktur der Gemeinschaft. Psychologisch gesehen erfordert diese Geduld eine hohe Selbstkontrolle und ein starkes Selbstbewusstsein, da der Mensch gegen die natürlichen Triebe und äußeren Verführungen ankämpfen muss.

Theologisch betrachtet wird diese Geduld als eine Form der Gottesverehrung verstanden, die den Gläubigen näher zu Gott führt. In der islamischen Tradition ist die Gottesfurcht eine der höchsten Tugenden, die der Mensch kultivieren kann, da sie nicht nur den Glauben stärkt, sondern auch das Verhalten des Gläubigen in Einklang mit den göttlichen Geboten bringt. Diese Form der Geduld ist somit eine Grundlage für spirituelles Wachstum und ein Weg, die Nähe Gottes zu suchen.

Geduld im Unglück

Die zweite Art der Geduld, die Nursi beschreibt, bezieht sich auf die Geduld im Angesicht von Unglück und Leid. Diese Geduld wird in der islamischen Tradition als ein Akt des Vertrauens in Gott verstanden. Im Koran heißt es: „Fürwahr, Gott liebt die Ihm vertrauen" (Koran, 3:159) und „Fürwahr, Gott liebt die Geduldigen" (Koran, 3:146). Diese Verse verdeutlichen, dass Geduld im Unglück eine tiefe Verbindung zu Gottes Vertrauen und Hingabe ist.

In einer soziologischen Betrachtung zeigt sich die Geduld im Unglück als eine Reaktion auf kollektive und individuelle Krisen. Menschen in einer Gemeinschaft, die gemeinsam durch schwierige Zeiten gehen, entwickeln oft eine kollektive Geduld, die durch gegenseitige Unterstützung und Vertrauen in das göttliche Walīyah (Schutz und Fürsorge) gestärkt wird. Diese Art der Geduld fördert die Solidarität und das Gefühl der Gemeinschaft, da die Menschen einander helfen, sich zu erheben, anstatt in ihren Leiden zu verharren. Psychologisch gesehen ist diese Geduld eine Form der Resilienz. Sie erfordert nicht nur die Akzeptanz des Schicksals, sondern auch eine aktive Haltung des Durchhaltevermögens und des Vertrauens darauf, dass Gott letztendlich das Beste für den Gläubigen bestimmt.

Nursi weist darauf hin, dass Ungeduld und das Klagen über das Leid eine Ablehnung des göttlichen Willens implizieren. Wenn der Mensch sich über Schicksalsschläge beklagt und dabei in eine Haltung des

Vorwurfs gegenüber Gott verfällt, führt dies zu einer Distanzierung von der göttlichen Weisheit. Ein ständiges Klagen und die Weigerung, das Unglück anzunehmen, kann zu innerer Unruhe und emotionalem Stress führen. In der islamischen Perspektive ist es jedoch wichtig, die Klage vor Gott zu bringen, so wie der Prophet Jakob sagte: „Fürwahr, ich schütte meine Klage und meinen Kummer vor Gott aus" (Koran, 12:86). Diese Form der Klage ist eine gesunde, spirituelle Entladung, die den Gläubigen von seinen inneren Lasten befreit und ihn zu einer Haltung der Geduld führt.

Geduld im Dienst und in der Anbetung

Die dritte Form der Geduld, die Nursi beschreibt, ist die Geduld im Dienst und in der Anbetung. Diese Geduld ist eine aktive Hingabe an Gott und führt den Gläubigen auf die höchste Stufe der Spiritualität, wo er als ein geliebter Diener Gottes anerkannt wird. Der Gläubige ist in diesem Zustand ständig in der Anbetung und im Dienst an anderen Menschen tätig, ohne Erschöpfung oder Frustration zu verspüren. Diese Geduld ist nicht nur eine spirituelle Praxis, sondern auch eine Form der moralischen Erhebung.

Theologisch betrachtet wird diese Geduld als ein Ausdruck des höchsten Gehorsams und der tiefsten Liebe zu Gott verstanden. In der islamischen Tradition gibt es keine größere Ehre, als ein vollkommenes Werkzeug des Göttlichen Willens zu sein. Der Gläubige, der in dieser Geduld lebt, zeigt durch seinen Dienst und seine Anbetung, dass er nicht nur das eigene Wohl sucht, sondern auch das Wohl der Gemeinschaft und der gesamten Schöpfung. Dies ist eine Form des Altruismus, die den Gläubigen auf eine höhere spirituelle Ebene hebt.

In psychologischer Hinsicht erfordert diese Art der Geduld eine außergewöhnliche Hingabe und Disziplin. Es ist eine Haltung, die den Gläubigen zu einem idealen Diener Gottes und eines moralischen Vorbildes für die Gesellschaft macht. Diese Geduld führt zu einer tiefen inneren Zufriedenheit und einem Gefühl der Erfüllung, da der Mensch im Einklang mit seinem höchsten Ziel lebt.

Fazit

Die drei Arten der Geduld, die Said Nursi beschreibt, sind nicht nur einfache Tugenden, sondern tiefgehende spirituelle Praktiken, die den Gläubigen zu einer höheren Form der Existenz führen. Sie sind Ausdruck einer tiefen Verbindung zu Gott, einer klaren Haltung des Vertrauens und einer aufopferungsvollen Hingabe im Dienst der Menschheit.

Jede dieser Geduldsarten hat ihre eigene soziologische, theologische und psychologische Dimension und trägt auf einzigartige Weise zur geistigen und moralischen Entwicklung des Individuums bei. Durch Geduld wird der Gläubige zu einem stärkeren, weiseren und spirituelleren Menschen, der in der Lage ist, die Herausforderungen des Lebens mit Ruhe und Gelassenheit zu meistern und dabei stets auf die Gnade und Weisheit Gottes zu vertrauen.

Glück und Unglück bei Said Nursi und Imam Ghazali

Einleitung

Glück und Unglück sind zwei Begriffe, die subjektive Zustandsbeschreibungen sind. Sie sind Beschreibungen des Empfindens von Subjektiven, wie sie bestimmte Ereignisse und Situationen interpretieren. So kann die Einschätzung eines gleichen Zustandes sowohl als Glück als auch als Unglück bezeichnet werden, weil es von der Interpretation, bzw. der Wahrnehmung des Betrachters abhängt.

Oft geben Begriffe wie Glück und Unglück - aber auch Zufall - nur die Unfähigkeit des Menschen wieder, die gesamte Ordnung zu verschieden. Weil ein Subjekt nicht in der Lage ist, jedes einzelne Handeln zu erfassen, sind solche Begriffe auch ein Zugeständnis für ein Nichtwissen. Dieses Nichtwissen kann jedoch in Not- und Krisensituationen zu Fehleinschätzungen führen, welche in seelsorgerischen Gesprächen thematisiert werden können. Im theologischen Sinne liefert daher der Islam ein Grundverständnis für weltliche Geschehnisse und Ereignisse, die im Kontext der islamischen Seelsorge genutzt werden können. Freilich ist der Begriff des Glücks sehr vielfältig, kulturell spezifisch geprägt und es gibt viele muslimische Autoren, die sich im islamisch theologischen Kontext mit der Fragestellung auseinandergesetzt haben. Um aber den Rahmen dieser

Arbeit nicht zu sprengen, werden vor allem die Herangehensweisen und Methoden der Islamgelehrten Al Ghazali (1058-1111) und Said Nursi (1876-1960), die als wichtige Autoritäten der islamischen Theologie gelten, Betrachtung finden.

Schicksalsbegriff (Qadr)

Der wohl zentralste Begriff an dieser Stelle ist der Schicksalsbegriff. Das Verständnis von Schicksal wurde in den islamischen Gemeinschaften und den verschiedenen Rechtsschulen im Islam ausgiebig diskutiert. Zwischen den Extrempunkten, dass der Mensch keinen tatsächlichen freien Willen hat und daher für seine Taten nicht verantwortlich ist (Fatalismus; Cebriyye) und dass Gott keine einzige Handlung des Menschen vorhersehen kann (Mutezile) hat sich Mehrheitlich die Auffassung durchgesetzt, dass sowohl Gott die Taten der Menschen vorhersehen kann als auch dass der Mensch einen freien Willen hat.

Demnach ist Schicksal nicht die vollkommene Vorherbestimmung Gottes und dadurch unveränderbar, sondern das Eintreffen einer Tat ist die Vorhersehung Gottes. Es ist Gottes Vorauswissen über alles Zukünftige und dessen Verwirklichung bei gleichzeitiger Willens- und Handlungsfreiheit des Menschen. Gott selbst ist nicht an Zeit und Raum gebunden und kennt zu jedem Zeitpunkt alle Beziehungen zwischen den Teilen des Universums (vgl. Şahinöz 2005, S. 141; Nursi, k.A.c, S. 824ff). Im seelsorgerischen Kontext heißt dies, dass der Mensch mit seinen Entscheidungen und Handlungen nicht determiniert ist und sich daher seine Situation stets verändern kann. Der Leidende kann demnach seine Not lindern und die Krise beenden. Er ist nicht an ein bestimmtes Schicksal gebunden. Dadurch wird die Passivität des Einzelnen aufgehoben. Der Klient (die ratsuchenden Gesprächspartner der Seelsorger werden in dieser Arbeit als Klienten bezeichnet) kann so im Seelsorgegespräch in seinem Handeln gestärkt und motiviert werden (Şahinöz 2018, S. 41).

Glückspilz oder Unglücksrabe?

Zustände, die rein aus Glück, Unglück oder Zufall geschehen, sind nach islamischer Auffassung ausgeschlossen. Jedes Geschehnis birgt eine göttliche Weisheit, die (noch) nicht im Betrachtungsfeld des Individuums ist, weil - wie schon beschrieben – der Mensch nicht in der Lage ist, alles zu erfassen. Im Koran gibt es Hinweise darauf, dass das Betrachtungsfeld des Menschen eingeschränkt ist: „Und Wir prüfen euch mit Schlechtem und Gutem als Versuchung" (Koran: 21,35). „Doch mag es sein, dass euch etwas widerwärtig ist, was gut für euch ist, und es mag sein, dass euch etwas lieb ist, was übel für euch ist. Und Gott weiß es, doch ihr wisset es nicht" (Koran, 2:216). Auf Grund einer solchen beschränkten Perspektive, kann es fälschlicherweise dazu kommen, dass ein Individuum, eine positive Situation als negativ oder einen negativen Zustand als positiv betrachtet. Ein umfassendes Betrachtungsfeld ist jedoch in einer Notsituation oder in einem seelsorgerischen Gespräch außerordentlich wichtig.

Denn die Einschätzung, dass ein Zustand oder eine Krisensituation von Unglück oder Zufall begleitet ist, unterdrückt das Potenzial und die Fähigkeit, einen Zustand zu verändern. Der Koran macht jedoch mit den Versen „Gott erlegt keiner Seele mehr auf, als sie zu leisten vermag" (Koran, 2:286) und „Wir erlegen keiner Seele mehr auf, als sie zu leisten vermag" (Koran, 7:42; 23:62; 65:7) deutlich, dass jede Krisensituation bewältigbar ist. Es wird niemand mit einer Situation geprüft, die nicht lösbar ist. Die Schlussfolgerung daraus ist, dass ein Individuum seine Not lindern und einen Zustand der Glücklichkeit (sa´ade) erreichen kann.

So strebt jeder Mensch, egal ob gläubig oder nicht, genau diesen Zustand des Lebensglücks an. Jedes Individuum versucht auf seine Art und Weise persönliches Glück zu erlangen. Oftmals werden dabei Reichtum und Macht als die Ziele definiert, die Glück bringen sollen. Auch im Koran gibt es Gebete, die das Streben nach Glück im Jenseits legitimieren: „Unser Herr, gib uns im Diesseits Gutes und im Jenseits Gutes" (Koran, 2:201). Parallel dazu, versucht jeder Mensch Unglück zu vermeiden, wobei auch Unglück unterschiedlich konnotiert wird.

Eins wurde Hodscha Nasreddin, dem humoristische aber auch fiktive Geschichten nachgesagt werden, von einem seiner Schüler gefragt, was das Geheimnis ist, um Glück zu erreichen: „Oh weißer Hodscha Nasreddin, ich muss dir eine sehr wichtige Frage stellen. Die Antwort auf diese Frage interessiert uns alle brennend. Oh Hodscha Nasreddin, was ist das Geheimnis, Glück zu erreichen?" Hodscha Nasreddin antwortete: „Das Geheimnis vom

Glück ist das gute Urteil." Daraufhin fragte der Schüler, wie man ein gutes Urteil erreichen kann. Diesmal entgegnete Hodscha Nasreddin mit der Antwort „Aus Erfahrung." Der Schüler, der unbedingt das Geheimnis des Glücks erfahren wollte, lies nicht ab und fragte erneut: „Aber wie kann man Erfahrung erhalten?" Hodscha Nasreddin antwortete „Mit einem schlechten Urteil." Dass heißt, ein Unglück kann auch als Erfahrung genutzt werden, um zukünftig Glück zu erreichen.

Unglück

Krankheiten, Notfälle und Krisensituationen sind Zustände, die oft im Menschen ein Gefühl von Unglück verspüren lassen. Sie sind aber im Leben eines Menschen unvermeidbar. Um dennoch "Glück" zu empfinden, ist es notwendig, die Betrachtungsweise auf solche Schicksalsschläge zu verändern.

Dabei können Krisen auch als Sündenvergebung verstanden werden (Nursi 2001e, S. 20). In einem Ausspruch des Propheten Muhammed werden Krankheiten mit dem Schütteln eines Baumes, wovon die Blätter abfallen, verglichen: „Niemals wird ein Muslim von einem Übel getroffen sein, ohne dass Gott von ihm seine Sünden so abfallen lässt, wie die Blätter von den Bäumen abfallen" (Bukhari, 1992, Nr. 5641). Krankheiten oder Krisen erhalten dadurch eine metaphysische Betrachtung und sind dann Anlässe, Sünden zu tilgen.

Krisen sind demnach auch Reifungsprozesse, die Sünden tilgen und den spirituellen Status erhöhen. Dies kann einer Person, die leidet, Hoffnung auf Vergebung und Vergehen der Krise geben. Im seelsorgerischen Gespräch kann damit eine Motivation aus der Krise heraus herbeigeführt werden (Şahinöz 2018, S. 45).

Im Koran wird erwähnt, dass Gott weiß, dass es kranke unter den Menschen gibt: „Er weiß, dass es unter euch Kranke geben wird" (Koran, 73:20). Diese bewusste Nennung, die auf Grund der Annahme, dass Gott sowieso alles weiß, gar nicht notwendig wäre, macht deutlich, dass Gott für die Kranken da ist und ihnen ihre Situation erleichtert. So erhalten z.B. Personen, die in Notsituationen sind, Erleichterungen in ihren religiösen Pflichten: „Keinen Grund zur Bedrängnis gibt es für den Blinden, und keinen Grund zur Bedrängnis gibt es für den Hinkenden, und keinen Grund zur Bedrängnis gibt es für den Kranken" (Koran, 48:17; 24:61). Wenn Notleidende ihre religiösen Rituale sonst immer verrichteten, doch aus Krankheitsgründen nicht mehr verrichten können, erhalten sie von Gott trotzdem einen Lohn, als hätten sie diese verrichtet (Bukhari, Nr. 134). Dies ist ein Zeichen der Barmherzigkeit. Dieses Gefühl kann den Notleidenden im seelsorgerischen Gespräch stärken.

Wie auch Wohlstand und Gesundheit werden im islamischen Kontext auch Krankheiten oder körperliche und seelische Behinderungen als Prüfungen Gottes betrachtet. Demnach ist der Körper eines Menschen ein anvertrautes Gut Gottes, dass dieser als Eigentümer unterschiedlich belastet. So wird jede Situation im Leben als Prüfung bewertet (Nursi 2004b, S. 6). Daher kann muslimischen Seelsorgern empfohlen werden, dem Klienten bewusst zu machen, dass sowohl Krankheit als auch Gesundheit von Gott kommen. Seelsorger haben dadurch die Aufgabe, zu vermitteln, dass durch die Krankheit nur ein anderer Aspekt der Barmherzigkeit Gottes gezeigt wird (vgl. Iqbal 1998, Khan 2003, Çekin 2014, S. 60ff).

Ohnehin sind Barmherzigkeit und Vergebung wichtige theologische Motivationsgrundlagen der islamischen Seelsorge (vgl. Horsch 2014). Einerseits für den Seelsorger, der durch seine Tätigkeit die Barmherzigkeit Gottes spüren lässt und andererseits für den Klienten, der durch diese zwei Eigenschaften Gottes eine Motivation für die Überwindung seiner Lebenskrise finden kann (Şahinöz 2018, S. 46).

Muslime gehen davon aus, dass es letztendlich Gott ist, der die Menschen heilt (Koran, 26:80). Hierfür stellt Gott Mittel, wie z.B. Arzt aufsuchen oder Medizin einnehmen zur Verfügung. Demnach gibt es für jede Krankheit (Analog zur Seelsorge: jede Krise) auch ein Heilmittel (ein Ausweg). Das Nutzen dieser Mittel und die Suche nach diesen Mitteln werden zur Aufgabe des Muslims (Seyyar 2010, S. 147). „Die Medizin (erhält) einen besonderen Stellenwert unter den Wissenschaften. [...] (Sie) dient nach islamischem Verständnis der Suche nach den von Gott bereitgestellten Heilungsmöglichkeiten" (Yardım 2011, S. 27). Der Arzt ist demnach eine Person, die die Heilungsgesetze Gottes sucht, erlernt und anwendet: „Gott hat den natürlichen Gesetzen eine heilwirkende Kraft verliehen und der Arzt bedient sich dieser Gesetzmäßigkeiten" (Takim 2016, S. 18). In diesem Sinne ist die Tıbb-un Nabawi (Die Medizin des Propheten; vgl. Suyuti, k.A.c) ein Themengebiet der islamischen Theologie. Darin geht es u.a. um Pflanzen, Koranverse, Traditionen des Propheten, die zur Gesundheit und Glückseligkeit des Kranken beitragen. Aufgeteilt werden sie in drei Kategorien: 1. Heilung durch Medikamente, 2. Heilung durch Gebete, 3. Kombination aus Medikamenten und Gebeten (Karabulut 1993, S. 12ff). In der Umsetzung findet man in der islamischen Tradition alle drei Praktiken (vgl. Seyyar 2010, S. 81). Aischa, die Ehefrau des Propheten, sorgte für die Verbreitung dieser Praktiken.

Glücklichkeit (sa´ade)

Said Nursi (Said bedeutet auf Arabisch "Der Glückliche") verknüpft Glücklichkeit im diesseitigen Leben mit den Prinzipien des Glaubens: „Wahren Genuss, Freude ohne Schmerz, Lust ohne Leid und das Glück im Leben findet man nur, wenn man es im Glauben und im Lichte der Glaubenswahrheiten betrachtet" (Nursi, k.A.c, S. 264). Damit lenkt er einerseits den Blick von weltlichen Genüssen auf den Genuss des Glaubens und andererseits – und dies scheint im seelsorgerischen Kontext bedeutend zu sein – gibt er die Botschaft, dass wahrer Unglück darin besteht, seine Glaubensmotivation zu verlieren. An anderer Stelle verdeutlicht er dies noch einmal: „Wahres und schadvolles Unglück ist jenes, das die Religion beeinträchtigt" (Nursi, 2007, S. 24). Alle anderen Krisensituationen, wie z.B. Krankheiten, die den Körper betreffen, oder Probleme im Alltag, werden dadurch heruntergebrochen auf kurze, vergängliche Prüfungen Gottes, denen man nicht die volle Konzentration geben sollte, um sein Lebensglück und -motivation nicht zu verlieren.

Die gleiche Tradition finden wir bei Al Ghazali, bei dem ebenfalls Glückseligkeit in der Zuwendung auf Gott und den Glauben verankert ist. Laut Al Ghazali müsse sich der Mensch „von allem, was nicht taugt - das sind die Eigenschaftender der Unvollkommenheit - gereinigt und befreit werde(n), und […] mit allem, was not tut - das sind die Eigenschaften der Vollkommenheit – geschmückt und geziert werde(n)" (2004a, S. 28ff), um langfristige und beständige Zufriedenheit und Glückseligkeit sowohl im Diesseits als auch im Jenseits zu erhalten. Durch die Reinigung und Disziplinierung der Seele und durch eine fundierte Seelenkunde können man das Ziel der Glückseligkeit durch die Erkenntnis Gottes erreichen (Abdullah, 2018, S.238). Bei Al Ghazali geht es also darum, sich allein Gott zu zuwenden: „Die Hauptsache aber an diesem Elixier ist dies, dass man sich von der Welt ab- und Gott allein zuwende, […] das bedeutet, dass er sich von allen Dingen losmachen und sich ganz ihm ergeben soll" (2004a, S. 29). Dies sieht Al Ghazali als Schüssel zur Glückseligkeit. Doch das Wissen um Gott reiche dabei nicht aus, Wissen sollte kombiniert werden mit der Liebe zu Gott. Laut Al Ghazali sollte jedes Streben nach Glück, das Ziel verfolgen, die Liebe Gottes zu erlangen: „Die Liebe zu

Gott ist die höchste der Stationen, ja das eigentliche Endziel aller Stationen, […] ist ja nichts anderes als die Reinigung von allem, was von der Liebe zu Gott abzieht" (Al Ghazali, 2004a, S. 29, 177). Aus diesem Verständnis lässt sich ableiten, dass die Liebe außerhalb Gottes keinen, begrenzten oder nur bedingten Lebensglück bedeutet. Damit der Mensch jedoch einen dauerhaften Zustand von Glückseligkeit spürt, müsse er versuchen, die Zufriedenheit Gottes zu erlangen: „Die höchste Vollkommenheit, die der Mensch erreichen kann, ist die, dass die Liebe zu Gott sein Herz so erfüllt, dass sie alles andere aufhebt, und wenn das nicht möglich ist, sie doch die Liebe zu allen anderen Dingen überwiegt" (Al Ghazali, 2004a, S.29, 177).

Schimmel beschreibt daher Al Ghazalis Verständnis von Glückseligkeit als Liebe zu Gott: „Was ist Glückseligkeit? Erkenntnis Gottes, die gleichbedeutend mit Liebe Gottes ist; Liebe Gottes, die sich in der Liebe zum Mitmenschen manifestiert; und es ist die Weisheit des Herzens, jenes Herzens, das der Regent im Reiche des Leibes ist und direkten Zugang zu geistigen Welt hat" (2004a, S. 6). Diese Glückseligkeit sei erreichbar durch eine Lebensweise, die aus der Gottesliebe erwächst und sich in Nächstenliebe ausdrückt (Schimmel, 2004, S. 10).

Um einen solchen Zustand zu erreichen, müssen laut Al Ghazali vier Erkenntnisse eintreffen. Das Individuum muss zunächst sich selbst erkennen. Dadurch werden die eigenen Bedürfnisse und Schwächen wahrgenommen, welches zur zweiten Erkenntnis führt, nämlich die

Erkenntnis Gottes, seine Macht und Barmherzigkeit. Denn die Selbsterkenntnis sei der Schlüssel zur Erkenntnis Gottes. Auch Said Nursi beschreibt die Selbsterkenntnis als wichtigen Schritt um Gott in seiner ganzen Vollkommenheit begreifen zu können: „Das Ego (das Ich) ist der Schlüssel zu den Namen Gottes, die verborgene Schätze sind. So ist es auch der Schlüssel zu dem verschlossenen tiefen Sinn des Kosmos. […] Derjenige also, der sein Wesen in dieser Weise kennt und von ihm überzeugt ist und sich dementsprechend verhält, tritt in die frohe Botschaft von ´Selig ist, wer es (von sich aus) rein hält´ (Koran, 91:9)" (Nursi. k.A.c, S. 963). Im dritten Schritt schaut man wieder auf die Schöpfung und erkennt die diesseitige Welt. Die letzte Erkenntnis beruht auf der Erkenntnis des Jenseits (Al Ghazali, 2004a, S.29, 35). Wenn laut Al Ghazali diese vier Erkenntnisse eintreffen, erlebt der Mensch Glückseligkeit, weil er die Liebe Gottes zum Ziel hat.

Betrachtungsweisen

Durch den Glauben erlangt das Individuum eine Betrachtungsweise, die das subjektive Empfinden von Glücklichkeit stärkt und die Krisen nicht als Unglück bewertet. Der Glaube ist in diesem Fall auch eine Art Kontingenzbewältigung, welches im Alltag – allen voran in Notsituationen – dem Gläubigen einen Sinn verleiht. Der Glaube reduziert damit die Komplexität der Welt. Notsituationen werden uminterpretiert und ein Ausweg aus der Krise wird möglich. „Der Glaube ist sowohl Licht als auch Kraft. Ja, derjenige, der den wahren Glauben in Händen hält, vermag der ganzen Welt

Widerstand zu leisten und sich je nach der Stärke seine Glaubens vom Druck aller Geschehnisse zu befreien" (Nursi, k.A.c, S. 548). Sinngemäß wird durch die Verbindung zu Gott das Herz von Ängsten befreit. Ein vermeintliches Unglück (Sinnlosigkeit) wird zu einer Chance zum Glück (Sinn) uminterpretiert. Aus dem Unglück wird Nutzen gezogen. „Die Welt eines Menschen, der von Gott überzeugt ist, ist voller Licht und spiritueller Freude. Je nach dem Grad seines Glaubens wird er die Kraft seiner Überzeugung spüren. Mit spiritueller Freude und Genuss, welche durch den Glauben kommt, werden die Sorgen von kleinen weltlichen Krankheiten schmelzen" (Nursi 2007, S. 248). Damit sinkt der Anteil der Sorgen und die der Zufriedenheit steigt.

Wie zentral in diesem Kontext die Betrachtungsweise ist, wird bei Nursi noch einmal deutlich: „Ein Mensch, der das Gute in den Dingen sieht, hat gute Gedanken. Und demjenigen, der gute Gedanken hat, bereitet das Leben Freude" (Nursi 2004b, S. 615). Eine Betrachtung im Sinne des Glaubens führe demnach zu Freude im Leben. Bei der Interpretation des Koranverses „Er hat alles, was Er geschaffen hat, sehr gut gemacht" (Koran, 32:7) weist Nursi auf eine positive Sichtweise durch den Glauben hin: „Alle Dinge, sogar diejenigen Dinge, die besonders hässlich aussehen, haben dennoch einen Aspekt wahrer Schönheit. Alle Dinge, alle Ereignisse in der Welt sind in der Tat entweder an und für sich schön, es ist dies die ihnen eigene Schönheit, oder sie sind in Anbetracht ihres Zweckes gut, was man als äußerliche Schönheit bezeichnet. Es gibt einige Ereignisse, die äußerlich hässlich und verworren erscheinen. Hinter diesem äußerlichen Schleier verbirgt sich jedoch strahlende Schönheit und schönste Ordnung" (Nursi, k.A.c, S. 400ff). Dies deckt sich mit dem schon erwähnten Koranvers (Koran, 2:216). Im Umkehrschluss bedeutet dies, dass eine negative Betrachtungsweise zur inneren Unruhe und zur Zustandsbewertung "Unglück" führt.

Laut Nursi gibt es zwei Betrachtungsweisen, wie man Geschehnisse bewerten kann: „Jedes Ding kennt in der Tat seine zwei Betrachtungsweisen. So ist es in einer Hinsicht auf Gott den Gerechten ausgerichtet. In der anderen Hinsicht ist es jedoch der Schöpfung verbunden" (Nursi 2011a, S. 86). Demnach hat jeder weltliche Zustand oder jedes Ereignis eine jenseitige Perspektive, die auf Gott gerichtet ist, und eine diesseitige Perspektive, die die Schöpfung Gottes betrifft. Auf der jenseitigen Perspektive geht es darum, die Weisheit Gottes zu verstehen und entsprechend seinem Wohlgefallen zu handeln. Die diesseitige Perspektive zeigt, dass man sich an die Kausalitätsgesetze (Ursache-Wirkung) hält und z.B. nach Auswegen in Krisensituationen sucht. Die Betonung darauf, dass es ein gerechter Gott ist, führt zudem dazu, dass ein Gottvertrauen entsteht. „(Gott)Vertrauen bedeutet nicht, die Ursachen vollständig außer Acht zu lassen. Es heißt vielmehr, die Ursachen hinter dem Schleier der Hand des Allmächtigen (Gottes) zu erkennen und anzuerkennen. Von den Ursachen auszugehen heißt, dies als eine Art tätigen Gebetes anzusehen, die Ergebnisse aber nur von Gott dem Gerechten zu erwarten, die Folgen als von Ihm kommend zu erkennen und Ihm dankbar zu sein" (Nursi, k.A.c, S. 548). Wer nur die jenseitige Perspektive betrachtet, geht bei einer Krankheit nicht zum Arzt, und wer nur die diesseitige Perspektive im Fokus hat, blendet Gebete und Gottes Weisheit aus. In einem Hadith (Ausspruch des Propheten Muhammed) wird der Prophet von einem Mann gefragt, ob er sein Kamel überhaupt anbinden soll, wenn er doch auf Gott vertraut. Der Prophet gibt ihm die Antwort „Binde dein Kamel an und vertraue dann auf Gott" (Ibn Hibban, 2012, Nr. 731). Bei der Bewertung von Krisen ist es daher wichtig, sowohl die diesseitige als auch die jenseitige Perspektive zu betrachten und zu interpretieren.

Nursi präzisiert diese Betrachtungsweise, mit der man Glücklichkeit erlangen kann: „Alles Sein, das Gott dem Gerechten gehört und nicht Er ist, muss man im Sinne einer Seiner Präpositionen und im Hinblick auf Ihn betrachten. Es im Sinne eines für sich allein stehenden Substantivs und im Hinblick auf seine Ursachen zu betrachten, wäre dagegen ein Fehler" (Nursi 2011a, S. 86). Es geht also darum, vor allem die jenseitige Perspektive nicht außer Acht zu lassen und in allem den Schöpfer zu erkennen: „Zieht man also nun die Schöpfung in Betracht, so sollte diese Betrachtungsweise auf Gott den Gerechten hin ausgerichtet sein, so als betrachte man Ihn hinter einem Schleier oder durch ein durchsichtiges Stückchen Glas und so als zeige sich uns Gott der Gerechte hinter diesem Schleier, welche Betrachtungsweise uns von (der Schöpfung direkt auf den Schöpfer) zurückführt" (Nursi 2011a, S. 86ff).

Im konkreten Alltag heißt das, dass „wenn man eine Gabe Gottes betrachtet, der Geber, wenn man ein Kunstwerk betrachtet, der Künstler, wenn man aber die Ursachen betrachtet, der, welcher in Wahrheit alles bewirkt, in unserem Sinnen und Betrachten erscheinen" (Nursi 2011a, S. 87) sollte. Im seelsorgerischen Kontext bedeutet dies, dass man nicht nur die diesseitigen Ursachen, also die Schleier, betrachten, sondern die Weisheit hinter den Ursachen erkennen sollte, wobei wir wieder bei einer Kontingenzbewältigung wären. In dem der Notleidende nicht den Schleier des Unglücks, sondern den Schöpfer als wahren Ursacher betrachtet und dadurch eine Gottergebenheit entwickelt, eröffnen sich neue Auswegsituationen aus einer Krise heraus. Denn der Ursacher ist auch in der Lage, Lösungsoptionen bereit zu stellen (siehe die bereits erwähnten Koranverse 2:286; 7:42; 23:62; 65:7).

Innere Ruhe und Gelassenheit

Eine derartige positive Betrachtungsweise führt dazu, dass das Individuum, im seelsorgerischen Kontext der Notleidende, eine innere Ruhe findet. Innere Ruhe führt zu einer Gelassenheit bei Schicksalsschlägen. Der Begriff "Gelassenheit" wiederum hat im Deutschen seinen Ursprung im Begriff "Gottergebenheit" (Duden). Etymologisch ist demnach eine innere Ruhe mit Gottergebenheit verbunden, welches mit Al Ghazali im Einklang steht. Auch Said Nursi betont, dass Gottergebenheit bzw. Gottvertrauen zu einer Glückseligkeit sowohl diesseits als auch jenseits führt: „Glaube führt zu Einheit, Einheit zu Hingabe, Hingabe

88

zu Vertrauen, Vertrauen zu Glückseligkeit in den beiden Welten (Diesseits und Jenseits)" (Nursi, k.A.c, S. 548).

Im Koran kommt der Begriff "innere Ruhe" an drei Stellen im gleichen Kapitel vor: „Er ist es, der die innere Ruhe in die Herzen der Gläubigen herabgesandt hat, damit sie in ihrem Glauben noch an Glauben zunehmen" (Koran, 48:4), „Er wusste, was in ihren Herzen war, und da sandte Er die innere Ruhe auf sie herab und belohnte sie" (Koran, 48:18) und „Da sandte Gott Seine innere Ruhe auf Seinen Gesandten und auf die Gläubigen herab und ließ sie an dem Wort der Gottesfurcht festhalten" (Koran, 48:26). Innere Ruhe ist demnach eine höchst positive Gabe und ein Segen Gottes, welches von einer Ungewissheit zu einer Gewissheit, Sicherheit oder eben Gelassenheit und Gottergebenheit führt.

Seine praktische Umsetzung in der Orthopraxie findet innere Ruhe vor allem beim 5-mal täglichen rituellen Gebet. Nursi macht auf diese Funktion des Gebetes aufmerksam: „Fürwahr; das Gebet verleiht eine tiefe Ruhe für Herz, Sinn und Verstand" (Nursi, k.A.c, S. 36). Bei diesem Gebet schaltet sich der Betende von der diesseitigen Perspektive aus und kommuniziert laut dem Islam für einige Momente mit dem Schöpfer. Jegliche Kommunikation außerhalb des Gebetes wird vermieden. Daher ist das Gebet, um bei Al Ghazali zu bleiben, ein Zustand der Glückseligkeit, weil nur die Liebe Gottes und nur die Kommunikation mit ihm zentral ist. Alles andere wird aufgehoben, so dass eine innere Ruhe entsteht. Im Koran wird ebenfalls auf diesen Effekt hingewiesen: „(Es sind) diejenigen, die glauben und deren Herzen im Gedenken Gottes Ruhe finden. Sicherlich, im Gedenken Gottes finden die Herzen Ruhe!" (Koran: 13:38).

Gleichgewicht

Nursi, aber auch Al Ghazali, lehnen jedoch weltliche Ziele nicht ab und streben auch kein Zurückziehen aus der Gesellschaft. Beide betonen jedoch, dass es den Menschen unglücklich macht, wenn er sich nur diesen Zielen widmet. Der Mensch bräuchte eine unendliche Anbetung, um glücklich zu sein und sein Liebesbedürfnis zu stillen. Dies sei nur mit der Liebe zum Schöpfer möglich, da nur dieser unendlich und alles andere vergänglich ist (Nursi 2007, S. 27ff). Dadurch erlangt der Mensch eine Glückseligkeit. „Was aber deine Liebe zur Welt betrifft, so werden dir durch sie die ungeheuren Naturgewalten im Namen Gottes des Gerechten zu liebenswerten Freunden. Da du sie als Acker für das Jenseits liebst, wirst du aus allem ein Kapital, eine Frucht gewinnen, aus der du im Jenseits deinen Nutzen ziehen kannst. Weder können Katastrophen dich in Schrecken (in dieser Welt) versetzen, noch werden ihr Untergang und ihre Vergänglichkeit dich betrüben. In vollkommener Gelassenheit verbringst du die Zeit deines Aufenthaltes in diesem Gasthaus. Anderenfalls, wenn du sie wie die Leute der Gottvergessenheit liebst, so haben wir dir hunderte Male gesagt, dass du in deiner vergeblichen Liebe, verurteilt zu ruheloser, zerstörerischer, erstickender Vergänglichkeit, dahingehen wirst" (Nursi, k.A.c, S. 1165). Verbunden mit der Liebe zu Gott kann der Mensch also auch weltliche Liebe und Glücklichkeit

90

in Familie, Ehe, Kinder, Garten, Materiellem finden, wenn er diese als Kunstwerke Gottes liebt (Nursi, k.A.c, S. 1151ff). Der Dichter Yunus Emre betont dies in einem seiner Gedichte: „Liebe das Erschaffene wegen des Erschaffers". Dadurch wird eine Verbindung zwischen dem Künstler, in diesem Sinne Gott, und dem Kunstwerk hergestellt. Der Mensch empfindet dadurch ein Glücksgefühl.

Said Nursi und Al Ghazali ermöglichen durch eine solche Betrachtungsweise ein Gleichgewicht zwischen weltlichem und dem Jenseits. Sie schließen das Eine zu Gunsten des Anderen nicht aus. So kann das Individuum Ziele für beide Welten formulieren, wobei laut Nursi und Al Ghazali die Priorität auf das Ewige Leben gerichtet sein sollte, um eine langfristige Glückseligkeit zu erlangen. Erst eine solche Favorisierung ermöglicht ein zufriedenstellendes Gefühl und Glücklichkeit im Weltlichen.

Fazit

Die Islamgelehrten Said Nursi und Al Ghazali entwerfen ein Konzept der Glückseligkeit, dass durch eine positive Betrachtungsweise erreicht werden kann. In dem der Mensch seine Perspektive zu Ereignissen und Geschehnissen verändert, nicht nur die Ursachen selbst betrachtet, sondern versucht Gottes Willen darin zu erkennen, kann er in jedem Zustand Glücklichkeit und innere Ruhe empfinden. Wichtig dabei ist, dass sowohl die diesseitige als auch die jenseitige Perspektive gleichermaßen betrachtet werden und das Ziel ist, Gottes

Liebe und Zufriedenheit zu erlangen. Im seelsorgerischen Kontext kann eine solche Betrachtungsweise immens wichtig sein. Personen, die in Not- und Krisensituationen sind, sehen aus ihrer Position heraus öfters nur die Not. Da ihre Betrachtungsweise dadurch eingeschränkt wird, bleiben ihnen Auswege verschlossen. Der Seelsorger kann in solchen Situationen die Perspektive verändern und das hier beschriebene Konzept als Handlungskompetenz anbieten.

Krankheiten der Gesellschaft und ihre Heilmittel

Die Damaskus-Predigt von Said Nursi ist eines der bedeutendsten islamischen Werke des 20. Jahrhunderts. Gehalten im Jahr 1911 in der Umayyaden-Moschee von Damaskus, richtete sich diese Rede an eine versammelte Elite aus Gelehrten und Politikern.

In seiner visionären Analyse diagnostizierte Said Nursi sechs Krankheiten, die die islamische Welt schwächten, und bot zugleich sechs Heilmittel an, die zur Erneuerung der muslimischen Gesellschaft beitragen sollten (Nursi, 1995). Seine Worte sind auch heute noch von großer Relevanz, denn die beschriebenen Probleme bestehen weiterhin und beeinflussen die Gesellschaft auf globaler Ebene. Dabei treffen die beschriebenen Krankheiten nicht nur auf muslimische Gesellschaften zu.

Hoffnungslosigkeit - Vertrauen

Die erste Krankheit, die Said Nursi benennt, ist der Mangel an wahrhaftiger Hoffnung. Er beschreibt, dass viele Länder in eine resignierte Haltung verfallen seien, weil sie glaubten, dass der Rest der Welt unaufholbar überlegen sei. Diese Perspektivlosigkeit lähme den Fortschritt und verhindere Eigeninitiative. Sein Heilmittel besteht in einem tiefen Vertrauen auf den Glauben und in der Überzeugung, dass der Islam eine

dynamische Kraft besitzt, die mit der richtigen
Geisteshaltung wieder erstarken kann.

Unehrlichkeit - Aufrichtigkeit

Die zweite Krankheit ist der Verlust von Ehrlichkeit und
Aufrichtigkeit. Said Nursi erkennt eine wachsende Kluft
zwischen Worten und Taten und kritisiert die Heuchelei,
die sich in vielen gesellschaftlichen Bereichen
breitgemacht habe. Sein Gegenmittel ist eine
kompromisslose Aufrichtigkeit, die sich sowohl in
individuellen als auch in gemeinschaftlichen Handlungen
zeigen muss. Nur durch aufrichtige Absichten und
ehrliches Handeln könne eine gesunde Gesellschaft
entstehen.

Spaltung – Gemeinsame Werte

Die dritte Krankheit ist die Verbreitung von Feindschaft
und Spaltung. Said Nursi sieht die Uneinigkeit als eines
der größten Hindernisse für den gesellschaftlichen
Fortschritt. Politische, ethnische und religiöse
Differenzen würden oft instrumentalisiert, um Zwietracht
zu säen. Das Heilmittel hierfür sei Brüderlichkeit und
Solidarität. Statt auf Trennung und Konflikte zu
fokussieren, müsse die Gesellschaft sich auf gemeinsame
Werte und Ziele besinnen.

Mangel an Zusammenarbeit - Kooperation

Die vierte Krankheit ist der Mangel an Zusammenarbeit.
Said Nursi kritisiert, dass Menschen oft in Isolation oder

94

in Konkurrenz zueinander arbeiten, anstatt Synergien zu schaffen. Diese Haltung verhindere die notwendige Stärke, um Herausforderungen zu meistern. Als Heilmittel empfiehlt er eine Kultur der Kooperation, in der individuelle Talente und Ressourcen gebündelt werden, um gemeinsame Ziele zu erreichen.

Unterdrückung - Einheit

Die fünfte Krankheit ist Tyrannei und Unterdrückung. Diese existieren laut Nursi in der Gesellschaft nicht nur punktuell, sondern breiten sich wie eine ansteckende Seuche aus. Wenn ein Despot oder ein unterdrückendes System existiert, bleibt die Unterdrückung nicht auf eine Person oder eine Gruppe beschränkt, sondern wird von anderen übernommen und normalisiert. Dadurch entsteht eine Kettenreaktion, die die gesamte Gesellschaft infiziert.

Nursi kritisiert nicht nur politische Diktaturen, sondern auch die innere Haltung der Menschen, die Unterdrückung akzeptieren oder sogar selbst ausüben – sei es in Familien, Gemeinschaften oder im gesellschaftlichen Leben. Diese Krankheit betrifft also nicht nur Herrscher, sondern auch Individuen, die sich gegenseitig unterdrücken, indem sie Macht missbrauchen, Gerechtigkeit ignorieren oder Unrecht tolerieren.

Das Heilmittel, das Said Nursi gegen die fünfte Krankheit vorschlägt, ist die wahre Brüderlichkeit und das Streben nach Einheit und Zusammenarbeit in der

Gemeinschaft. Er betont, dass die Menschen z.B. durch ihren Glauben und ihre gemeinsame Identität verbunden sind wie die Mitglieder einer großen Familie oder eines Stammes. Wenn ein Mitglied leidet oder unterdrückt wird, betrifft dies die gesamte Gemeinschaft. Statt Unterdrückung zu dulden oder sich aus Angst zurückzuziehen, sollte man sich gegenseitig unterstützen, zusammenarbeiten und für Gerechtigkeit eintreten.

Damit kritisiert Nursi auch die Haltung der Passivität und des Egoismus, die sich durch den Einfluss ideologischer Denkweisen in die Gemeinschaft eingeschlichen hat. Er weist darauf hin, dass insbesondere die Muslime ihre eigene Identität und Werte nicht vernachlässigen dürfen. Seine Lösung ist also nicht nur politisch, sondern auch spirituell: Gläubige müssen sich auf ihren Glauben, ihre Brüderlichkeit und ihre gemeinsamen Werte besinnen, um sich gegen Unterdrückung zu wehren und eine gerechtere Gesellschaft aufzubauen.

Egoismus - Aufopferung

Die sechste Krankheit schließlich ist die Selbstsucht und das egoistische Streben nach persönlichem Vorteil. Said Nursi erkennt, dass viele Menschen nur ihren eigenen Nutzen verfolgen, ohne sich für das Wohl der Gemeinschaft zu engagieren. Diese Haltung schwäche den sozialen Zusammenhalt. Sein Heilmittel ist Altruismus und Aufopferung für höhere Ideale. Ein Mensch solle nicht nur nach seinem eigenen Vorteil streben, sondern das Gemeinwohl stets mitdenken.

Fazit

Diese sechs Krankheiten und ihre Heilmittel haben auch über ein Jahrhundert nach ihrer Diagnose nichts an Aktualität eingebüßt. In einer Welt, die von gesellschaftlicher Spaltung, Misstrauen und egoistischem Denken geprägt ist, klingen die Worte Said Nursis wie ein Mahnruf. Die Herausforderungen, vor denen die Gesellschaft damals stand, sind im Kern dieselben geblieben, wenn auch in einem anderen Gewand. Hoffnungslosigkeit zeigt sich heute in der weit verbreiteten Angst vor der Zukunft, Ehrlichkeit ist in einer Zeit der Desinformation oft schwer zu finden, und Spaltung prägt nicht nur religiöse Gemeinschaften, sondern auch die gesamte Gesellschaft.

Said Nursis Botschaft ist eine Aufforderung zur Reflexion und zum Handeln. Die Krankheiten, die er beschreibt, können nicht allein durch Worte geheilt werden. Es braucht aktive Bemühungen, um Hoffnung zu erneuern, Ehrlichkeit zu kultivieren, Einheit zu stärken, Wissen zu fördern, Zusammenarbeit zu ermöglichen und Selbstlosigkeit zu praktizieren. Wer Nursis Analyse ernst nimmt, findet darin nicht nur eine Diagnose der gegenwärtigen Missstände, sondern auch eine klare Anleitung, wie eine Gesellschaft gesunden und gedeihen kann.

Theodizeeproblem bei Said Nursi

Das Theodizeeproblem beschäftigt sich mit der Frage, wie das Vorhandensein von Leid und Bösem in einer Welt mit einem allmächtigen, allwissenden und allgütigen Gott zu vereinbaren ist. Dabei hat die Fragestellung seine Wurzeln im Christentum, wo ein anderes Gottesverständnis als im Islam herrscht. Während der Islam Gottes Weisheit und Allmacht als untrennbar betrachtet und das Leid als Teil eines größeren göttlichen Plans sieht, stellt das Christentum nur die Güte Gottes in den Mittelpunkt. Dies führte dazu, dass die Frage, warum ein allmächtiger und allgütiger Gott Leid zulässt, im Christentum zu einem zentralen Problem wurde.

Der Begriff "Theodizee" selbst wurde im 18. Jahrhundert von dem Philosophen Gottfried Wilhelm Leibniz geprägt, doch die Diskussion darüber reicht bis zu den Kirchenvätern wie Augustinus und Irenäus im 2. und 4. Jahrhundert zurück. Leibniz versuchte, das Problem philosophisch zu lösen, indem er argumentierte, dass diese Welt die bestmögliche aller möglichen Welten sei. Trotz vieler möglichen Interpretationen blieb diese Fragestellung Jahrhundertelang im Gedächtnis der christlichen Theologie.

Said Nursi, ein bedeutender islamischer Denker des 20. Jahrhunderts, widmet sich in seinen Werken ausführlich diesem philosophisch-theologischen Dilemma. Er beleuchtet die Weisheit hinter der Schöpfung von Gut und Böse sowie den Sinn von Prüfungen und Leiden im Leben. Nursis Herangehensweise an das Theodizeeproblem basiert auf einem tiefen Verständnis von Gottes Weisheit und der menschlichen Verantwortung.

Die Vertreibung Adams aus dem Paradies

Nursi behandelt die Frage nach dem Sinn der Vertreibung Adams aus dem Paradies mit einer bemerkenswerten philosophischen Tiefe. Er argumentiert, dass Adams Vertreibung nicht als Bestrafung zu verstehen sei, sondern als notwendiger Schritt zur Erfüllung seiner göttlichen Aufgabe.

Adam wurde aus dem Paradies auf die Erde gesandt, damit sich der Geist des Menschen entwickeln und seine Begabungen entfalten können. Wäre Adam im Paradies geblieben, hätte er lediglich den Status eines Engels beibehalten, ohne die Möglichkeit, spirituell zu wachsen oder höhere Stufen der Vollkommenheit zu erreichen. Nursi erklärt: „Adam wurde mit einer Aufgabe betraut und dazu gesandt, dass der Geist des Menschen sich vollkommen entwickle, der Same aller menschlichen Begabung sich öffne und entfalte und das Wesen des Menschen zu einem Spiegel werde, in dem sich alle Namen Gottes sammeln" (Nursi, k.A.f, S. 69).

Damit betont Nursi, dass das irdische Leben eine Prüfung ist, die es dem Menschen ermöglicht, seine Fähigkeiten zu entfalten und seine spirituelle Reise zu vervollkommnen. Durch das Erleben von Leid und

Prüfungen kann der Mensch spirituell wachsen und eine höhere Stufe der Vollkommenheit erreichen.

Die Rolle des Teufels und des Bösen

Eine zentrale Frage des Theodizeeproblems betrifft die Existenz des Teufels und des Bösen. Nursi stellt klar, dass nicht die Erschaffung des Bösen an sich böse ist, sondern dessen Missbrauch durch den Menschen. Er erklärt: „Nicht die Erschaffung des Bösen ist böse, vielmehr das Böse zu tun ist böse" (Nursi, k.A.f, S. 70).

Demnach kann ein Messer sowohl zum Brotstreichen als auch zum Töten eines Menschen verwendet werden. Die Erschaffung des Messers ist an sich nicht böse; es kommt darauf an, wie der Mensch es nutzt. Ebenso verhält es sich mit allem im Leben – es liegt in der Verantwortung des Menschen, seine Fähigkeiten und Mittel zum Guten oder zum Bösen einzusetzen.

Nursi verwendet hierzu das Beispiel des Regens, um zu zeigen, dass nichts an sich schlecht ist. Regen ist ein Segen für die Erde, da er das Wachstum von Pflanzen fördert und Leben spendet. Wird der Mensch jedoch nass, weil er z.B. vergessen hat, einen Regenschirm mitzunehmen, liegt das nicht am Regen, sondern an seiner eigenen Unachtsamkeit. Der Regen bleibt ein Segen – die negative Erfahrung entsteht durch die menschliche Nachlässigkeit. Dieses Beispiel verdeutlicht Nursis Sichtweise, dass das Schlechte nicht im Ereignis selbst liegt, sondern in der Art und Weise, wie der Mensch damit umgeht.

Nursi illustriert dies auch mit dem Beispiel des Feuers. Feuer ist an sich weder gut noch böse. Es kann sowohl zum Kochen als auch zur Zerstörung verwendet werden. Das moralische Urteil hängt davon ab, wie der Mensch es nutzt. Ebenso dient die Schöpfung des Teufels einem höheren Zweck: Sie stellt den Menschen auf die Probe und ermöglicht es ihm, sich zwischen Gut und Böse zu entscheiden. Dadurch kann der Mensch spirituell wachsen und seine Willensfreiheit unter Beweis stellen.

Die Existenz des Teufels und des Bösen ist notwendig, um einen Ort der Prüfung zu schaffen, der es dem Menschen ermöglicht, Erfahrungen zu sammeln, sich zu bemühen und sich zu bewähren. Ohne diese Prüfungen und Herausforderungen bliebe der Mensch in seiner spirituellen Entwicklung auf einer statischen Stufe stehen, ähnlich wie die Engel, deren Rangordnung festgelegt ist und die keiner Prüfung unterworfen sind. Nursi schreibt: „Da die Engel nicht von den Teufeln gequält werden, gibt es für sie auch keine Fortentwicklung. Ihre Stellung ist festgelegt und unterliegt keinem Wandel" (Nursi, k.A.f, S. 71).

Das Geheimnis von Prüfung und Verantwortung

Nursi betont die Bedeutung von Prüfungen und Verantwortung im Leben des Menschen. Er argumentiert, dass das Leben eine ständige Herausforderung und eine Prüfung des Glaubens darstellt. Diese Prüfungen ermöglichen es dem Menschen, seine geistigen Fähigkeiten zu entfalten und spirituell zu wachsen. Nursi erklärt: „Wenn dieses Bemühen und der Wetteifer nicht wären, würden die (verschiedenen) Begabungen des menschlichen Geistes, die den Diamanten und der Kohle gleichen, beieinander bleiben" (Nursi, k.A.f, S. 71).

Durch die Konfrontation mit Herausforderungen und Prüfungen kann der Mensch seine geistigen Potenziale entdecken und sich von einer niederen zu einer höheren Stufe entwickeln. Das Leben ist somit eine Arena, in der der Mensch seine moralische und spirituelle Integrität unter Beweis stellen kann.

Die Weisheit hinter Unglück und Katastrophen

Nursi begegnet der Frage nach dem Sinn von Unglück und Katastrophen mit einer tiefen metaphysischen Perspektive. Er betont, dass alle Ereignisse im Universum einen Sinn und Zweck haben, auch wenn dieser für den Menschen oft nicht unmittelbar erkennbar ist. Er schreibt: „Sein (Gottes) ist das Reich. Er verfügt über Sein Eigentum so wie er will" (Nursi, k.A.f, S. 73).

Für Nursi ist das Leben keine statische Erfahrung, sondern eine dynamische Reise, die durch Prüfungen, Veränderungen und Herausforderungen geprägt ist. Diese Erfahrungen ermöglichen es dem Menschen, die göttlichen Namen und Attribute zu erkennen und zu verstehen. In dieser Hinsicht betrachtet Nursi das Leid nicht als sinnlose Qual, sondern als Möglichkeit zur spirituellen Reifung und zur Annäherung an Gott.

Er vergleicht das Leben mit einem kunstvoll gestalteten Gewand (Nursi, k.A.f, S. 73ff), das vom Schöpfer nach seinem Willen zugeschnitten und geformt wird, um seine Kunstfertigkeit zu zeigen. Der Mensch hat kein Recht, sich über diese Veränderungen zu beklagen.

Fazit

Said Nursi bietet eine tiefgründige und ganzheitliche Antwort auf das Theodizeeproblem, indem er die Existenz von Bösem und Leid als notwendigen Bestandteil der menschlichen Prüfung und spirituellen Entwicklung betrachtet. Er argumentiert, dass das Böse nicht an sich böse ist, sondern nur durch den Missbrauch der menschlichen Entscheidungsfreiheit zu etwas Negativem wird. Prüfungen und Herausforderungen sind Mittel, durch die der Mensch seine spirituellen Fähigkeiten entfalten und höhere Stufen der Vollkommenheit erreichen kann.

Nursis Herangehensweise an das Theodizeeproblem zeigt eine tiefe metaphysische Einsicht in die Beziehung zwischen Gott und Mensch, zwischen Schöpfung und Prüfung. Sein Verständnis von Leid, Bösem und Prüfungen als Mittel zur spirituellen Reifung bietet eine inspirierende Perspektive für Gläubige, die nach Sinn und Zweck in den Herausforderungen des Lebens suchen.

Schicksal und freier Wille

Die Frage nach dem Verhältnis von Schicksal (Qadar) und freiem Willen (Ihtiyar) ist eine der zentralen theologischen Diskussionen im Islam. Said Nursi widmete dieser Thematik in seinem "Risale-i Nur"-Werk große Aufmerksamkeit. In seiner tiefgehenden Analyse verband er klassische islamische Überlieferungen mit einer rationalen und spirituellen Argumentation, die dem modernen Menschen eine verständliche Perspektive aufzeigt.

Das Konzept des Schicksals (Qadar) bei Said Nursi

Das Schicksal, auch als Qadar bekannt, ist eine der sechs Glaubenssäulen im Islam. Es bezeichnet die göttliche Vorherbestimmung und Vorhersehung aller Geschehnisse. Nach Said Nursi ist das Schicksal kein blinder, deterministischer Mechanismus, sondern Ausdruck der absoluten Weisheit und des umfassenden Wissens Gottes. Alles, was geschieht, ist bereits im göttlichen Wissen enthalten. Diese göttliche Vorherbestimmung und Vorhersehung sind jedoch nicht mit Zwang zu verwechseln.

Man kann dies anhand des Konzepts von zwei Arten des Schicksals verdeutlichen:

- **Das absolute Schicksal (Qadar-i Mutlak)**
  Dies betrifft alle kosmischen, physikalischen und naturgesetzlichen Abläufe. Kein Mensch kann diese Gesetze beeinflussen, da sie Ausdruck der göttlichen Ordnung sind. Beispielsweise kann niemand verhindern, dass die Sonne aufgeht oder dass ein Mensch stirbt, wenn sein Todeszeitpunkt gekommen ist.

- **Das bedingte Schicksal (Qadar-i Muallak)**
  Hierbei handelt es sich um das Schicksal, das mit dem freien Willen des Menschen verknüpft ist. Dieses Schicksal ist veränderbar, weil Gott den Menschen mit Entscheidungsfreiheit ausgestattet hat. Menschen treffen täglich unzählige Entscheidungen, die ihr eigenes Leben beeinflussen.

Nursi veranschaulicht das Schicksal mit dem Beispiel einer Schreibfeder und eines Buches (Nursi, Worte, k.A.c, S. 839ff). Die Feder schreibt das, was bereits im göttlichen Wissen festgehalten ist. Dennoch bleibt der Mensch derjenige, der durch seinen freien Willen Entscheidungen trifft, die dann aufgeschrieben werden.

Der freie Wille des Menschen (Ihtiyar)

Ein zentrales Thema in Nursis Denken ist die Verantwortung des Menschen. Er betont, dass der Mensch trotz der Existenz des göttlichen Schicksals über einen freien Willen verfügt. Dieser freie Wille ist zwar begrenzt und kann nicht gegen die absoluten Gesetze Gottes verstoßen, doch innerhalb seines Handlungsspielraums trägt der Mensch Verantwortung für seine Entscheidungen.

Nursi erklärt, dass der freie Wille keine physische Kraft ist, sondern eine Entscheidungsmacht, die sich auf das Gute oder das Schlechte richten kann. Diese Entscheidungsfreiheit unterscheidet den Menschen von Tieren und Maschinen. Während Tiere instinktiv handeln, besitzt der Mensch die Fähigkeit, moralisch abzuwägen.

Ein anschauliches Beispiel dafür gibt Nursi mit der Metapher eines Schiffes (Nursi, Worte, k.A.c, S. 828, 841ff). Der Mensch ist wie ein Kapitän, der das Schiff seines Lebens steuert. Die Winde und Strömungen (das vorherbestimmte Schicksal) kann er nicht kontrollieren, doch die Richtung, in die er segelt, bestimmt er selbst. Die Verantwortung für seine moralischen Entscheidungen liegt daher bei ihm, nicht beim Schicksal.

Die Vereinbarkeit von Schicksal und freiem Willen

Ein häufiger Einwand in der Diskussion über Qadar und Ihtiyar ist die scheinbare Widersprüchlichkeit zwischen göttlicher Vorherbestimmung und menschlicher Entscheidungsfreiheit. Said Nursi begegnet diesem Dilemma mit einer tiefgründigen, aber einfachen Erklärung:

- **Gottes Wissen hebt die Wahlfreiheit des Menschen nicht auf**
  Gott kennt die Zukunft, aber dieses Wissen zwingt den Menschen nicht zu seinen Handlungen. Er weiß bereits, was der Mensch tun wird, aber diese göttliche Kenntnis ist nicht die Ursache seiner Taten (Nursi, k.A.c, S. 830ff).

  Denn da Gott nicht an Zeit und Raum gebunden ist, kennt er die Entscheidungen des Menschen im Voraus. Dies ist seine Vorhersehung. Der Mensch handelt dann aber nicht, weil Gott es vorhergesehen hat, sondern Gott hat es vorhergesehen, da er weiß, dass der Mensch sich so verhalten wird.

- **Schicksal ist eine Reflexion des göttlichen Wissens, nicht dessen Ursache**
  Nursi macht deutlich, dass das Schicksal nicht etwas ist, das den Menschen zu einer bestimmten Tat zwingt. Vielmehr ist es eine Aufzeichnung dessen, was der Mensch mit seinem freien Willen tun wird (Nursi, k.A.c, S. 831). Es ist wie bei

einer Kamera, die eine Szene aufnimmt. Die Kamera bestimmt nicht, was geschieht, sondern hält lediglich fest, was passiert.

- **Gottes Gerechtigkeit setzt den freien Willen voraus**
  Die islamische Theologie betont, dass der Mensch für seine Handlungen am Jüngsten Tag zur Rechenschaft gezogen wird. Gäbe es keinen freien Willen, wäre Bestrafung oder Belohnung ungerecht. Nursi argumentiert, dass Gott absolut gerecht ist und keinem Menschen Unrecht zufügt (Nursi, k.A.c, S. 827). Daher muss der Mensch über eine Entscheidungsfreiheit verfügen, sonst wäre das göttliche Gericht sinnlos.

Praktische Konsequenzen im Leben des Gläubigen

Said Nursi leitet aus der Lehre vom Schicksal und freien Willen konkrete Prinzipien für das tägliche Leben ab:

- **Eigenverantwortung und Selbstkritik**
  Der Mensch darf nicht seine eigenen Fehler dem Schicksal zuschreiben. Wenn er eine falsche Entscheidung trifft, ist er selbst verantwortlich. Wer sich beispielsweise nicht bemüht, eine Prüfung zu bestehen, kann nicht Gott dafür verantwortlich machen (Nursi, k.A.c, S. 824).

- **Gottvertrauen ohne Passivität**
  Das Bewusstsein, dass alles in Gottes Wissen liegt, führt nicht zu Fatalismus, sondern zu einem

aktiven Leben mit Gottvertrauen. Man soll arbeiten, sich bemühen und gleichzeitig wissen, dass der Erfolg letztlich von Gott abhängt.

- **Dankbarkeit und Geduld**
  Der Glaube an das Schicksal führt zu innerem Frieden ((Nursi, k.A.c, S. 841ff). Wer weiß, dass alles, was geschieht, einen höheren Sinn hat, kann schwierige Zeiten geduldig ertragen. Said Nursi lehrt, dass man in guten Zeiten dankbar und in Prüfungen geduldig sein soll.

Fazit

Said Nursi bietet eine ausgewogene, tiefgründige und verständliche Erklärung des Zusammenspiels von Schicksal und freiem Willen. Er zeigt, dass das göttliche Wissen und die menschliche Verantwortung kein Widerspruch sind, sondern sich ergänzen.

Während Gott alles weiß und nichts außerhalb seines Willens geschieht, besitzt der Mensch dennoch eine Entscheidungsfreiheit, für die er zur Rechenschaft gezogen wird. Dieser Glaube bewahrt den Gläubigen sowohl vor Fatalismus als auch vor Überheblichkeit, denn er erkennt seine Verantwortung, aber auch seine Abhängigkeit von Gottes Weisheit.

Rolle der Senioren im Islam

Senioren genießen in muslimischen Gemeinschaften einen hohen Status innerhalb der Familie. Sie sorgen für den Segen der Familie. Man geht theologisch davon aus, dass man durch die Senioren Gottes Gnade erlangen kann.

Hierzu sagte der Prophet Muhammed: „Wenn es keine Älteren, deren Rücken vom Alter gebeugt sind [...], gäbe, würden Unglücke wie eine Flut über euch strömen" (Acluni, 2:163; Al Munawi, 5:344, Nr. 7523; Baihaqi, 3:345). Demnach wird Gottes Segen auf Grund der älteren Menschen gegeben.

Daraus ergibt sich, dass Eltern- und Altenpflege für den Propheten zentral war: „Das Paradies ist unter den Füßen der Mütter" (Ibn Abdillberr, 1992).

Im Koran wird die Elternpflege noch stärker betont. So heißt es: „Und dein Herr hat befohlen: 'Verehrt keinen außer Ihm, und (erweist) den Eltern Güte. Wenn ein Elternteil oder beide bei dir ein hohes Alter erreichen, so sage dann nicht 'Pfui!' zu ihnen und fahre sie nicht an, sondern sprich zu ihnen in ehrerbietiger Weise. Und senke für sie in Barmherzigkeit den Flügel der Demut und sprich: 'Mein Herr, erbarme Dich ihrer (ebenso mitleidig), wie sie mich als Kleines aufgezogen haben.'"" (Koran, 17:23-24).

An anderer Stelle sagte der Prophet Muhammed: „Gott hat ausdrücklich verboten, sich schlecht gegenüber den Eltern zu verhalten" (Şeybani, 2013) und „Wer (seinen) Kindern keine Zärtlichkeit erweist, älteren Menschen keine Ehre und Hochachtung zeigt gehört nicht zu uns (eurer Gemeinde)" (Tirmidhi, Birr, 15; Abu Dawud, Edeb, 58; Ahmad bin Hanbal, B. 1, 257; Nawawi, B. 1, S. 387).

Der Islamgelehrte Said Nursi interpretiert diese Aussagen folgendermaßen, dass Kinder aufgefordert sind, freundlich und milde zu den Eltern zu sein: „In der Tat ist die höchste Wahrheit in der Welt die selbstlose Liebe der Väter und der Mütter ihren Kindern gegenüber; und das erhabenste Recht ist, dass sie dieser selbstlosen Liebe gegenüber von ihnen Hochachtung bekommen. Denn, sie opfern ihr Leben in vollkommener Freude für das Leben ihrer Kinder und geben es aus. Daher steht jedem Kind zu, das von dem Menschsein nicht abgefallen ist und sich nicht in ein Untier umgewandelt hat, jene verehrten, treuen und opferwilligen Freunde aufrichtig hochzuachten, ihnen innig zu dienen, ihre Wünsche zu erkennen und ihre Herzen zu erfreuen. [...] Wisse, dass die Säule des Segens, der Anlass der Fülle und der Vertreiber des Unglückes in deinem Haus dein alter oder blinder Verwandter ist, der in deinem Hause lebt und den du (vielleicht)n lästig findest. [...] Willst du die Barmherzigkeit des Erbarmers, so sollst du diesen Anvertrauten des Erbarmers und Seinen Pfändern gegenüber in deinem Haus barmherzig sein" (Nursi, k.A.f, S. 478ff).

Seniorenheime

Diese Gedankengänge führten in der Praxis dazu, dass Senioren eine bedeutende Rolle innerhalb der islamischen Gesellschaften genießen (Şahinöz, 2020c). Deshalb existierte in der Vergangenheit der Begriff des Altenheimes in der muslimischen Literatur nicht. Bis vor kurzem gab es in muslimisch-geprägten Ländern keine Seniorenheime. Auf Grund von Veränderungen des Alltags gibt es sie gegenwärtig vor allem in Großstädten. Es wird aber weiterhin verpönt, die eigenen Eltern oder Verwandte in einem Heim unterzubringen.

Theologisch betrachtet, sind die eigenen Kinder für die Versorgung der Eltern zuständig. Wenn diese es aus irgendwelchen Gründen nicht leisten können, sind es die nächsten Verwandten, die diese Verantwortung übernehmen. Wenn diese es auch nicht können, dann die Nachbarn, das Dorf usw. Erst in der allerletzten Instanz kommt der Staat oder Institutionen, die dann die Aufgabe der Versorgung sicherstellen.

Schwäche als Zugang zur Barmherzigkeit

Das Alter wird in unserer Zeit oft als eine Phase des Verfalls gedeutet. Körperliche Gebrechen, schwindende Kräfte und soziale Isolation sind die Themen, die im Vordergrund stehen. In den Worten von Nursi jedoch wird das Alter nicht als Rückschritt, sondern als Eintritt in eine neue Dimension menschlicher Reife betrachtet. Es ist die Phase, in der der Mensch seine Ohnmacht

112

erkennt – und genau darin liegt der Schlüssel zu einer tieferen Verbindung mit der göttlichen Barmherzigkeit.

Der Schwache als Empfänger der höchsten Zuwendung

Nursi lenkt den Blick weg vom rein Äußerlichen. Er erkennt die Schwäche nicht als Makel, sondern als Einladung. Denn der Mensch, der seine Kräfte verliert, erkennt schneller, wie sehr er auf etwas Größeres angewiesen ist. So spricht Nursi von einer göttlichen Gnade, die sich gerade den Hilflosen zuwendet: „Die Barmherzigkeit des gütigen Schöpfers [...] ist für uns in diesem unserem Altsein die größte Hoffnung und das stärkste Licht" (Nursi, k.A.d, S. 442).

Diese Hoffnung ist keine abstrakte Idee. Sie wird konkret erfahrbar. Nursi beobachtet die Natur und zieht aus ihr eine tiefe Lehre. Er beschreibt das Verhalten von Tiermüttern, die sich rührend um ihre Jungen kümmern – nicht trotz, sondern wegen deren Ohnmacht. Ein Vogeljunges im Nest, das nicht fliegen kann, wird durch den Instinkt seiner Mutter ernährt. Doch sobald es stark genug wird, verfliegt diese Fürsorge. Es muss nun selbst fliegen, sich selbst versorgen. Für Nursi ist das keine bloße Naturbeobachtung, sondern eine lebendige Metapher für das Verhältnis zwischen Mensch und Gott.

Parallelen zwischen Neugeborenen und alten Menschen

Was für Neugeborene gilt, trifft für alte Menschen ebenso zu. Nursi stellt eine klare Parallele her: „Dieses Geheimnis der Barmherzigkeit, das für die Neugeborenen gilt, gilt auch für die Alten, die hinsichtlich der Schwäche und Ohnmacht den kleinen Kindern gleichen" (Nursi, k.A.d, S. 466).

Der alte Mensch, der sich wieder dem Zustand der Hilflosigkeit nähert, wird zum Empfänger jener besonderen Form der göttlichen Zuwendung, die schon dem Säugling zuteilwurde. Aber im Unterschied zum Kind ist der alte Mensch sich dessen bewusst. Er erlebt diese Zuwendung mit voller geistiger Reife. Seine Schwäche ist nicht bloß körperlich. Sie öffnet das Herz und schafft Raum für tiefe innere Bewegungen.

Alter als spirituelle Reifezeit

Für Nursi ist das Alter eine spirituelle Reifezeit. Eine Phase, in der sich der Mensch aus dem Betrieb des Lebens zurückzieht, um sich der inneren Ordnung zuzuwenden. Nicht in Rückzug und Resignation, sondern in bewusster Zuwendung zu Gott. Die Barmherzigkeit, von der Nursi spricht, wird nicht automatisch gewährt. Sie offenbart sich im Verhältnis zwischen Mensch und Schöpfer: „Diese Barmherzigkeit zu finden, ist nur dadurch möglich, dass man durch den Glauben in nähere Beziehung mit diesem Barmherzigen tritt und in der

114

Einhaltung der Pflichtgebete Ihm gegenüber seinen Gehorsam erweist" (Nursi, k.A.d, S. 442).

Der Glaube wird hier nicht als rein theoretisches Konzept verstanden, sondern als aktive Beziehung. Es geht um Nähe, um Hingabe, um ein bewusstes Leben im Licht der göttlichen Präsenz. Der alte Mensch, der das Leben kennt, der gefallen und aufgestanden ist, kann diese Beziehung in besonderer Tiefe erleben. Seine Erfahrungen machen ihn empfänglich für eine Barmherzigkeit, die nicht von dieser Welt ist.

Versorgung durch Segensströme

Was äußerlich nach wirtschaftlicher Schwäche und sozialem Rückzug aussieht, ist für Nursi eine verborgene Form der Versorgung. Er spricht von Nahrung, die den Alten „in Form des Segens gesandt" (Nursi, k.A.d, S. 466) werde. Der Begriff "Segen" ist dabei kein leerer Begriff. Er steht für eine Qualität des Lebens, die sich nicht messen lässt, aber spürbar ist. Es ist jene stille Gnade, die alte Menschen oft ausstrahlen – ein innerer Friede, eine sanfte Stärke, die nicht durch Leistung, sondern durch Annahme entsteht.

Altsein als Rückkehr zur göttlichen Ordnung

In der Tiefe seiner Worte liegt eine radikale Umdeutung: Altsein bedeutet nicht Rückgang, sondern Rückkehr. Der Mensch, der altert, kehrt zurück zu seiner eigentlichen Natur. Er wird wieder Kind – nicht naiv, sondern rein. Nicht töricht, sondern offen. Der Kreis des Lebens schließt sich, aber nicht in einem dunklen Tunnel, sondern in einem lichten Horizont. Nursis Perspektive erinnert daran, dass das Alter kein Zufall, sondern ein geplanter Abschnitt in der Lebensarchitektur des Menschen ist.

Ein Aufruf zur Ehrfurcht vor den Alten

Dieser Blick auf das Alter hat nicht nur individuelle, sondern auch gesellschaftliche Folgen. Wer das Alter so versteht wie Nursi, kann alte Menschen nicht ignorieren, abschieben oder als Belastung betrachten. Ihre Anwesenheit wird zur Erinnerung an die göttliche Barmherzigkeit. Ihre Worte, ihre Stille, ihr Gebet – all das wird zu einer geistigen Ressource für die Gemeinschaft. Nicht, weil sie leisten, sondern weil sie sind.

Said Nursi entwirft mit seinen Betrachtungen über das Alter ein tiefes, spirituell fundiertes Verständnis, das den modernen Blick auf das Leben im Alter infrage stellt. Seine Worte öffnen einen Raum für Sinn, für Hoffnung, für Barmherzigkeit. In einer Welt, die oft nur das Funktionale sieht, erinnert er daran, dass die Schwäche des Alters kein Defizit ist, sondern ein Ruf – ein Ruf zur göttlichen Nähe. Wer diesen Ruf hört, wird erkennen, dass das eigentliche Licht des Lebens oft erst in der Dämmerung aufstrahlt.

Liebe als Ursache der Existenz

In einem einfühlsamen Textabschnitt erläutert Said Nursi, dass die Liebe Ursache der Existenz schlechthin ist. Er bezeichnet sie als verbindendes Element der gesamten Schöpfung. Mit seinen Ausführungen über die Liebe öffnet Nursi damit ein weites Feld der Betrachtung, in dem sich das Universum als ein Gewebe aus Liebe, Licht und Leben zeigt. Er formuliert Liebe nicht als bloßes Gefühl, sondern als den grundlegenden Antrieb, der sämtliche Existenz in Bewegung setzt und zusammenhält: „Liebe ist der Anlass für die Existenz dieses Kosmos. Zudem ist sie das Band dieses Kosmos. Ferner ist sie das Licht dieses Kosmos, und sie ist sein Leben" (Nursi, k.A.c, S. 625).

In seinem Bild ist die Liebe so allumfassend, dass sie zugleich Anlass, Bindeglied und strahlende Kraft des Kosmos darstellt. Diese Sichtweise fordert den Blick des Individuums heraus, die gewöhnlichen Grenzen zwischen Emotion und metaphysischer Wirklichkeit zu überwinden und in das Mysterium der Schöpfung einzutauchen.

Im Zentrum seiner Ausführungen steht die Erkenntnis, dass der Mensch – als die vielfältigste Frucht des Kosmos – das Potenzial in sich trägt, diese kosmische Liebe zu verkörpern. Doch gerade in diesem Potenzial liegt auch die Dualität, die sein Dasein prägt: „Zwei Organe, die dem Menschen Angst und Liebe vermitteln, sind in seiner Natur vorhanden. In jedem Fall, werden diese Liebe und diese Angst entweder auf die Schöpfung oder auf den Schöpfer hin ausgerichtet sein" (Nursi, k.A.c, S. 625ff). Die menschliche Natur birgt demnach zwei Urorgane: jene, die Liebe vermittelt, und jene, die Angst gebiert. Beide Empfindungen können, so Nursi, entweder unglücklich auf die vergängliche Schöpfung oder erhebend auf den ewigen Schöpfer gerichtet werden. Diese Entscheidung bestimmt nicht nur das individuelle Erleben, sondern auch den Weg zur wahren Erfüllung.

Die Gefahr, sich in weltlichen Bindungen zu verlieren, zieht sich wie ein roter Faden bei Nursi: „In Wirklichkeit ist aber die Angst vor der Schöpfung eine leidvolle Plage. Auch ist die Liebe zur Schöpfung (d.h. ihr verfallen zu sein) ein lästiges Unglück. Denn du hast Angst vor denen, die kein Erbarmen mit dir haben oder deine Bitte nicht entgegennehmen. In diesem Zustand ist die Angst eine leidvolle Plage. Was aber die Liebe betrifft, so kennt das, was du liebst, dich entweder nicht und geht, wie deine Jugendzeit und dein Besitztum, ohne ein ʹAuf Wiedersehenʹ zu sagen, oder beleidigt dich wegen deiner Liebe. Siehst du denn nicht, dass sich 99 Prozent der weltlichen Liebhaber über ihre Geliebten beschweren? Denn mit dem Innern des Herzens, welches der Spiegel dessen ist, dessen alle und alles bedürfen, die weltlichen, götzenähnlichen Geliebten anzubeten, ist in den Augen dieser Geliebten hässlich; sie finden es lästig und lehnen es ab. Die natürliche Beschaffenheit lehnt alles ab, was unnatürlich und ungebührlich ist, und verwirft es. (Die sinnliche Liebe soll hier außer Betracht bleiben.) Das heißt, die Dinge, die du liebst, kennen dich entweder nicht oder sie verachten dich oder sie werden dich nicht (für immer) begleiten. Sie werden dich auch gegen deinen Willen verlassen" (Nursi, k.A.c, S. 625ff).

Die Liebe zu vergänglichen Dingen führt zu einem unausweichlichen Leid, denn das, was wir auf Erden anbeten, ist entweder unfähig, unser innerstes Wesen zu erkennen, oder es wendet sich – oftmals schmerzhaft – von uns ab. Nursi lässt den Leser erkennen, dass nahezu alle irdischen Beziehungen von Enttäuschungen und Trennungen geprägt sind. Die natürliche Ordnung verabscheut, was künstlich oder unpassend erscheint, und weist uns darauf hin, dass unsere tiefsten Empfindungen nicht für das Irdische bestimmt sind.

Daher rückt er die Rolle der Angst in ein neues Licht und eröffnet damit eine neue Perspektive: „Da dies nun einmal so ist, sollst du deine Angst und deine Liebe dem zuwenden, vor dem deine Angst zu wohltuender Hingabe wird. Deine Liebe soll mit einer Freude verbunden sein, die nicht erniedrigt. Sich vor dem majestätischen Schöpfer zu fürchten, heißt in der Tat, einen Weg zu der Liebe Seiner Barmherzigkeit zu finden und bei Ihm seine Zuflucht zu nehmen. Furcht ist in diesem Sinne eine Peitsche. Sie wirft dich an die Brust Seiner Barmherzigkeit. Bekanntlich macht ja eine Mutter ihrem Kindlein Angst, damit es sich in ihren Schoß flüchtet. Diese Angst ist für ihr Kindlein ganz besonders angenehm. Denn die Barmherzigkeit lässt es sich in ihren Schoß flüchten. In Wirklichkeit gleicht aller Mütter Liebe und Zärtlichkeit einem Blitzstrahl der Barmherzigkeit Gottes. Also liegt in der Gottesfurcht ein überwältigender Wohlgeschmack. Wenn sich in der

Gottesfurcht ein solcher Wohlgeschmack findet, wird es offensichtlich, welch ein grenzenloser Wohlgeschmack sich in der Liebe Gottes findet. Des Weiteren rettet sich der, der sich vor Gott fürchtet, vor den erbärmlichen und unheimlichen Ängsten. Und da seine Liebe zur Schöpfung im Auftrag Gottes ist, endet sie auch nicht in Trennung und Leid. In der Tat liebt der Mensch zuallererst seine eigene Seele, danach seine Verwandten, dann sein Volk, dann die lebendigen Geschöpfe, dann das Universum und die ganze Welt. Mit jedem dieser Kreise fühlt er sich verbunden. Er freut sich in ihren Freuden und leidet in ihren Leiden. Da aber nun im Tohuwabohu dieser Welt und ihren Wirbelstürmen nichts von Bestand ist, wird des Menschen hilfloses Herz zu allen Zeiten verwundet. Alle Dinge, die an seinen Händen festkleben, reißen ihm die Hände ab, wenn sie von ihm gehen, ja reißen sie ihm in Stücke. Ständig lebt er in seinem Leid oder trunken von seiner Gottvergessenheit. So ist das nun einmal, du meine Seele! Wenn du Verstand hast, sammle alle diese o.g. Arten der Liebe, schenke sie ihrem wahren Eigentümer und rette dich von diesen Leiden. Solch grenzenlose Liebe gebührt dem Herrn grenzenloser Vollkommenheit und Schönheit. In dem Augenblick, in dem du sie ihrem wahren Eigentümer geschenkt hast, in dem Augenblick kannst du alle Dinge in Seinem Namen und als Seine Spiegelungen lieben, ohne (ihretwegen) zu leiden. Das heißt, man soll seine Liebe nicht unmittelbar und direkt an die Schöpfung weggeben. Anderenfalls wird die Liebe, die doch das schönste Geschenk (der Gnade) ist, zu peinvoller Verhöhnung werden" (Nursi, k.A.c, S. 626ff).

120

Die Gottesfurcht wird hier nicht als lähmende Furcht verstanden, sondern als ein liebevoller Weckruf, der uns zu der Barmherzigkeit des Schöpfers führt. Nursi vergleicht diese Furcht mit der zärtlichen, aber bestimmten Art, wie eine Mutter ihr Kind an ihre Brust zieht – ein Bild, das Trost und Geborgenheit vermittelt. Diese göttliche Furcht ist kein Selbstzweck, sondern ein Mittel, um den Menschen zu lehren, sein Herz auf das Wahre und Ewige auszurichten.

Nursi weist damit einen klaren Weg auf: Die wahre Liebe darf nicht unmittelbar an die flüchtigen Erscheinungen der Schöpfung gegeben werden. Erst wenn wir all unsere Empfindungen – seien sie von Sehnsucht oder von Furcht geprägt – ihrem rechtmäßigen Empfänger, dem Schöpfer, zuwenden, können sie sich in ihrer Reinheit entfalten. In diesem Akt der Hingabe liegt eine befreiende Kraft, die uns von den Beschränkungen des irdischen Daseins löst. Nur so kann das Herz lernen, all das, was es berührt, in einem neuen Licht zu sehen, ohne dabei an den vergänglichen Schatten des Leidens zu hängen.

Nursi versucht also die Liebe von vergänglichen Objekten zum ewigen Schöpfer hinzuwenden: „Der Mensch ist infolge seines alles umfassenden Wesens mit nahezu allem Sein verbunden und darüber hinaus ist in dieser so vielseitigen Natur des Menschen die Fähigkeit zu einer grenzenlosen Liebe mit eingebettet. Aus diesem Grund nährt der Mensch auch eine Liebe für alles Sein. Er liebt diese ganze, große Welt wie sein Heim. Er liebt das Paradies in der Ewigkeit wie seinen Garten. Doch die

Dinge, die er liebt, bleiben ihm nicht, sondern gehen wieder. Und so leidet er ständig unter der Qual dieser Trennung. Diese seine grenzenlose Liebe wird ihm zu einer Quelle einer grenzenlosen inneren Qual. Die Schuld daran, dass er diese Qual erleidet, dieser Fehler liegt bei ihm selbst. Denn diese Fähigkeit zu einer grenzenlosen Liebe wurde ihm gegeben, damit er sie dem zuwendet, dem eine ewige, grenzenlose Schönheit zu Eigen ist. Ein solcher Mensch macht einen schlechten Gebrauch von seiner Liebe, wenn er sie für vergängliche Dinge ausgibt, begeht auf diese Weise einen Fehler und zieht sich die Strafe für seinen Fehler zu, indem er nun unter Verlust und Trennung leidet" (Nursi, k.A.d, S. 26). „Da der Mensch die vielseitigste Frucht dieses Kosmos ist, ist die Liebe, die den ganzen Kosmos umhüllen kann, in sein Herz, das der Kern dieser Frucht ist, hineingelegt. Eine solche grenzenlose Liebe kann nur derjenige verdienen, der grenzenlose Vollkommenheit besitzt" (Nursi, k.A.c, S. 625).

Die Geschichte von Qais und Layla ist ein schönes Beispiel für diese Art von Liebe. Die Liebe von Qais zu Layla ist mehr als eine tragische Romanze. Sie ist ein Spiegelbild der unermesslichen Sehnsucht des menschlichen Herzens nach der ewigen Liebe. In dem Moment, als seine Liebe zu ihr erblühte, öffnete sich zugleich ein Pfad zu einer höheren Wahrheit, jenseits der irdischen Begrenzungen. Als Laylas Vater die Verbindung verweigerte und Qais in den Abgrund des Wahnsinns stürzte (und dadurch Majnun, also "Verrückter" genannt wurde), wurde seine Verzweiflung zur Brücke, die ihn von der vergänglichen Welt wegführte und in die unermessliche Schönheit des Schöpfers eintauchen ließ. In diesem Zustand, in dem der Schmerz der Trennung und die ekstatische Leidenschaft eins wurden, fand er den Zugang zu einer Liebe, die alle irdische Erfahrung übertrifft. Sein Herz, überwältigt von einer Liebe, die nicht an das Irdische gebunden war, öffnete sich für das Licht der göttlichen Barmherzigkeit. Sein Wahnsinn war nicht der Untergang, sondern die notwendige Hinwendung zu jener wahren Schönheit, die nur im Strahlen des Schöpfers zu finden ist. So wird seine Geschichte zu einer zeitlosen Allegorie: Eine Liebe, die alle Weltlichkeiten hinter sich lässt und den Weg weist zu einer existenziellen Verbundenheit mit dem Unendlichen.

Nursis Reflexionen regen dazu an, den Blick von der Oberfläche des Alltäglichen abzuwenden und in die Tiefe zu gehen. Seine Worte fordern dazu heraus, sich selbst und die eigenen Bindungen zu hinterfragen. Es geht nicht darum, weltliche Freuden grundsätzlich zu verneinen, sondern darum, sie in ihrer Bedeutung neu zu ordnen und sie letztlich in den Dienst einer höheren Wahrheit zu stellen. Also alles im Namen Gottes des Gerechten und um seiner Liebe willen zu lieben (Nursi, k.A.c, S. 1151). Wenn die Liebe – jene, die als Geschenk der Gnade gilt – dem zugeteilt wird, der sie würdig empfangen kann, dann verwandelt sie sich in ein Werkzeug, das den Menschen von den Fesseln der Vergänglichkeit befreit.

Die eindringliche Botschaft, die hier mitschwingt, ist zugleich universell und zeitlos. Sie spricht den Menschen in seinem innersten Wesen an und weist auf einen Pfad hin, der weit über das Irdische hinausführt. In einer Welt, in der Beständigkeit oft nur eine Illusion zu sein scheint, eröffnet die Hinwendung zum Göttlichen die Möglichkeit, das eigene Leben in einem neuen, sinnhaften Zusammenhang zu verstehen. So wird aus der Angst ein Wegweiser und aus der Liebe ein Kompass, der uns zu einem Ort der inneren Freiheit führt.

In der Auseinandersetzung mit Nursis Verständnis von Liebe entfaltet sich ein Plädoyer für eine Lebenshaltung, in der das Herz nicht länger Opfer flüchtiger Begierden bleibt. Es ist ein Appell, den inneren Schatz der grenzenlosen Liebe zu heben und ihn in eine Beziehung zu setzen, die weit über das Sichtbare hinausreicht. Die Worte laden ein, sich von der Illusion der Schöpfung zu lösen und in der Begegnung mit dem Ewigen einen Trost zu finden, der alle irdischen Schmerzen zu überwinden vermag. Dabei bleibt die Lehre, dass wahre Vollkommenheit und Schönheit nur in der Verbindung mit dem Schöpfer zu finden sind – ein Gedanke, der nicht nur spirituelle, sondern auch existenzielle Fragen in einem neuen Licht erscheinen lässt.

Sufismus bei Said Nursi

In den Schriften Said Nursis öffnet sich ein weites Feld geistiger Tiefe im Sufismus (k.A.f, S. 825ff). Sufismus beinhaltet demnach nicht nur überlieferte Riten oder mystische Praktiken. In jenem intensiven Dialog zwischen Herz und Verstand, den Nursi entfaltet, wird der Sufismus als Weg beschrieben, das Herz, den Sitz aller geistigen und emotionalen Empfindungen, in den Dienst des Göttlichen zu stellen. Das Herz sei das Zentrum des Glaubens und der Ort, an dem sich die göttlichen Eigenschaften und Namen offenbaren. Mit gezielter Disziplin kann sie geformt werden, um als Träger des göttlichen Lichts zu wirken.

Diese spirituelle Disziplin, die über Jahrhunderte hinweg von verschiedenen Einrichtungen kultiviert wurde, hat unzählige bedeutende islamische Gelehrte hervorgebracht. Sie war auch das pulsierende Zentrum einer Zivilisation, die in ihrem Innersten von Ehrlichkeit, Treue und Frömmigkeit erfüllt war. Diese Einrichtungen dienten einst als wahre Bastionen des Wissens und der Erleuchtung, in denen das spirituelle Erbe des Islams – seine Weisheit und seine inneren Werte – nachhaltig verankert wurde.

Weg der Erkenntnis

In einer Welt, die von Oberflächlichkeit und materialistischen Werten geprägt ist, fordert Nursi den Gläubigen auf, sich auf den wahren Schatz zu besinnen,

125

der im Innersten des eigenen Wesens liegt. Der Sufismus ist nicht nur ein Zufluchtsort vor den Widrigkeiten des Alltags; sie ist ein lebenslanger Pfad, der den Menschen dazu einlädt, die unerschöpfliche Quelle des Lichts in sich zu entdecken und sich so zu vervollkommnen.

Es ist die Liebe, die den Sufismus zu einem Weg der vollkommenen Hingabe macht. Anstatt den Weg als einen veralteten Pfad zu betrachten, der in abgeschlossenen Gemeinschaften gelebt wird, versteht Nursi sie als eine fortwährende innere Reise, die sich durch das tägliche Leben zieht und in jedem Moment die Möglichkeit zur Transformation birgt. So wird der Pfad des Sufismus zu einem Spiegelbild des ständigen Strebens nach Erkenntnis, das zugleich intellektuell und emotional ist und den Menschen in einen tiefen Dialog mit dem Universum und sich selbst führt.

Innerer Wandel

Dabei geht es nicht darum, sich in abgeschlossenen Kreisen zu verlieren oder sich in einer Welt der Illusionen zu verfangen, sondern darum, in der Auseinandersetzung mit sich selbst den wahren Kern des Glaubens zu entdecken

Dazu rät Nursi, sich von oberflächlichen Erscheinungen nicht blenden zu lassen, sondern stets das Wesentliche zu suchen. Dabei steht der innere Wandel als das höchste Gut im Mittelpunkt. In einer Epoche, in der traditionelle Formen des Glaubens zunehmend infrage gestellt werden, bietet Nursis Interpretation des Sufismus einen

126

Ankerpunkt für diejenigen, die auf der Suche nach einer tiefgründigen spirituellen Erfahrung sind. Er macht deutlich, dass wahre Mystik keineswegs in abgehobenen Klöstern oder geheimen Zirkelritualen zu finden ist, sondern in der alltäglichen Begegnung mit der göttlichen Wirklichkeit. Die persönliche Auseinandersetzung mit den inneren Tiefen des eigenen Seins wird so zu einem Akt der Rebellion gegen die Oberflächlichkeit einer Welt, die oft nur nach äußerem Schein strebt.

Nursi lädt den Gläubigen ein, die inneren Barrieren zu überwinden und die Essenz des Glaubens als einen lebendigen Prozess zu begreifen, der stets im Fluss ist und sich den Umständen des Lebens anpasst, ohne dabei seine fundamentale Wahrheit zu verlieren.

Nur wer bereit ist, die inneren Schranken zu überwinden und sich dem unermesslichen Licht zu öffnen, kann die wahre Essenz des Glaubens erfassen. Dabei wird der Sufismus zu einem lebendigen Erfahrungsraum, in dem jede Begegnung – sei sie freudig oder schmerzhaft – als ein Schritt auf dem Weg zur Vollendung der menschlichen Seele verstanden wird.

Rationalität, Vernunft und Mystik

Nursis Herangehensweise an den Sufismus zeichnet sich durch eine besondere Synthese von Rationalität und Mystik aus. Er ist sich der Tatsache bewusst, dass viele seiner Zeitgenossen in den traditionellen Sufiorden zwar in den Genuss mystischer Erfahrungen kamen, jedoch häufig die Verbindung zur zeitlosen Botschaft des Korans verloren ging.

Der wahre Sufismus ist für Nursi nicht an äußeren Formen oder überlieferten Ritualen zu messen, sondern an der Fähigkeit, das innere Feuer der Erkenntnis zu entfachen und zu pflegen. Diese Sichtweise eröffnet einen Raum, in dem sich die spirituelle Tradition von den starren Konventionen befreien kann und der Mensch in seiner individuellen Einzigartigkeit wahrhaftig zur Entfaltung gelangt.

Die Integration von Vernunft und Mystik, die in Nursis Schriften so kunstvoll zum Ausdruck kommt, zeugt von einer tiefen Verbundenheit mit der islamischen Tradition, ohne jedoch in vergangene Dogmen verhaftet zu bleiben.

Fürbittgebete

In seinen Schriften, die mit der Klarheit eines intellektuellen Diskurses und der Poesie einer tief empfundenen Spiritualität verwoben sind, versammelt Nursi das Erbe großer Sufi-Meister in Fürbittgebeten. Diese sollen den Gläubigen in einer Zeit, in der die Bedrohungen durch materialistische Einflüsse und intellektuelle Desorientierung immer präsenter werden, Orientierung bieten soll. Denn die alten Sufi-Zentren waren nicht nur Orte des Gebets, sondern lebendige Schulen der Selbsterkenntnis und ethischen Erziehung, in denen die Grundlagen der menschlichen Existenz von Generation zu Generation weitergegeben wurden.

Fokussierung auf den Glauben

Dennoch wendet sich Nursi in seinen Ausführungen auch den veränderten Bedingungen der modernen Welt zu. Er beobachtet, dass in einer Zeit, in der politische Umwälzungen, kulturelle Entfremdung und der Überfluss an materiellen Werten die Wurzeln des Glaubens untergraben, die traditionellen Zentren des Sufismus ihre einstige Strahlkraft verloren haben. Die alten Institutionen, die einst als lebendige Orte fungierten, sind weitgehend zum Schweigen gekommen. So erklingt in Nursis Worten die eindringliche Mahnung, dass gegenwärtig nicht die Zeit der traditionellen Sufiorden ist, sondern die Zeit, den wahren Glauben zu retten. Damit lehnt Nursi gegenwärtig Sufiorden nicht ab, sondern verschiebt ihren Fokus von Ritualen zu Glaubenswahrheiten. Da der Glaube in der modernen Zeit angezweifelt wird, sollen die Glaubenswahrheiten, wie z.B. der Glaube an einen Schöpfer, an das Jenseits, an seine Botschaft, an seine Propheten, gelehrt werden.

Für Nursi ist der Sufismus von unschätzbarem Wert, doch sie muss in der heutigen Epoche neu gedacht werden. Die wahre Aufgabe dieses Weges liegt nicht in der bloßen Wiederholung alter Rituale, sondern darin, das Herz des Menschen zu ordnen, es zu einem lebendigen Ort der göttlichen Gegenwart zu machen. Dabei unterstreicht Nursi, dass eine spirituelle Reise nur dann von Bedeutung ist, wenn sie auf einer soliden Basis des bereits erforschten und verinnerlichten Glaubens fußt. Ohne einen fest verankerten Glauben und die gewissenhafte Ausführung der religiösen Pflichten verliert jede mystische Praxis ihre Kraft – ein Umstand, den Nursi mit scharfem Blick an die heutige Generation richtet.

Doch angesichts einer modernen Welt, in der die Bildungsinstitutionen zunehmend von weltlichen Ideologien dominiert und die religiöse Erziehung vernachlässigt wird, mahnt Nursi, dass es heute in erster Linie darum geht, die zerbrechlichen Fundamente des Glaubens zu stabilisieren. Die mangelnde Bereitschaft vieler Menschen, den gefestigten Glauben zu leben, macht es nahezu unmöglich, den alten Pfad der Sufiorden in seiner ursprünglichen Form zu bestreiten. Nursi macht eine kritische Bestandsaufnahme, die zum einen die erhabene Tradition der Sufi-Institutionen würdigt und zum anderen die dringende Notwendigkeit einer zeitgemäßen Erneuerung betont.

Dialog zwischen Tradition und Moderne

Indem Nursi die Herausforderungen der Zeit mit einer scharfsinnigen Analyse und einer tiefen Liebe zum wahren Glauben verbindet, zeigt er, dass wahre Mystik immer im Dialog zwischen alter Weisheit und den Realitäten der Gegenwart verwurzelt sein muss. Er führt vor Augen, dass das Herz, das einst in den stillen Räumen der Sufiorden zu leuchten begann, heute in den Stürmen einer globalisierten Welt den beständigen Impuls braucht, sich dem Göttlichen zuzuwenden. Nur durch diesen inneren Wandel, der sowohl die kritische Auseinandersetzung mit den eigenen Schwächen als auch die bewusste Wiederbelebung der spirituellen

130

Traditionen umfasst, kann der wahre Wert des Islams in seiner Essenz erhalten bleiben.

So präsentiert Nursi einen Sufismus, der in der Lage ist, die alten Institutionen und ihre unermessliche Bedeutung zu ehren, ohne in deren starre Formen zurückzufallen. Vielmehr soll der Sufismus der heutigen Generation als lebendiger Wegweiser dienen – ein Pfad, der dazu einlädt, den authentischen Glauben zu erforschen, ihn in jeder Faser des Seins zu verankern und so den Herausforderungen einer Welt zu begegnen, in der das Wahre und das Zeitlose immer stärker bedroht sind.

Fazit

Die Nursi'sche Synthese aus historischer Erfahrung und zeitgemäßer Notwendigkeit offenbart einen Weg, in dem die altehrwürdigen Werte des Islams nicht im Stillstand verharren, sondern sich zu einem dynamischen Impuls entwickeln, der den Gläubigen befähigt, inmitten moderner Verwirrungen den Pfad zur Rettung des Glaubens zu beschreiten. Dieses geistige Erbe ist ein Appell an alle, die in der heutigen Zeit nach Orientierung und innerer Stärke suchen – ein Appell, der die Vergangenheit ehrt, die Gegenwart herausfordert und die Zukunft mit dem Licht der wahren Erkenntnis erleuchtet.

Diese Reflexionen sind zugleich ein Spiegel der historischen Situation, in der Nursi lebte, und ein zeitloser Leitfaden für alle, die nach innerer Klarheit und spiritueller Erneuerung streben. Die politischen Umbrüche und gesellschaftlichen Veränderungen seiner

Zeit haben den Bedarf an einem tief verankerten Glauben, an einer inneren Stärke, die über das rein Materielle hinausgeht, noch verstärkt. In diesem Kontext wird der Sufismus, verstanden als ein Pfad der inneren Transformation, zu einem Rettungsanker in stürmischen Zeiten. Nursi zeigt auf, dass der Sufismus in seiner wahren Form die Fähigkeit besitzt, den Menschen in die Lage zu versetzen, den Herausforderungen der Gegenwart mit einem ruhigen, aber festen Vertrauen in die göttliche Führung zu begegnen.

Die fünf Gebetszeiten und ihre Bedeutung

Das fünfmal tägliche Gebet im Islam dient dem Lobpreis, der Verehrung und der Dankbarkeit gegenüber Gott. Indem man sich vor Gott beugt und niederwirft, drückt man seine Liebe zu ihm aus. Durch das Gebet erkennt man Gottes Herrlichkeit und Ehre an und dankt ihm für Seine grenzenlosen Gnadengaben.

Der Gottesdienst im Allgemeinen bedeutet, dass man sich seiner eigenen Fehler und Schwächen bewusst wird und gleichzeitig die Vollkommenheit und Macht Gottes erkennt. Man bekennt Seine Reinheit und Barmherzigkeit und sucht vertrauensvoll bei Ihm Zuflucht.

Der Islamgelehrte Said Nursi widmet sich in seinen Schriften der Frage nach der Weisheit in der Aufteilung der Gebete auf fünf festgesetzte Zeiten (2002d, S. 65ff). Er vergleicht die Abläufe der Gebetszeit mit einer Uhr und deutet darauf hin, wie jede Phase des Tages und des Lebens eine göttliche Weisheit und Ordnung widerspiegelt. Er nutzt diese Metapher, um den Menschen an die Allgegenwart und Majestät Gottes zu erinnern und ihn zur Reflexion über seine eigene Vergänglichkeit und Verantwortung anzuregen.

Die Analogie der Uhr, deren Zeiger miteinander verbunden sind, verdeutlicht die Abhängigkeit und Harmonie aller Dinge im Universum. Der Wechsel von

Tag und Nacht, die Jahreszeiten, die Generationen und sogar die großen Epochen der Menschheitsgeschichte spiegeln ein Zusammenspiel wider, das auf eine tiefere, göttliche Ordnung hinweist. Laut Nursi sind die Erscheinungen des Kosmos keine voneinander losgelösten Zufälle, sondern sprechen eine einheitliche Sprache, die den Menschen zu Gottes Erkenntnis führt.

Nursi betont, dass jede Gebetszeit einen Wendepunkt im Tagesablauf und der Jahreszeiten symbolisiert und die göttlichen Gnadengaben widerspiegelt, die in diesen Zeitspannen empfangen werden. Die Betrachtung der Tageszeiten wird zu einer Reise durch die Existenz. Sie erinnern an die Wunder der göttlichen Macht und die Gaben des Allbarmherzigen.

Das Morgengebet ist die Zeit, in der man sich nach dem Aufwachen der Gnade und Barmherzigkeit Gottes zuwendet und ihn um Hilfe für den bevorstehenden Tag bittet. Der Morgen mit seiner Frische und seinem Licht symbolisiert den Beginn von Schöpfung und Leben, erinnert an den Frühling und an die Zeit, als der Mensch noch im Mutterleib ruhte. Er verweist darauf, wie Gott das Leben aus dem Nichts hervorbringt. Diese Zeit mahnt den Menschen, über seine Anfänge nachzudenken und sich des Schöpfers bewusst zu werden.

Das Mittagsgebet bietet eine kurze Pause von der Arbeit, in der man sich von den vergänglichen Dingen der Welt lösen und sich auf die Gaben des wahren Gebers konzentrieren kann. Die Mittagszeit, wenn die Sonne im Zenit steht, repräsentiert Reife und Vollkommenheit. Sie ist ein Symbol für die Hochphase des Lebens, des Jugendalters, in der der Mensch seine Kraft und Fähigkeiten zur Gänze entfaltet. Gleichzeitig erinnert sie an die Zeit, in der der Mensch erschaffen wurde, und lädt ein, über die unermesslichen Segnungen und Barmherzigkeiten Gottes nachzudenken, die in dieser Lebensphase sichtbar werden.

Das Nachmittagsgebet erinnert an die Melancholie des Herbstes und die Vergänglichkeit allen Seins. Es ist die Zeit, in der man sich der unendlichen Güte und Barmherzigkeit Gottes zuwendet und Trost und Ruhe findet. Die Nachmittagszeit markiert den Übergang von Fülle zu Vergänglichkeit. Wie der Spätsommer, der den Herbst ankündigt, verweist diese Zeit auf das Nachlassen der Lebensenergie und die zunehmende Nähe zum Ende. In dieser Phase erinnert Nursi an die "Glückliche Zeit" des Propheten Muhammed (Friede sei mit ihm), eine Epoche, die für den Islam von entscheidender Bedeutung ist. Diese Erinnerung mahnt den Menschen, Gottes Führung und Gnade zu schätzen, besonders in Zeiten des Wandels.

Das Abendgebet erinnert an den Tod und den Abschied von den Lieben. Man dankt Gott für seine Gaben und bittet ihn um Rechtleitung auf dem Weg zur ewigen Glückseligkeit. Der Abend bringt den Abschied. Wie der Herbst die Natur auf den Winter vorbereitet, erinnert die Abendzeit an den Tod und die Endlichkeit aller Dinge. Sie fordert dazu auf, die eigene Vergänglichkeit zu akzeptieren und sich auf die Begegnung mit Gott vorzubereiten. In der Dunkelheit der Nacht schließlich erkennt Nursi die Symbolik des Todes und des Vergessens, doch auch die Hoffnung auf eine neue Morgendämmerung, die sinnbildlich für die Wiederauferstehung steht.

Das Nachtgebet schließlich ist die Zeit, in der man sich von der Welt abwendet und sich ganz auf die Gegenwart des Ewig-Angebeteten konzentriert. Man gedenkt seiner Größe und Majestät und bittet ihn um seine Barmherzigkeit und Führung. Die Mitternacht führt zur Reflexion über den Zustand der Seele nach dem Tod und die Notwendigkeit, sich der Barmherzigkeit Gottes anzuvertrauen. Das nächtliche Gebet (Tahajjud) wird in diesem Zusammenhang als ein Licht beschrieben, das die Dunkelheit des Grabes erhellt und den Gläubigen Hoffnung und Trost spendet.

Nursi schließt seinen Gedankengang mit einer hoffnungsvollen Perspektive. Der Morgen nach der Nacht und der Frühling nach dem Winter sind Sinnbilder für die Auferstehung und die Wiedervereinigung mit Gott. So sicher wie diese natürlichen Abläufe ist auch die Verheißung des Jenseits. Dieser Zyklus des Tages dient als beständige Erinnerung an die göttliche Macht und Weisheit, die alles durchdringt.

Die Pflicht des Menschen, wie Nursi betont, besteht darin, diese Zeichen zu erkennen und Gott durch Gebet und Dankbarkeit zu dienen. Die fünf täglichen Gebetszeiten, die mit den Wendepunkten des Tages korrespondieren, sind nicht nur Rituale, sondern tiefe Verbindungen zur göttlichen Ordnung, die den Menschen ermahnen, seinen Platz in diesem kosmischen Gefüge zu verstehen und zu schätzen.

Nursi verdeutlicht mit seinen Ausführungen die tiefe Weisheit, die in der Anordnung der fünf Gebetszeiten liegt. Sie sind nicht zufällig gewählt, sondern dienen sowohl der spirituellen Entwicklung des Einzelnen, als auch spiegeln sie die Ordnung und Harmonie des gesamten Kosmos wider.

Weisheiten des Fastens

Der Verzicht auf Essen und Trinken ist nicht das eigentliche Ziel des Fastens. Wenn sich Muslime im Ramadan von der Morgendämmerung bis zum Sonnenuntergang enthalten (saum), dann aus ganz anderen Gründen. Der Islamgelehrte Said Nursi (1876-1960) zählt hierzu 9 Weisheiten des Fastens auf, auf die hier kurz eingegangen werden soll.

1. Weisheit: Fasten als Dienerschaft

Das Fasten im Ramadan ist eine der wichtigsten Säulen des Islam und beinhaltet viele Vorteile für den Menschen und die Gesellschaft. Es zeigt die Größe und Gnade Gottes, indem es die Menschen dazu bringt, sich auf die göttlichen Wohltaten zu besinnen und dankbar zu sein. Im Ramadan versammeln sich die Menschen wie ein Heer und empfinden beim Fastenbrechen eine tiefe Ehrfurcht und Dankbarkeit gegenüber Gott.

Der Fastende erinnert sich dadurch an seinen Schöpfer. Er verzichtet, in dem er sagt: „Gott möchte es so, also mache ich es." Dadurch vergegenwärtigt er sich, dass alle Gaben vom Schöpfer kommen. Daher wartet man bis zum Sonnenuntergang auf seinen "Befehl", um diese Gaben zu kosten, und bringt damit seine Dienerschaft zum Ausdruck.

2. Weisheit: Fasten als Ausdruck der Dankbarkeit

Dankbarkeit ist eine grundsätzliche Pflicht des Menschen. Dabei ist die Dankbarkeit für die Wohltaten Gottes um so wichtiger. Gott legt und für all seine Gaben drei Verhaltensweisen nahe: Dhikr (Erwähnung seiner Namen), Fikr (Gedenken) und Schukr (Dankbarkeit).

Das Fasten im Ramadan lehrt uns diese Dankbarkeit und fördert sie. Im Ramadan versteht man den Wert von Dingen wie Brot besser und zeigt aufrichtige Wertschätzung. Es lehrt uns, den Wert einfacher Dinge zu schätzen. Das Fasten zeigt, dass die Wohltaten Gottes Geschenke sind.

Damit wird der Ramadan zu einer Zeit der kraftvollen Dankesbezeugung für die von Gott erhaltenen Gaben. Man erkennt den wahren Wert der Güter um uns herum. Außerhalb des Ramadans ist dies schwierig, weil man auf nichts verzichtet und alles als selbstverständlich wahrnimmt.

3. Weisheit: Funktion des Fastens im gesellschaftlichen Leben

Das Fasten im Ramadan fördert die Barmherzigkeit und den sozialen Zusammenhalt. Durch den selbst erlebten Hunger kann der Reiche den Schmerz des Armen verstehen und ihm mit mehr Mitgefühl helfen. So bildet die Liebe zum Mitmenschen die Grundlage für wahre Dankbarkeit gegenüber Gott.

Das soziale Empfinden wird dadurch im Ramadan gestärkt. Der Eifer, anderen zu helfen, nimmt zu. Der soziale Aspekt kommt zum Vorschein, in dem man Solidarität und Empathie mit Hungernden und Bedürftigen empfindet. Durch Spenden wie Zakat, Fitr, und Sadaka kommt es auch zu materieller Hilfe. Dadurch entwickeln sich Gefühle der Liebe, des Mitleids und der Zusammengehörigkeit.

4. Weisheit: Fasten als Selbstdisziplin

Das Fasten im Ramadan erzieht die Seele zur Demut und Dankbarkeit. Die Seele begreift im Ramadan, dass sie Gott gehört und ihm dienen muss. Sie erkennt, dass sie nicht der Eigentümer ist. Sie sieht ihre eigene Bedürftigkeit und die unzähligen Wohltaten Gottes, die sie zuvor ignoriert hat. So wird die Seele gezähmt und zu ihrer wahren Aufgabe, nämlich Dienerschaft und Dankbarkeit, erzogen. Selbstdisziplin, Willenskraft, Selbstbeherrschung und Achtsamkeit, Geduld und Ausdauer sind nur einige der Aspekte, die dadurch gefördert und entwickelt werden.

5. Weisheit: Fasten als Erziehung des Selbst

Der Mensch erkennt im Ramadan seine Schwäche und Bedürftigkeit. Er begreift, dass er vergänglich ist und auf Gottes Gnade angewiesen ist. Dadurch entsteht eine Charaktererziehung. Das Bewusstsein des Versorgtwerdens, die Dankbarkeit als auch die moralische Widerstandskraft werden durch das Fasten verstärkt. Man konzentriert sich auf das Wesentliche.

Man erhält die Gelegenheit, eine innere Abrechnung durchzuführen und neue Vorsätze für die nächste Zeit zu fassen.

6. Weisheit: "Monat des Koran"

Der Ramadan ist der Monat der Offenbarung des Korans. Durch Fasten und Enthaltsamkeit erreicht man einen engelsgleichen Zustand, der es ermöglicht, die göttliche Offenbarung, den Koran, auf die beste Weise zu empfangen. Durch Selbstbeherrschung, Enthaltung, das Bewusstwerden der eigenen Schwäche und der Abhängigkeit macht man eine spirituelle Erfahrung. Man erlangt einen intensiveren Zugang zum Koran.

So wird der Ramadan zu einer Zeit der Besinnung und des Gebets, in der die Welt des Islams zu einer riesigen Moschee wird. In den Moscheen weltweit wird der Koran im Ramadan gemeinsam durchgelesen.

7. Weisheit: Fasten als jenseitiger Handel

Der Mensch wird auf der Welt geprüft. Er hat eine gewisse Verantwortung und bereitet sich auf das Jenseits vor. Der Ramadan ist ein besonders fruchtbarer Monat für die spirituelle Entwicklung und den Handel mit dem Jenseits. Der Ramadan ist wie ein Fest des Allmächtigen Königs, an dem er seinen Untertanen besondere Gnade und Aufmerksamkeit schenkt. So werden gute Taten im Ramadan tausendfach belohnt, 1:1000, und am Laylat al-Qadr sogar 1:30000. Der Koran ist wie ein Baum, der im Ramadan Millionen ewiger Früchte hervorbringt.

Dabei hilft das Fasten, sich von den Verlockungen der Welt abzuwenden und einen engelgleichen Zustand zu erreichen. Daher ist der Ramadan auch eine Zeit der Reinigung und Erneuerung, in der man sich auf das Jenseits vorbereiten kann.

Durch zunehmende Achtsamkeit entwickelt man auch eine größere Aufmerksamkeit den Pflanzen und Tieren gegenüber, die uns zur Nahrung dienen, und werden an unsere Verantwortung ihnen gegenüber erinnert.

8. Weisheit: Fasten als eine materielle und geistige Diät

Der Körper ist ein Gut und Geschenk Gottes. Der Mensch ist für dieses anvertraute Gut verantwortlich. Das Fasten im Ramadan ist eine heilsame Diät für Körper und Geist. Es ist wie ein Ölwechsel für den Körper. Richtig durchgeführt, wirkt sie sich günstig auf das Körpergewicht und den Kreislauf aus. Es kann ein Hilfs- und Heilmittel für verschiedene Krankheiten sein und eine Umstimmung des Körpers bewirken. So schützt es vor Krankheiten und reguliert das Verdauungssystems. Die Seele gewöhnt sich an Disziplin und Gehorsam, stärkt Geduld und Ausdauer. Damit fördert das Fasten engelhafte und geistliche Freuden, Erleuchtung und Wohlbefinden.

Fastende erfahren im Ramadan Fortschritt in ihren feinfühligen Sinnen und geistlicher Freude. Die Seele wird gezähmt und die anderen Organe können ihre Aufgaben besser erfüllen.

9. Weisheit: Fasten lehrt die Herrschaft Gottes

Das Fasten im Ramadan bricht den tyrannischen Stolz der Seele und zeigt ihre Schwäche und Bedürftigkeit. Die Seele neigt zur pharaonengleichen Herrlichkeit und leugnet ihren Herrn. Der Hunger im Ramadan zerbricht diese Illusion und zeigt die wahre Natur der Seele: Diener und Geschöpf Gottes.

Eine Hadith-Erzählung veranschaulicht dies: Die Seele bekennt erst nach dem Erleben von Hunger ihre Unterordnung zu Gott. Das Fasten führt also zur Demut und Anerkennung der göttlichen Herrschaft.

Fazit: Das ideale Fasten

Laut Said Nursi birgt das Fasten also viele Weisheiten. Dabei beinhaltet das ideale Fasten neben dem Magen, auch alle anderen Sinne, wie das Auge, das Ohr, das Herz, die Phantasie und den Intellekt, einer Art Fasten zu unterziehen, d.h. diese dem unstatthaften und nutzlosen Handeln zu entziehen und jeden Sinn bei seinem speziellen Dienen zu motivieren.

Die Zunge vor einer Lüge, übler Nachrede und Schimpfwörtern zu bewahren heißt, sie fasten zu lassen. Die Zunge wird dann im Ramadan beschäftigt mit der Rezitation des Korans, dem Gedenken, Lobpreisen, Segenswunsch und mit der Buße.

Das Auge vom Betrachten des Illegitimen und das Ohr vom Lauschen des Schändlichen abzuhalten, ist ebenfalls eine Art des Fastens. Dafür wendet sich das Auge dem Lehrreichen hinzu und das Ohr richtet sich auf wahre Worte und die Rezitation des Korans.

Diese und andere Organe können im Ramadan besser fasten, da der Betrieb der größten Fabrik in uns, nämlich der Magen, einmal eingestellt wird. Die kleineren Anlagen können dem Fasten dann leichter folgenden. Dadurch erlangt der Fastende im Ramadan eine spirituelle Ebene, die er ohne die Enthaltung und den Verzicht wohl nicht erreichen würde.

144

Verschwendung, Nachhaltigkeit und Umweltschutz

Said Nursi verbindet spirituelle Ethik mit praktischer Lebensführung. Obwohl seine Texte primär theologische und moralische Fragen behandeln, lassen sich aus diesen auch zentrale Prinzipien für Nachhaltigkeit und Umweltschutz ableiten.

Theologische Grundlage: Verschwendung als Respektlosigkeit gegenüber der Schöpfung

So stellt Nursi Verschwendung als direkten Verstoß gegen göttliche Weisheit dar. Dabei zitiert er den Koransvers: „Esst und trinkt, aber seid nicht maßlos (verschwenderisch)! – Er (Gott) liebt nicht die Maßlosen" (Koran, 7:31) und stellt klar, dass dieser befiehlt, sparsam zu sein und Verschwendung verbietet. Sparsamkeit sei demnach eine Art der Dankbarkeit für die vielen Gaben Gottes und zeige Respekt vor der göttlichen Barmherzigkeit (Nursi, k.A.d, S. 275).

Indem der Mensch Ressourcen verschwendet, missachtet er laut Nursi den Schöpfer, der alle Gaben „mit Maß und Ziel" (vgl. Koran, 54:49) bereitstellt. Nachhaltigkeit wird somit zur religiösen Pflicht.

Der Körper als Metapher für ökologisches Gleichgewicht

Nursi vergleicht den menschlichen Körper mit einer wohlverwalteten Stadt: „Unser Geschmacks- und Geruchssinn in Mund und Nase gleicht einem Torwächter; die Nervenbahnen, die Venen und Arterien gleichen Telefon- und Telegrafenleitungen. Über diese Kommunikationswege stellen die Sinne eine Nachrichtenverbindung zum Magen in der Mitte des Leibes her und benachrichtigen ihn so über die in den Mund geratenen Dinge" (Nursi, k.A.d, S. 276). Jede Verschwendung bringt diese Stadt, dieses System durcheinander. Sie verdirbt den Appetit und führt zu verschiedenen Krankheiten.

Diese Analogie lässt sich auf die Natur übertragen: Jedes Element eines Ökosystems hat eine Funktion. Überkonsum stört das Gleichgewicht – ähnlich wie unkontrollierte Sinnesbefriedigung den Körper krank macht.

Spirituelle Dimension: Genuss im Dienst der Dankbarkeit

Für Nursi ist maßvoller Konsum kein Verzicht, sondern eine Form der Wertschätzung: „Für die Leute der Dankbarkeit [...] ist der Geschmacks- und Geruhssinn jedoch [...] gleich einem Küchenchef oder Inspektor in der Küche der göttlichen Barmherzigkeit" (Nursi, k.A.d, S. 278).

146

Ein bewusster und dankbarer Konsum steht hier also laut Nursi im Mittelpunkt – man könnte meinen ein Vorläufer des modernen Mindful Consumption.

Diese Dankbarkeit gegenüber den Gaben führt auch dazu, die Natur als göttliche Gabe wahrzunehmen. Dies wiederum fördert einen achtsamen Umgang mit dem Klima und der Umwelt.

Ökonomische Nachhaltigkeit: Sparsamkeit als Schutz vor Armut

Nursi betont die sozialen Folgen von Verschwendung: „Wer nicht auf Sparsamkeit achtet, ist ein Kandidat für den Bettelstab" (Nursi, k.A.d, S. 280). Damit symbolisiert er, dass ein Mensch, der nur nach Luxus und Reichtum strebt, irgendwann seine moralischen Werte aufgeben wird und alles tun wird (wie ein Bettler) um an Reichtum zu kommen. Doch Nursi erklärt, dass Geld, welches durch Würdeverlust erworben wird, ohne Segen ist (Nursi, k.A.d, S. 281). Eine solche Person wird also nie satt werden oder den inneren Frieden erreichen und somit geistlich und psychisch immer in der Armut leben.

Nursi verdeutlicht dies am Beispiel eines alten Mannes, der Dornsträucher mit Würde trägt und damit sein Geld verdient, statt Almosen oder Spenden anzunehmen. Hierbei wird klar: Nachhaltiges Wirtschaften bewahrt nicht nur Ressourcen, sondern auch menschliche Integrität.

Ethische Implikationen: Gerechtigkeit und Mäßigung

Nursi warnt vor der Illusion, dass Luxus Glück bringt: „Die Freude, die ein Armer auf Grund seines Hungers wie auch seiner Sparsamkeit aus einem Stückchen Brot schöpft, ist in der Tat größer, als die Freude eines Königs oder eines reichen Menschen, der in seiner Verschwendung ein Stückchen der allerfeinsten Köstlichkeiten müde und ohne jeden Appetit verspeist" (Nursi, k.A.d, S. 283).

Damit kritisiert er Konsumgesellschaften, indem er wahre Bedürfnisse des Menschen von künstlichen, z.B. durch Gier und Kapitalismus erzeugten, trennt. Sein Appell zur Genügsamkeit: Beschränkt eure Bedürfnisse auf das Wesentliche! Dies entspricht dem Nachhaltigkeitsprinzip "Reduce, Reuse, Recycle".

Aktualität für den Umweltschutz

Obwohl Nursi nicht explizit ökologische Themen erwähnt, liegt seinem Denken ein systemischer Respekt vor der Schöpfung zugrunde: Ressourcenverantwortung: „Esst und trinkt, aber seid nicht maßlos (verschwenderisch)!" (Koran, 7:31) wird zum Leitmotiv gegen Lebensmittelverschwendung.

Das islamische Verständnis der Schöpfung ist tief mit dem Konzept der Verantwortung und Dankbarkeit verbunden. Der Muslim betrachtet die Natur als ein göttliches Geschenk, das mit Achtsamkeit und Respekt behandelt werden muss. Daher sah Nursi Verschwendung nicht nur als materielle Achtlosigkeit, sondern auch als moralisches Problem, das auf Undankbarkeit gegenüber dem Schöpfer hinweist. Jeder Mensch sei dazu aufgerufen, die ihm anvertrauten Gaben – seien es Nahrungsmittel, Wasser oder andere Ressourcen – mit Bedacht zu nutzen und für kommende Generationen zu bewahren.

In diesem Sinne kann sein Denken als eine spirituelle Grundlage für ökologisches Bewusstsein verstanden werden, das nicht auf bloßer Nützlichkeit, sondern auf einer tiefen Wertschätzung der Schöpfung als Zeichen göttlicher Weisheit beruht.

Fazit

Said Nursi bietet damit eine ganzheitliche Ethik, die Verschwendung als spirituellen, ökonomischen und sozialen Fehler begreift. Seine Betonung von Mäßigung, Respekt vor natürlichen Grenzen und sozialer Verantwortung liefert bis heute relevante Impulse für Nachhaltigkeitsdebatten – insbesondere in einer Zeit, die nach Alternativen zur Konsumgesellschaft sucht.

Tierschutz und Tierliebe

Der Islamgelehrte Said Nursi betrachtete Tiere als Kunstwerke des Schöpfers. Er sah sie als Beamten Allahs an, die ihn ständig gedenken. In diesem Sinne gab er ihnen eine große Wertschätzung. Er sah kein Recht des Menschen darin, Tiere zu stören oder gar ihnen das Leben zu nehmen.

In seinen Werken gab er immer Bespiele mit Tieren. Tiere, die in den Schriften von Said Nursi vorkommen, sind z.B. Adler, Affe, Ameise, Biene, Elefant, Falke, Fisch, Fledermaus, Fliege, Floh, Fuchs, Gazelle, Gecko, Grashüpfer, Hahn, Huhn, Hund, Insekt, Kamel, Katze, Löwe, Maus, Mücke, Nachtigall, Nashorn, Ochse, Papagei, Pfau, Pferd, Schaf, Schlange, Seidenraupe, Skorpion, Sperling, Spinne, Star, Star, Strauß, Taube, Tiger, Vogel, Wolf, Ziege.

Ameisen

Wenn Said Nursi Ameisen sah, gab er ihnen immer Brot, Weizen und Zucker (Band 2, S. 337). Wenn er gefragt wurde, warum er ihnen Zucker gibt, antwortete er lächelnd: „Das soll ihr Tee werden" (Şahiner, 1993, Band 3, S. 405).

Während der Zeit, die Nursi im Mausoleum verweilte, brachte sein kleine Bruder Mehmed ihm das Essen. Nursi gab die Körner des Essens den Ameisen, die sich rund um die Kuppel einfanden, und begnügte sich selbst damit, das Brot in die Soße des Essens einzutauchen. Gefragt, warum er die Körner den Ameisen gibt, gab er zur Antwort: „Ich habe sie bei ihrer Arbeit beobachten können und herausgefunden, dass sie ein Gemeinschaftsleben besitzen und außerordentliche Treue zur Pflichterfüllung und möchte sie zur Belohnung für ihre Liebe zur Republik unterstützen" (k.A.b, S. 60).

Er erlaubte es niemanden Ameisen oder andere kleine Tiere zu töten (Şahiner, 1993, Band 4, 295). Manchmal, wenn er Ameisen sah, oder wenn seine Schüler einen Stein anhoben und eine Ameise darunter hervorkam, ließ er die Steine wieder zurücklegen. Er sagte dann: „Stört nicht den Komfort der Tiere" (Şahiner, 1993, Band 1, S. 61).

Said Nursis Schüler Molla Hamid Ekinci berichtet von einer weiteren Begebenheit mit Ameisen. Als sie auf dem Berg Erek waren und es langsam kalt und regnerisch wurde, suchten sie sich einen Platz zum Zeltaufschlagen. Dabei entdeckten sie einen Ameisenhaufen. Nursi wollte daraufhin das Zelt nicht auf diesem Platz aufschlagen. Als Begründung sagte er: „Man kann nicht ein Haus errichten, in dem man ein Haus zerstört. Zerstört das Haus der Ameisen nicht." Daraufhin suchten sie sich einen anderen Platz. Doch auch da war ein Ameisenhaufen zu sehen. Noch einmal wechselten sie den Platz und auch hier waren wieder Ameisen zu finden. Sie fanden kein Platz ohne Ameisen auf dem Berg, so sagte einer der Begleiter: „Wenn das so weitergeht, werden wir den ganzen Tag suchen müssen." Also schlugen sie letztendlich an einem Ort ihr Zelt auf, ohne Nursi etwas zu sagen (Şahiner, 1993, Band 3, S. 404ff).

Fliegen

Als Said Nursi zu Unrecht im Gefängnis saß, gab es kleinere solcher Erlebnisse bezüglich Fliegen. Als im Gefängnis Fliegengift versprüht wurde, um sich vor einer Fliegenplage zu schützen, hatte Nursi Mitleid mit den Fliegen. Er bedauerte ihre Situation und befürwortete die Besprühung nicht (Nursi, 2006, S. 5-6; Şahiner, 1993, Band 3, S. 252).

Zudem gab es in seiner Zelle eine Wäscheleine, worauf sich die Fliegen setzten. Immer, wenn jemand Wäsche aufhängen wollte, sagte Nursi, dass man die Fliegen nicht stören soll und daher eine andere Wäscheleine nutzen solle (Nursi, 2006, S. 5-6).

Wenn seine Schüler versuchten, Fliegen nach draußen zu treiben, war Nursi dagegen. Er erwiderte dann: „Die Fliegen sind schon kurzlebig, die werden morgen sterben. Sie sind meine Freunde der Nacht" (Şahiner, 1993, Band 3, S. 252).

Vögel

Wenn er Vögel sah, unterhielt er sich mit ihnen (Şahiner, 1993, Band 2, S. 337) und stellte Futter für sie hin (Şahiner, 1993, Band 1, 165).

Eines Tages, als Nursi vom Berg Çam nach Barla zurückkehrte, schlugen Vögel und ein großer Adler über ihn mit ihren Flügeln. Nursi interpretierte dies als einen Gruß und winkte daher mit einem Taschentuch zurück. Die Vögel folgten ihm den ganzen Weg vom Berg Çam bis in die Nähe von Barla (Şahiner, 1993, Band 1, 154).

Pfauen

Auf einem Bauernhof, dass Nursi besuchte, gab es bunte Pfaue. Als er die Vögel sah, interessierte er sich sehr für sie. Er bewunderte sie und betrachtete sie mit Freude und Frieden. Dann wandte er sich an seine Schüler und drückte seine Gefühle aus: „Ich habe diese Vögel in den Risale-i Nur Werken erwähnt". Dabei wies er auf die göttliche Kunst in ihnen hin. Danach gab er dem Besitzer der Vögel Geld und sagte ihm, er solle mit diesem Geld Futter für die Vögel kaufen (Şahiner, 1993, Band 2, 102).

Schlangen

Als einer seiner Schüler eines Tages ein Stein auf eine Schlange werfen wollte, damit dieser sie nicht belästigt, sagte Nursi: „Was machst du da? Keine Steine. Lass die Schlange kommen, lass sie kriechen. Sie wird schon nichts antun. Wir dürfen nicht einmal winzige Ameisen oder ähnliche kleine Tiere töten. Es ist uns nicht gestattet, Lebewesen zu töten" (Şahiner, 1993, Band 4, 295).

Hunde

Eines Tages, als einige Personen über einen Hund redeten, riet ihnen Said Nursi: „Lästert nicht über den Hund" (Şahiner, 1993, Band 3, S. 395). Mit seinem Feingefühl setzte er sich so für die Rechte der Tiere ein.

Wenn er einen Hund auf der Straße sah, sagte er zu seinen Schülern: „Das sind sehr treue Tiere. Ihr Laufen und Heulen ist eine Bestätigung für ihre Loyalität" (Şahiner, 1993, Band 1, 61).

Am Tag des Frühlingsbeginns erzählte er seinen Schülern von der Bedeutung des Tages und sagte: „Heute ist der Feiertag aller Lebewesen." Dabei verteilte er Brotstücke an die Hunde auf dem Lande. „Heute hat auch dieser Hund einen Anteil an diesem Fest. Der Frühling ist ein Fest für alle Lebewesen. Lasst uns auch an ihrem Fest teilnehmen" (Şahiner, 1993, Band 2, S. 101).

Mäuse

Er stellte auch Futter für Mäuse in die Schränke (Şahiner, 1993, Band 1, S. 150).Manchmal guckte eine Maus aus einem Loch in Said Nursis Zimmer heraus. Nursi legte dann ein Stück von dem, was er gerade aß, neben das Mauseloch, und die Maus fraß es. Was auch immer er selbst aß, bot er der Maus an und sagte: „Er lehrt mich eine Lektion" (Şahiner, 1993, Band 2, S. 488).

154

Wenn Mäuse auftauchten, sagte er zu den Katzen: „Rührt sie nicht an." Und tatsächlich, die Katzen rührten sie nicht an (Şahiner, 1993, Band 1, S. 137).

Schildkröten

Wenn er eine Schildkröte sah, interessierte er sich sehr für sie und sagte: „Wie schön wurde sie erschaffen. Ich sehe darin eine Kunst, die nicht schlechter ist als bei Menschen" (Şahiner, 1993, S. 61).

Katzen

Said Nursi hatte zwei Katzen. Wenn es Nahrungszeit war, gab er erst den Katzen Futter, und er selbst aß später (Şahiner, 1993, Band 1, S. 150, 165).

Er ging davon aus, dass nicht er ein Segen für die Katzen war, sondern die Katzen für ihn (Şahiner, 1993, S. 137). Er nahm sie als ein Segen Gottes wahr: „Nicht nur die Nahrung der alten Verwandten, sogar auch die mancher Tiere wie Katzen, die dem Menschen als Freund gegeben wurden und deren Nahrung innerhalb der Versorgung der Menschen gesandt wird, kommt in Fülle. Ein Beispiel, das dieses bestätigt und welches ich erlebt habe: Meine nächsten Freunde wissen auch: Vor zwei, drei Jahren hatte ich jeden Tag ein halbes Brot - das Brot in diesem Dorf war damals klein - als Ration, die mir meistens nicht ausreichte. Dann kamen zu mir vier Katzen als Gäste. Dieselbe Ration reichte sowohl für mich als auch für sie. Meistens blieb noch etwas übrig. Es wiederholte sich dieser Umstand dermaßen oft, dass ich zu der

Überzeugung gelangte, ich hätte einen Nutzen aus der Segensfülle der Katzen. Mit fester Überzeugung gebe ich bekannt: Sie waren mir keine Last und mir gegenüber keinen Dank schuldig, sondern ich war ihnen zu Dank verpflichtet" (Nursi, k.A.f, S.480).

Zudem erwähnt er, dass Katzen nicht undankbar sind, wie in einigen Kulturen angenommen wird, sondern, ganz im Gegenteil, den wahren Spender der Gaben erkennen und nur ihm als dem Schöpfer danken: „Ich betrachtete sogar einmal die Katzen. Sie aßen ihre Speisen, spielten und schliefen. Ich dachte: ´Wie kann man diese kleinen Raubtiere, die keine Pflichten haben, für gesegnet halten?´ Später, in der Nacht legte ich mich hin, um zu schlafen. Ich merkte, eine von diesen Katzen kam und schmiegte sich an mein Kissen an. Sie legte ihren Kopf nahe an mein Ohr. Eindeutig rief sie ´oh Barmherziger (ya Rahim), oh Barmherziger, oh Barmherziger, oh Barmherziger´, als wiese sie den Einspruch und die Herabschätzung in meinen Gedanken im Namen ihrer Gattung zurück und hielte sie mir vor. Ich fragte mich, ob dieser Ausruf nur dieser einen Katze zu Eigen war oder ihrer ganzen Gattung im Allgemeinen, und ob ihn zu hören, nur mir, der ich ungerecht urteilte, möglich war, oder ob jeder andere, der ein wenig darauf achtete, gewissermaßen dasselbe hören könne? Später, am Morgen hörte ich die anderen Katzen. Nicht so klar wie diese eine in der Nacht, doch auch sie wiederholten denselben Ausruf mit unterschiedlicher Deutlichkeit. Anfänglich hörte man ihr Schnurren, erst dann bemerkte man den Ausruf ´oh Barmherziger (ya Rahim)´. Allmählich wurde ihr Murren und Schnurren ein ´ya

156

Rahim´. Es wurde eine melancholische Rezitation, leise, gleichsam flüsternd, aber dennoch verständlich. Sie schlossen ihr Maul und rezitierten auf Schönste ´ya Rahim´. Ich erzählte das den Mitbrüdern, die mich besuchten. Auch sie achteten darauf und sagten: ´In gewissem Grade hören wir es.´ Dann kam es mir in das Herz: ´Woran liegt es, dass sie nur diesen Namen ausrufen? Warum rezitieren sie mit menschlicher Zunge und nicht in der Sprache der Tiere?´ Mir kam ins Herz: Diese Tiere sind wie Kinder verpäppelt und verwöhnt und ein Freund des Menschen, der mit ihm zusammen lebt. Deswegen bedürfen sie besonders der Liebe und Barmherzigkeit. Sie freuen sich, wenn sie gestreichelt werden. Als Dank für diese Zuwendung lassen sie, anders als die Hunde, die Ursachen außer Acht und machen die Barmherzigkeit ihres barmherzigen Schöpfers in ihrer Welt bekannt. Dadurch ermahnen sie die Menschen, die im Schlaf der Gottvergessenheit sind, und sie erinnern die Ursachenanbeter mit dem Ausruf ´oh Barmherziger´, von wem die Hilfe kommt und von wem man Barmherzigkeit erwarten soll" (Nursi, k.A.c, S.580).

Jäger

Wenn Nursi Jäger auf dem Lande sah, sagte er: „Schießt nicht auf Kaninchen und Rebhühner. Verletzt keine anderen Tiere" und gab diesbezüglich Ratschläge. Er verbot sogar vielen Menschen die Jagd (Şahiner, 1993, Band 1, S. 61).

Fazit

Said Nursi maß Tieren einen hohen Stellenwert bei und betrachtete sie als "Kunstwerke des Schöpfers" und "Beamte Allahs", die Ihn ständig ehren. Er lehnte es ab, Tiere zu stören oder ihnen gar das Leben zu nehmen. Er gab ihnen große Beachtung und schützte sie in enormer weise.

Insgesamt zeigt sich ein umfassendes Bild von Said Nursis tiefer Wertschätzung für Tiere und seinem Bestreben, ihr Wohlergehen zu schützen. Er sah in ihnen nicht nur Geschöpfe Gottes, sondern auch Lehrer und Mahner für den Menschen.

Musikverständnis im Islam

In einer Welt, die von TikTok-Videos, algorithmusgesteuerten Trends und endlosen Scrollbewegungen geprägt ist, wird das Denken oft auf simple Reaktionsmuster reduziert. Daumen hoch oder runter, ja oder nein, haram oder halal. Besonders in den sozialen Medien, wo Aufmerksamkeit zur Währung geworden ist, werden komplexe Fragen auf kurze Slogans und provokative Aussagen zusammengestampft. Was bleibt, ist eine Gesellschaft, die sich zunehmend nach Klarheit sehnt, aber kaum noch Raum für Nuancen lässt. Der Islam, eine Religion mit über 1400 Jahren intellektueller Geschichte, theologischer Tiefe und kultureller Vielfalt, wird in diesem Kontext häufig auf Schlagworte reduziert. Eine dieser oft falsch behandelten Fragen lautet: Ist Musik im Islam erlaubt?

Doch so einfach lässt sich die Frage nicht beantworten. Denn der Islam war nie eine Religion der Pauschalurteile. Vielmehr lädt er den Menschen zur Reflexion, zur Kontextualisierung und zur Abwägung ein. Auch in der Frage nach der Musik liegt die Wahrheit nicht in einem schnellen „Ja" oder „Nein", sondern in einem differenzierten Blick auf Absicht, Inhalt, Wirkung und Umstände.

Die theologische Spannbreite und ihre Wurzeln

Wer in den klassischen islamischen Quellen blättert, entdeckt keine einheitliche, dogmatisch festgelegte

Haltung zur Musik. Es gibt Überlieferungen, in denen Musik kritisch betrachtet wird, etwa wenn sie mit Ausschweifung, Rausch oder moralischer Entgrenzung in Verbindung steht. Doch es gibt ebenso Überlieferungen, in denen Gesang, insbesondere in festlichen oder spirituellen Kontexten, erlaubt oder sogar gelobt wird.

Die Gelehrten, die sich über Jahrhunderte mit dieser Frage befasst haben, kommen daher zu verschiedenen Schlussfolgerungen. Einige sehen in Musik grundsätzlich eine Gefahr für Herz und Geist, wenn sie zur Ablenkung von Gottesgedenken führt. Andere erkennen in der Musik ein Werkzeug, das je nach Gebrauch zur Sünde oder zur Spiritualität führen kann. Wie bei allen Dingen, geht es also nicht allein um das Medium selbst, sondern um das, was es im Menschen bewirkt.

Zwischen Verbot und Erlaubnis liegt die Verantwortung

Musik ist kein Selbstzweck. Sie wird nicht losgelöst betrachtet, sondern stets in ihrem Zusammenhang. Wenn Musik Inhalte transportiert, die zur Unmoral anstiften, den Menschen seiner Selbstverantwortung berauben oder den Glauben schwächen, wird sie zu einem Problem. Dann ist es nicht die Melodie, die kritisiert wird, sondern das, was sie auslöst. Wenn jedoch Musik zur Erbauung dient, die Seele beruhigt, zum Nachdenken anregt oder gar die Gottesnähe fördert, verändert sich die Bewertung. Auch hier ist es kein Automatismus, sondern ein Ergebnis bewusster Auseinandersetzung.

Es gibt muslimische Mystiker, die die Musik als Brücke zur spirituellen Erfahrung betrachten. Für sie kann ein Lied, das mit ehrlicher Absicht gesungen wird, das Herz aufschließen, wie es Worte allein nicht vermögen. In diesen Kreisen ist Musik Teil des Dhikr, des Gedenkens an Gott. Für andere wiederum ist Stille die größere Lehrerin, weil sie Klarheit und Konzentration ermöglicht. Beides hat seinen Platz, wenn der Kontext stimmt.

Die Einteilung Ghazali: Eine geistige Orientierungshilfe

Ein besonders wegweisender Zugang zum Musikverständnis im Islam stammt von Ghazali, einem der bedeutendsten islamischen Gelehrten des 11. Jahrhunderts. In seinem Werk "Iḥya al-ʿUlum ad-Din" widmet er sich auch der Frage nach der Musik (Al Ghazali, k.A., Band 2, S. 279, 281). Statt in Extremen zu urteilen, gliedert er sie in drei Kategorien: haram, makruh und mubaḥ – also verboten, verpönt und erlaubt. Diese Einteilung zeigt, wie feinfühlig der Islam mit dem menschlichen Erleben umgeht.

Für Ghazali ist Musik dann haram, wenn sie die niederen Triebe anregt, wenn sie das Ego stärkt, Begierden entfacht oder zu moralischem Verfall führt. Musik, die das Herz vom Gedenken Gottes ablenkt und das Ich ins Zentrum rückt, verfehlt nach seiner Auffassung ihren Zweck. Sie schadet nicht nur der inneren Disziplin, sondern auch dem spirituellen Wachstum.

Makruh ist Musik für Ghazali, wenn sie zur Gewohnheit wird und den Menschen vereinnahmt. Wer einen Großteil seiner Zeit damit verbringt, sich der Musik hinzugeben, verliert den Blick für die eigene Verantwortung. Die Gefahr liegt nicht in der Musik selbst, sondern im übermäßigen Konsum. Denn was das Herz fesselt, das beginnt es zu formen. Wenn Musik zur Flucht vor der Wirklichkeit wird, rückt sie in den Bereich des Verpönten.

Mubaḥ, also erlaubt, ist Musik für Ghazali dann, wenn sie edle Eigenschaften weckt. Wenn sie zu Mitgefühl, Besinnung, Dankbarkeit oder innerem Frieden führt, wird sie zum Mittel des Guten. In diesem Fall ist Musik nicht bloß Unterhaltung, sondern ein Impuls zur Veredelung des Charakters. Sie wird zum Spiegel dessen, was im Menschen bereits angelegt ist, und bringt es behutsam zum Vorschein.

Diese Einteilung Ghazalis fordert keine blinden Regeln, sondern eine bewusste Auseinandersetzung. Sie erkennt an, dass Musik kein neutraler Klang ist, sondern eine Kraft, die sowohl heilen als auch schaden kann. Und sie erinnert daran, dass nicht der Ton sündig ist – sondern das, was er im Herzen auslöst.

Said Nursis spirituelle Deutung von Musik und Klang

Ähnlich sieht es auch der Islamgelehrte Said Nursi. Zunächst macht er deutlich, dass das Hören im Allgemeinen eine Gabe Gottes ist: „[…] Eine sehr große Gnadengabe […], die mit dem Hören verbunden ist. Ja, der Mensch hört sogar, wenn er durch das Licht des Glaubens erleuchtet ist, die inneren Klänge, die aus der Schöpfung zu ihm kommen. Man nimmt das Gedenken und die Lobpreisungen wahr, die sie in der Sprache ihres Zustandes darbringen. Ja, im Lichte des Glaubens hört der Mensch sogar den Gesang der Winde, die Donnerstimme der Wetterwolken, die Melodien der Wellen des Meeres und dergleichen mehr und vom Regen, von den Vögeln und anderen dergleichen Arten, Worte des Herrn und erhabene Lobpreisungen, so als wäre die Schöpfung eine göttliche Musikkapelle. Mit den verschiedensten Stimmen und vielen unterschiedlichen Gesängen erwecken sie in den Herzen eine Sehnsucht und Liebe zum Herrn, wodurch Herz und Seele in lichtvolle Welten geführt, ihnen einzigartige spiegelbildliche Tafeln gezeigt und somit diese Seelen und Herzen in Genüsse und Freuden eingetaucht werden" (Nursi, k.A.e, S. 136ff). Nursi beschreibt hier die Fähigkeit des gläubigen Menschen, durch den Glauben eine tiefere, spirituelle Dimension des Hörens zu erlangen. Im Licht des Glaubens wird das Hören zu einer Gnadengabe, mit der man nicht nur äußere Töne, sondern auch die verborgenen "Stimmen" der Schöpfung wahrnehmen kann. Alles in der Natur – Wind, Regen, Vögel, Meer, Donner – wird zu einem Lobpreis Gottes. Die Schöpfung erscheint wie eine göttliche Musikkapelle, deren Gesänge die Herzen der Gläubigen berühren, sie in spirituelle Freude versetzen und ihre Seelen zu höheren, lichtvollen Welten erheben. Nursi macht deutlich: Der Glaube verleiht dem Menschen ein spirituelles Gehör, mit dem er Gottes Zeichen in der Welt hörend erfahren kann.

Doch durch die Leugnung Gottes wird diese Gabe des Hörens verschwendet oder nicht seinem Sinn entsprechend genutzt: „Wessen Ohr jedoch durch seine Leugnung verstopft ist, dem bleiben diese freudigen, spirituellen, hohen Klänge verschlossen. Die Stimmen, die sonst so freudig bewegen, verwandeln sich ihm in einen Klagegesang. Im Herzen erwachsen ihm durch seinen Mangel an Freunden anstelle dieser erhabenen Sehnsüchte nur ewige Waisenkinder und in der Abwesenheit seines Herrn nur grenzenlose Einsamkeit und eine grenzenlose Fremde" (Nursi, k.A.e, S. 137). Hieraus leitet Nursi ab, welche Art von Musik im islamischen Sinne nützlich und verboten ist: „Aus diesem Geheimnis sind […] einige Klänge (Musik) erlaubt, andere jedoch verboten. Stimmen, die eine erhabene Sehnsucht und Liebe zum Herrn erwecken, sind in der Tat erlaubt. Stimmen, die hingegen die Traurigkeit eines Waisenkindes und die Wollust der Begierde erwecken, sind jedoch verboten. Darüber hinaus müssen all diejenigen Dinge, über welche die Rechtsfindung nichts bestimmt hat, je nach ihrer Wirkung auf Geist und Seele beurteilt werden" (Nursi, k.A.e, S. 137). Dass heißt, auch Nursi schaut auf den Kontext der Musik. Was macht es mit einem Menschen? Löst es positive Gefühle aus oder negative?

Das Herz als Maßstab

Im Islam ist das Herz nicht bloß ein biologisches Organ, sondern Zentrum der spirituellen Wahrnehmung. Viele Gelehrte lehren, dass das, was das Herz krank macht, gemieden werden soll. Und was es heilt, soll genährt werden. Diese Sichtweise erlaubt, wie bei Ghazali und Said Nursi, keine pauschalen Urteile über Musik. Denn ein Lied kann für den einen ein Weg zur inneren Ruhe sein und für den anderen ein Anlass zur Rebellion gegen das Gewissen. Genau hier zeigt sich die Tiefe der islamischen Ethik: Sie überlässt die Entscheidung nicht allein der Äußerlichkeit, sondern bezieht das Innere mit ein. Die Absicht, die Wirkung, die Umstände – all das zählt.

Ein Plädoyer für differenziertes Denken

In Zeiten digitaler Vereinfachung braucht es mehr denn je Stimmen, die sich der Tiefe verpflichtet fühlen. Wer nach islamischer Sicht auf Musik fragt, darf keine Schwarz-Weiß-Antwort erwarten. Die Realität ist bunter, komplexer und vor allem menschlicher. Sie erfordert Reflexion und innere Reife. Der Islam lädt den Menschen ein, Verantwortung zu übernehmen für das, was er konsumiert, was er fördert und was er sich ins Herz lässt. Musik kann eine Brücke oder eine Mauer sein. Entscheidend ist, wie sie wirkt und wozu sie führt. Statt also mit dem Zeigefinger zu urteilen, wäre es klüger zu fragen: Was macht diese Musik mit mir? Führt sie mich zu mehr Achtsamkeit, zu mehr Dankbarkeit, zu mehr Liebe? Oder entfremdet sie mich von mir selbst und meinem Schöpfer? Diese Fragen sind nicht nur islamisch, sie sind zutiefst menschlich. Und vielleicht liegt genau in dieser Art des Fragens das, was wir in dieser lauten, schnellen Welt am meisten brauchen: eine Rückkehr zur Besonnenheit.

Risale-i Nur als Tafsir

In der islamischen Theologie gab es schon immer die Tradition des Tafsirs. Tafsir ist die Kommentierung, Auslegung, Interpretation des Korans. Sie wird also verfasst, um den Koran oder bestimmte Koranverse besser zu verstehen.

So gab es in der islamischen Geschichte sehr viele Tafsirs. Der Grund für diese Vielfalt ist, dass jedes Tafsir den Koran aus einem anderen Blickwinkel betrachtet und auch eine zeitgemäße Interpretation des Korans darstellt. Das heißt nicht, dass sich der Koran mit der Zeit verändert, sondern dass gesellschaftliche und technische Veränderungen einen neuen Zugang zum Koran zulassen, so dass man durch neue Erkenntnisse bestimmte Verse besser verstehen kann als z.B. vor 500 Jahren.

Verschiedene Arten von Tafsirs

Auch der Islamgelehrte Said Nursi verfasste ein Tafsir-Werk, namentlich Risale-i Nur. In seinem ca. 6000 seitigen Tafsir kommentierte Said Nursi jedoch nicht jeden einzelnen Koranvers, sondern beschränkte sich auf bestimmte Koranverse, allen voran Koranverse, die sich mit den Glaubenspfeilern (z.B. Existenz Gottes, Offenbarungen, Prophetentum, Jenseits) beschäftigten.

Diese Art von Tafsir ist nicht neu und gibt es auch nicht seit Said Nursi. Schon immer gab es zwei Arten von Tafsirs. Die eine Art interpretierte jeden Koranvers der

Reihe nach und die zweite Art interpretierte nur bestimmte Koranverse. So kann z.B. auch eine längere Arbeit über ein einzelnes Koranvers als Tafsir bezeichnet werden (z.B. einzelne Werke von Ghazali oder Rabbani). Auch dies gibt es in der Gegenwart zu genüge.

Said Nursi geht in seinen Werken ebenfalls auf die unterschiedlichen Arten von Tafsir ein und erläutert, warum die Risale-i Nur auf die zweite Art geschrieben wurde: „Es gibt nämlich zwei Arten Korankommentare. Die erste ist die altbekannte Art Kommentare, wobei die Redewendungen im Koran und die Bedeutung seiner Worte und Sätze festgestellt, erklärt und erläutert werden. Was aber die zweite Art Kommentare betrifft, so stellt sie mit machtvollen Argumenten die Glaubenswahrheiten im Koran fest, erklärt und erläutert sie. Diese Art ist von sehr großer Bedeutung. Die allgemein bekannte Auslegung fasst manchmal diese Art kurz zusammen. Doch die Risale-i Nur betrachtet diese zweite Art als die unmittelbare Grundlage und ist eine spirituelle (auf der Wahrheit des Koran basierende) Auslegung, die auf beispiellose Weise (Leugner) zum Schweigen verurteilt" (Nursi, k.A.a, S. 872; vgl. Nursi, 2000b, S. 368). Laut Nursi geht die erste Art von Tafsir nicht tiefgründig auf die Glaubenswahrheiten ein, sondern betrachtet sie nur kurz oder oberflächlich. Dies würde auch den Rahmen dieser Tafsirs sprengen. Daher hat sich Said Nursi der Auslegung von Glaubenswahrheiten gewidmet, um sie einerseits zeitgemäß zu bestätigen und andererseits zu verteidigen.

Auch die Schüler von Said Nursi nehmen die Werke von Said Nursi auf diese Art und Weise wahr und argumentieren deshalb ähnlich: „Die Risale-i Nur ist ein wahrhaftiger Kommentar des allweisen Koran. Die einzelnen Ayat wurden nicht der Reihe nach kommentiert, vielmehr wurden jene Ayat ausgewählt, welche die Glaubenswahrheiten erklären und auf die Probleme der Zeit eine Antwort geben. Es gibt zweierlei Arten der Auslegung (Tafsir): zum ersten werden die einzelnen Wörter und Ausdrücke kommentiert; zum zweiten wird die Bedeutung und der Glaubensinhalt der Ayat erklärt und bewiesen" (Nursi, k.A.b, S. 237). Sie sind der Meinung, dass die Risale-i Nur als Tafsir Antworten auf die Fragen der Gegenwart gibt.

An anderer Stelle stellen die Schüler Sadi Nursis noch einmal die Besonderheiten dieser Art des Tafsirs in den Fokus: „Es gibt zwei verschiedene Arten Kommentare (Tafsir). Die erste: die bekannte Art Tafsir: die Ausdrücke, Wörter und Sätze im Koran werden erklärt, erläutert oder bewiesen. Die zweite Art Tafsir aber ist die: die Glaubenswahrheiten im Koran werden mit unumstößlichen Beweisen erklärt, erläutert und bewiesen. Diese Art hat eine ganz besondere Bedeutung. Die oben angeführte bekannte erste Art Tafsir fügt nur manchmal ganz kurz eine Erklärung bei. Doch die Risale-i Nur hat sich die zweite Art von Grund auf zum Prinzip gemacht und ist so in beispielloser Weise ein geistlicher Tafsir, der selbst auch (Leugner) Schweigen bringt. Die Risale-i Nur ist ein Gesamtwerk, das in seiner Denkweise frei ist von persönlichen Betrachtungen, wodurch der Koran, der unser heiliges Buch ist, in jedem

Jahrhundert Millionen Menschen seine Wahrheiten auf eine objektive und vernünftige Weise erklärt und so der Menschheit zum Nutzen dient. Die Risale-i Nur […] (ist) ein Beweis für die Wahrheiten des Glaubens und der Einheit Gottes, dem Verständnis einer jeden Volksschicht entsprechend angelegt, zieht auch die Naturwissenschaften mit in Betracht, […] spricht alle Menschen an, von den einfachen, ungebildeten bis zu den hochgebildeten und gelehrten, […] gibt auf die Bedürfnisse des Jahrhunderts eine vollständige Antwort, […] nicht eine wörtliche, sondern eine sinngemäße Auslegung des Ehrenwerten Koran" (Nursi, k.A.b, S. 978ff). Auch hier betonen sie, dass die Risale-i Nur nicht nur Gelehrte, sondern jeden anspricht und die Erkenntnisse der Gegenwart betrachtet um neue Fragestellungen gegenüber den Koran bearbeiten zu können.

Wenn man nun die Risale-i Nur als Gesamtwerk betrachtet, dann sehen wir, dass Nursi zunächst mit der ersten traditionellen Art begonnen hat. In Seinem Werk "Der Koran – Ein Zeichen des Wunders" (k.A.e) kommentiert er die Sura Fatiha und die ersten 33 Verse der Sura Bakara. Dabei kommentiert er nicht nur die Verse im Ganzen, sondern schaut auch pingelig genug, warum welches Wort, welcher Buchstabe, welches Satzzeichen genutzt wurde. Wenn man bedenkt, dass Nursi dieses sehr detaillierte Tafsir auf dem Schlachtfeld mitten im Ersten Weltkrieg schrieb, ist dies beeindruckend. Ursprünglich plante Nursi dieses Werk in 60 Bänden herauszugeben (vgl. Paksu, 1997). Sein Ziel war es u.a., jegliche Argumentationen gegen den Koran zu widerlegen.

Später beschäftigte sich Nursi nur noch mit bestimmten Versen, allen voran den Versen, die die Glaubenswahrheiten in den Fokus legen. Dies tat er, wie von ihm und seinen Schülern beschrieben, auf Grund der Notwendigkeit. Seiner Meinung nach war es in Zeiten des Materialismus wichtig, die Glaubenswahrheiten umfassend zu verstehen. Daher beschränkte er sich auf diese Verse und schrieb seine weiteren Werke in der zweiten Art der Tafsirs.

Ahadith in den Risale-i Nur Werken

In der Risale-i Nur werden jedoch nicht nur Koranverse, sondern auch Ahadith (Aussprüche des Propheten Muhammed) interpretiert oder verwendet, um Koranverse besser zu verstehen. Ahadith zählen nach dem Koran zu der wichtigsten Quelle des Islams und sind daher von großer Bedeutung.

Said Nursi betrachtet die Ahadith als Kommentare und Interpreten des Korans. Er sieht sie als einen zuverlässigen und wahrheitsgemäßen Kommentar des Korans (k.A.c, S. 288), die dem Menschen genügen (k.A.g, S. 19). Laut Nursi sind die Ahadith „eine Quelle des Lebens und die Inspiration der Wahrheit" (k.A.g, S. 16; 2001b, S. 458). Dies zeigt, welche Bedeutung er den Aussprüchen des Propheten Muhammed misst.

Said Nursi gibt die meisten Ahadith, die in seinen Werken vorkommen, in arabischer Sprache wieder (Göktaş, 2011). Wenn man nur die als Hadith gekennzeichneten Stellen, die wortwörtlich zitiert worden sind, zählt, befinden sich 135 verschiedene Ahadith in der Risale-i Nur. Davon sind nach der Klassifizierung der Hadithwissenschaften 48 sahih (authentisch; die höchste Stufe der Zuverlässigkeit einer Überliefererkette), 3 hasan (in sich selbst stimmig und zuverlässig), 35 schwach, 11 sehr schwach, 10 maudu´a (wahrscheinlich gefälscht) und bei 28 befinden sich keine Quellen (Can, 2014, S. 128). Diese Angaben können jedoch täuschen und geben nicht die Realität der Ahadith-Nutzungen Said Nursis wieder.

Sinngemäße Wiedergabe der Ahadith

Denn viele der Ahadith werden in der Risale-i Nur nicht wortwörtlich als Hadith wiedergegeben, sondern finden sich als islamische Grundlagen. Z.B. schreibt Said Nursi: „Denn, aller Mütter Liebe und Zärtlichkeit gleicht nur dem Aufleuchten eines Blitzstrahls der Allerbarmung" (Nursi, k.A.c, S.53). Dies ist eine Ableitung aus dem Hadith: „Gott teilte die Barmherzigkeit in hundert Teile. Daraus sonderte er für sich neunundneunzig Stücke ab. Er schickte ein verbleibendes Teil auf die Erde. (Er teilte dies auch unter seinen Kreaturen auf - Dschinn, Menschen und Tiere). Dass sich die Geschöpfe barmherzig miteinander verhalten, liegt an dem Anteil dieses einzigen Teils" (Bukhari, Adab, 19, Rikak, 19; Muslim, 17, 2752; Tirmidhi, Daavat, 107-108, 3535, 3536).

Solche Stellen, in denen also der Sinn eines Hadith wiedergegeben wird anstatt einer wortwörtlichen Wiedergabe, findet man in der Risale-i Nur zu Hunderten. Badıllı (2007) zählt hierzu 1078 Ahadith, die in den Werken von Said Nursi vorkommen.

Denn Nursi ist der Meinung, dass man sich zunächst anschauen muss, ob ein Hadith erfunden ist oder nicht. Falls ein Hadith nicht erfunden sein sollte, wäre zwar eine wortwörtliche Wiedergabe wichtig, jedoch wäre die Wiedergabe des Sinns wichtiger, um ein Hadith zu verstehen und richtig zu deuten (Bakkal, 2017, S. 55).

Die Wiedergabe des Sinns ist aber nicht nur eine Methode, die in der Risale-i Nur verwendet wird, sondern auch in gewöhnlichen Texten und Werken damals wie heute. Ja sogar während einer mündlichen Kommunikation geben Muslime öfters den Sinn und Inhalt eines Hadith wieder, ohne jedes Mal darauf hinzuweisen, dass dies ein Hadith des Propheten Muhammed ist.

In der Abhandlung über die Wunder des Propheten Muhammed, in der Nursi über 300 Wunder des Propheten aufgezählt, erklärt Nursi, warum in seinen Werken sinngemäße Überlieferungen der Ahadith sind: „In dieser Abhandlung habe ich viele Ehrwürdige Ahadith angeführt. Ich habe aber keine Hadith-Sammlung bei mir. Sollte im Wortlaut der von mir abgefassten Ahadith ein Fehler auftauchen, möge man sie, bitte, verbessern, oder aber, es soll heißen: ´Hadith dem Sinne nach'. Denn nach der vorherrschenden Meinung gilt: 'Es ist erlaubt ein Hadith sinngemäß zu zitieren.' Das heißt: Man entnimmt dem Hadith den Sinn und kleidet ihn in eigene Worte. In diesem Fall möge man dort, wo der Wortlaut nicht stimmt, ihn als sinngemäßen Hadith betrachten" (k.A.f, S. 154). Nursi betont hier, dass er keine Hadith-Sammlung bei sich hatte und daher die Ahadith wohlmöglich nicht wortwörtlich wieder geben konnte. Daher solle man diese Stellen als sinngemäße Überlieferung verstehen.

An anderer Stelle erklärt er, warum eine sinngemäße Überlieferung auch theologisch zulässig ist: „Berichte, die uns in Form einer allgemeinen Übereinstimmung überliefert worden sind, sind fest und zuverlässig. Es gibt zwei Arten solcher Überlieferungen. Die eine wird als 'eindeutige' die andere als eine 'sinngemäße' Überlieferung bezeichnet. Auch unter den sinngemäßen Überlieferungen gibt es zwei Arten. Die eine wird 'stillschweigende' genannt, denn sie zeigt sich als eine, die stillschweigend akzeptiert wird. Zum Beispiel: In einer Gemeinschaft erzählt jemand ein Ereignis, das vor den Augen dieser Leute geschehen ist. Widersprechen die Leute seiner Erzählung nicht, nehmen diese mit Stillschweigen auf, so bedeutet dies so viel wie Zustimmung. Wenn nun auch noch diese Gemeinschaft von dem berichteten Ereignis selbst betroffen und zudem bereit ist, zu kritisieren, aber nicht dazu, Falschheit zu decken, vielmehr eine Lüge als besonders hässlich betrachtet, so ist ihr Stillschweigen sicherlich ein starker Beweis für das geschehene Ereignis. Zum Beispiel: Wenn über ein geschehenes Ereignis berichtet wird: 'Mit

173

einem Pfund einer Mahlzeit wurden zweihundert Menschen gesättigt´, jedoch die Berichterstatter auf unterschiedlicher Weise berichten, der eine auf diese, der andere auf jene Art, der dritte wieder auf eine andere Art erzählt, sie alle aber über das gleiche geschehene Ereignis übereinstimmen, so ist also eine solche Erzählung zwar nicht klar umrissen, jedoch dem Inhalt nach stimmig und zuverlässig. Die Unterschiede in der Darstellung sind dabei nicht von Nachteil. Ja, es kommt sogar manchmal vor, dass eine Überlieferung zwar nur einen einzigen Garanten hat, jedoch unter gewissen Bedingungen die Kraft einer allgemeinen Überlieferung in sich trägt. Ja es kommt auch zuweilen vor, dass eine Überlieferung trotz dieses nur einen Garanten infolge noch anderer, zusätzlicher Dinge eine gleiche Zuverlässigkeit in sich trägt" (Nursi, k.A.f, S. 164ff).

Zudem ist es laut Nursi nicht richtig zu sagen, dass der Sinn eines schwachen Hadith auch automatisch falsch ist (2000b, S. 364; vgl. Demir, 2014, S. 111; Balbay, 2022). Hierbei ist er im Konsens mit den allgemeinen islamischen Hadithwissenschaften. Demnach wird ein Hadith dann als schwach bezeichnet, wenn der Hadith zwar gesichert, die Überlieferungskette jedoch schwach ist. Ein schwacher Hadith ist also kein erfundener Hadith, wie man vielleicht aus dem Wort "schwach" verstehen könnte.

Warum Ahadith, die eine kurze Überlieferungskette haben, trotzdem wichtig sind, erklärt er folgendermaßen: „So besteht denn über die meisten Berichte, die sich auf die Wunder und die Beweise für das Prophetentum des

Ehrwürdigen Gesandten, mit dem Friede und Segen sei, beziehen, eine entweder eindeutige oder sinngemäße oder stillschweigende Überlieferung. Ein Teil von ihnen ist jedoch 'Bericht nur eines Garanten'. Aber auch diesen muss man unter den gegebenen Umständen, nachdem er die Billigung durch das kritische Auge der Kenner der Ahadith erfahren hat, gleichfalls die Zuverlässigkeit einer allgemein anerkannten Überlieferung zusprechen. Es gab in der Tat unter den Kennern der Ahadith Forscherpersönlichkeiten, die man Hafidh nannte, die wenigstens hunderttausend Ahadith auswendig kannten, die fünfzig Jahre ihr Morgengebet mit der Waschung (Wudu) des Nachtgebets verrichteten, welche die Autoren der sechs Hadithsammlungen, angeführt von Bukhari und Muslim waren, Koryphäen der Wissenschaft auf dem Gebiete der Ahadith, Gelehrte, die solche Berichte nur eines Garanten verifiziert und akzeptiert haben, sodass diese in ihrer Zuverlässigkeit nicht hinter den als allgemein anerkannten Überlieferungen zurückbleiben. Denn sie haben sich in der Tat dermaßen auf die Ahadith des Ehrwürdigen Botschafters, mit dem Friede und Segen sei, spezialisiert, wurden so vertraut mit dessen Ausdrucksweise, seinem überragenden Stil und seiner Art, sich zu äußern, dass ihnen daraus die Fähigkeit erwuchs, sobald sie unter hundert Hadith ein 'hinzugefügtes' entdeckten, zu sagen: 'Es ist hinzugefügt. Das kann kein Hadith sein, kein Wort des Propheten.' So wiesen sie es zurück. Wie ein Juwelier kannten sie die Perlen der Überlieferung und verwechselten sie nicht mit gewöhnlichen Worten" (Nursi, k.A.f, 165ff). Demnach wurden auch diese Ahadith von großen Hadithgelehrten auf ihre

Authentizität überprüft und dann erst in die Hadithsammlungen übernommen.

Andere bekannte Gelehrte wie Ghazali, Rabbani und Abd al-Qadir al-Dschilani, haben in ihren Werken ebenfalls auf die sinngemäße Wiedergabe von Ahadith zurückgegriffen. Dies war vor allem dem Umstand der Übersetzungen geschuldet, da man nicht wie heute immer die Möglichkeit hatte, an die Urquellen zu kommen. Daher findet man in den Tafsirs viele Ahadith, die man zwar nicht wortwörtlich so in den Urquellen findet, jedoch aber sinngemäß.

Ahmad ibn Hanbal sagte hierzu, dass sie (die islamischen Gelehrten) bei den Ahadith in Bezug auf die Regeln ihre Hände festhalten und fest weben. Wenn es aber um die Tugenden der Taten geht, lassen sie die Finger etwas locker. So verwenden sie auch schwache Ahadith (vgl. Özmen, 2017). Dass heißt, in Bezug auf die Grundprinzipien des Islams, haben die Islamgelehrten pingelig genau Haarspalterei betrieben. Wenn es aber um Tugenden der Taten ging, waren sie recht flexibel. Interessanterweise gilt Ahmad ibn Hanbal als einer der strengsten handelnden in den islamischen Rechtswissenschaften (Fiqh), hier räumt er jedoch eine Flexibilität ein.

Auch war es früher nicht üblich, Quellen in Texten anzugeben. Dies hat sich erst ab dem 20. Jahrhundert etabliert. Zuvor war es so, dass man nicht immer Zugang zu allen Quellen hatte. Und auch wenn die Quellen vorhanden waren, war es nicht üblich, sie wie heutzutage präzise genau anzugeben. In Bezug auf islamische Texte wurde dann zwar geschrieben, dass ein bestimmtes Zitat vom Propheten Muhammed stammt, jedoch ohne Angabe der Quelle. Dies findet man z.B. auch bei Ghazali. Erst jetzt in der Gegenwart werden diesen Werken, so auch bei den Werken von Ghazali und Said Nursi, die Quellen nachträglich hinzugefügt.

Obwohl Nursi die Quellen der von ihm überlieferten Ahadith nicht erwähnt, kann man an Hand anderer Aussagen von ihm sagen, dass er die Ahadith, die in den Büchern der berühmten Hadithgelehrten, insbesondere Bukhari, sowie der Kutub-i Sitte-Autoren überliefert werden, als authentisch akzeptiert (vgl. Bilen, 2019, 2020).

Betonung der Wichtigkeit der Sunna und der Hadith in den Werken von Said Nursi

Said Nursi selbst betonte ebenfalls die Bedeutung der Sunna und der Ahadith. So schreibt er in einer Abhandlung über die Sunna und über den Schaden, der durch Erneuerungen (Bid´a) zu Stande kommt Folgendes: „In der Tat ist die Befolgung der Gelobten Sunna mit Sicherheit sehr wertvoll. Besonders in einer Zeit, wo die ketzerischen Erneuerungen (Bid´a) auf dem Vormarsch sind, ist es ganz besonders wertvoll, dennoch an der Gelobten Sitte (des Propheten) festzuhalten. [...] So ganz unmittelbar der Sunna zu folgen, ruft den Ehrenwerten Gesandten, mit dem Friede und Segen sei, in Erinnerung und diese Erinnerung wird zu einem Erlebnis, welches sich dann umwandelt in ein Erleben der göttlichen Gegenwart. Sogar die geringfügigste Handlung, ja selbst Gewohnheiten wie Essen, Trinken oder Schlafen, diese gewöhnlichen Tätigkeiten, diese rein natürlichen Handlungen werden, sobald man dabei die Gelobte Sitte beachtet, so verdienstvoll wie ein Gebet und entsprechen dem islamischen Gesetz" (Nursi, k.A.d, S. 96).

Nursi betonte also die Bedeutung der Sunna im Alltag. Die Sunna macht eine gewöhnliche Handlung zu einem Gottesdienst. Jemand, der der Sunna des Propheten so viel Beachtung schenkt, kann natürlich die Ahadith nicht ausblenden. Dies wäre ein großer Widerspruch.

Verteidigung der Ahadith

In vielen Abschnitten der Risale-i Nur geht Said Nursi auf die Bedeutung der Ahadith ein. Dabei nimmt er öfters die Verteidigungsposition ein, wenn Ahadith geleugnet werden (vgl Nursi, k.A.c, S. 593ff). So ist Said Nursi der Meinung, dass, wenn eine Person einen Hadith falsch auslegt oder fehlerhaft praktiziert, man nicht den Hadith leugnen, sondern vielmehr die Person zurechtweisen und so die Ehre des Hadith bewahren sollte (Nursi, 2011a, S. 44).

Wenn Ahadith geleugnet werden, führt dies Said Nursi darauf zurück, dass ihr Sinn nicht verstanden wurde: „Da die ehrwürdigen Überlieferungen […] nicht genau verstanden werden, halten ein Teil der Rationalisten sie für schwach (d.h. nicht nachweisbar) oder für widerlegt. Ein Teil von ihnen, dessen Glaube schwach und dessen

Ego stark ist, ist bis zur Leugnung gegangen" (Nursi, k.A.c, S. 593ff).

Daher ist es die Vorgehensweise Nursis, einen Hadith nicht zu leugnen, sondern erst sich selbst zu hinterfragen, ob man z.B. den Hadith auch wirklich richtig verstanden hat. Nursi lädt daher ein, den Kontext eines Hadith zu untersuchen: „Und versuche dann nicht, indem du dir eine Aussage, die du als der Wahrheit widersprechend und mit Sicherheit den Gegebenheiten entgegengesetzt betrachtest, zum Vorwand machst, den Finger der Kritik gegen die Aussagen des Propheten und infolge dessen gegen den Rang der Fehlerlosigkeit des ehrenwerten Gesandten zu erheben! (Sehe dich von einer Verleugnung ab. Ein Fehler) kann nicht auf Seiten der Hadith liegen. Und ist der Fehler gar nicht wirklich (ein Fehler), so ist er auf einen Mangel an Verständnis deinerseits zurückzuführen. […] Wenn du recht und billig denken kannst, solltest du nun nicht mehr aufstehen, um den Ahadith des Propheten, die dein Verstand als der Wahrheit zuwiderlaufend betrachtet, zu widersprechen! Sage: 'Entweder gibt es dazu einen Kommentar oder eine Auslegung, oder sie haben (ganz offensichtlich) einen Sinn'!" (Nursi, k.A.c, S. 610).

Vor allem bei Ahadith, die von vielen überliefert wurden, hebt Nursi die Glaubwürdigkeit sowohl dieser Ahadith als auch allgemein der Gefährten des Propheten hervor, die diese Ahadith überlieferten: „Von den folgenden Beispielen der Wunder (des Propheten) an Fülle und Segen ist jedes (als Hadith) auf verschiedenen Wegen, ja das eine oder andere sogar auf sechzehn verschiedenen

Wegen überliefert worden. Die meisten von ihnen haben sich mitten in einer Gemeinschaft vieler Menschen ereignet. Sie wurden von ehrlichen und angesehenen Menschen einer solchen Gemeinschaft berichtet und überliefert. Zum Beispiel berichtet da einer von ihnen: ʹEs haben siebzig Mann von vier handvoll eines Gerichtes gegessen, das man Saʹ nennt und sind satt geworden.ʹ Diese siebzig Mann hören seine Worte und leugnen es nicht, d.h. sie bestätigen ihn durch ihr Schweigen. In der Tat hätten die Sahabis, diese geradlinigen, zuverlässigen und wahrheitsliebenden Menschen, in jener Zeit der Wahrhaftigkeit und Geradlinigkeit, jede Spur einer Unwahrhaftigkeit als solche bemerkt, zurückgewiesen und als Lüge erklärt. Die Ereignisse, von denen wir hier berichten wollen, sind jedoch von vielen überliefert worden, während andere sie durch ihr Schweigen bestätigten. Das heißt also, dass ein jedes dieser Ereignisse so sicher ist wie eine in ihrer Bedeutung allgemeine Überlieferung" (k.A.f., S. 199ff).

An anderer Stelle betont er dies noch einmal: „Es ist ja bekannt, dass sieben, acht Schnüre miteinander verflochten ein starkes Seil bilden. Dementsprechend sind solche Baum-Wunder, die von diesen so berühmten unter den getreuen Sahabis durch so verschiedenen Quellen überliefert worden sind, ebenso beweiskräftig wie eine sinngemäße, oder sogar eine tatsächliche allgemeine Übereinstimmung. Sie erhalten in der Tat die Form einer allgemeinen Überlieferung, wenn sie von den Sahabis in die Hände der Tabiine übergehen. Besonders die Zuverlässigen Bücher, wie Bukhari, Muslim, Ibn Hibban und Tirmidhi bildeten und bewahrten eine Kette, die bis in die Zeit der Sahabis zurückreicht, so zuverlässig, dass in ihnen, z.B. in Bukhari einen Bericht zu finden, gleichbedeutend ist, ihn direkt von den Sahabis zu hören" (k.A.f., S. 230ff). Laut Nursi sind die Gefährten des Propheten Muhammed und die großen bekannten Hadithsammler zuverlässige Menschen, die bei den Ahadith strikte Kriterien aufstellten und diese einhielten.

Die Ahadith und die Glaubwürdigkeit der Hadithwerke verteidigte er auch vor Gericht während seiner Verbannungen: „Eine Auslegung zu geben, bedeutet, dass der der Hadith unterlegte Sinn beabsichtigt, möglich oder wahrscheinlich sein kann. Nach den Regeln der Logik ist es nur möglich, eine Bedeutung auszuschließen, wenn man ihre Unmöglichkeit beweisen kann. Doch gerade so wie seine Bedeutung unseren Augen erkennbar geworden ist und sich als wahr herausgestellt hat, so hat sich auch ganz offensichtlich auf der Hinweisebene den Augen unseres Jahrhunderts ein Aspekt der Universalität dieser Hadith wie ein wundersamer Blitz als Kunde aus dem Unsichtbaren gezeigt und kann deshalb in gar keiner Weise abgestritten oder zurückgewiesen werden. Der Liste entsprechend wurde gleichfalls bewiesen, dass die Behauptung des Staatsanwalts, alle Überlieferungen seien entweder hinzugefügt oder schwach, auf dreifache Weise falsch ist. Erstens: Imam Ahmed Ibn Hanbal, der eine Million Ahadith auswendig wusste und Imam Bukhari, der fünfhunderttausend Ahadith auswendig kannte, haben (eine solche Behauptung) nie gewagt. Doch obwohl sich ihre Widerlegung nicht beweisen lässt, (der Staatsanwalt) auch gar nicht die Bücher aller

Ahadith gesehen hat, hat doch der überwiegende Teil der Umma in jedem Jahrhundert erwartet, dass die Bedeutungen der Überlieferungen in Erscheinung treten oder ein einzelner Aspekt von ihnen sichtbar werden möge und so hat sich die Umma (diesen Überlieferungen bis zum Standpunkt) einer allgemeinen Akzeptanz angenähert. Eine Reihe von Aspekten und Beispielen, welche vollkommen richtig sind, sind in Erscheinung getreten und sichtbar geworden. Diese Überlieferungen zur Gänze zu leugnen, ist daher in zehnfacher Hinsicht ein Fehler. Zweiter Aspekt: Mit der Bezeichnung ´hinzugefügt´ soll gesagt sein, dass eine Überlieferung im Gegensatz zu einem Hadith nicht urkundlich überliefert ist. Damit soll nicht gesagt sein, dass sie auch inhaltlich falsch ist. Da nun einmal die Umma und die Kenner der Wahrheit und die, welche ihnen die Wahrheit enthüllt haben, ein Teil der Schüler der Ahadith und ihre großen Exegeten, (auch diese Überlieferungen) anerkannt hat und nun darauf wartet, dass sich ereignen wird, was sie beinhalten, so enthalten diese Überlieferungen mit Sicherheit Wahrheiten, die Sprichwörtern gleich, jedermann etwas angehen" (Nursi, k.A.a. S. 714ff).

Fazit

In der islamischen Geschichte gab es schon immer zwei Arten von Tafsirs. In der ersten Art wurde jeder Koranvers der Reihe nach kommentiert und interpretiert. In der zweiten Art wurden nur bestimmte Koranverse interpretiert.

Said Nursi schrieb zunächst ein Werk, basierend auf der ersten Art der Tafsirs. Danach widmete er sich jedoch auf Grund des Bedarfs nur den Glaubenswahrheiten und kommentierte Verse, die sich mit diesen Themen beschäftigten.

Bei der Verwendung der Ahadith sehen wir bei Nursi wenig wortwörtliche (135), jedoch viele sinngemäße (1078) Wiedergabe der Aussprüche des Propheten Muhammed.

Zudem verteidigt Nursi in seinen Werken die Traditionen des Propheten Muhammed, seine Aussprüche und die Gelehrten und ihre Hadithsammlungen.

Abschließend kann daher gesagt werden, dass sich Said Nursi intensiv mit Koranversen und Ahadith beschäftigte und bestrebt darin war, diese zeitgemäß zu interpretieren.

Die Bedeutung der Sunna

Die Bedeutung der Sunna in den Texten von Said Nursi zeigt sich als ein zentrales Thema seiner theologischen Ausarbeitungen. In seinen Werken wird deutlich, dass die Sunna nicht nur als ein religiöses Konzept verstanden wird, sondern als ein Leitfaden für das gesamte Leben der Muslime.

Nursi hebt die Sunna als ein essenzielles Mittel zur Bildung und Bewahrung der islamischen Identität hervor, und diese Sichtweise zieht sich durch viele seiner Schriften, in denen er die Bedeutung und die Praxis der Sunna eindringlich schildert. Der islamische Gelehrte verstand die Sunna als eine Quelle des Wissens, des Glaubens und der Moral und brachte dies mit einer tiefgründigen und klaren Sprache zum Ausdruck, die den Leser emotional wie intellektuell ansprach.

Die Tradition des Propheten Muhammed

In seiner Schrift "11. Lichtblitz" (Nursi, 2007, S. 54ff) in dem Gesamtwerk Risale-i Nur betont Nursi die Sunna als Schutzschild gegen die spirituelle Leere und den moralischen Verfall. Für ihn ist die Sunna das Licht, das den Weg durch die Dunkelheit zeigt und dabei hilft, den Glauben zu bewahren und gegen Versuchungen und Zweifel gefestigt zu bleiben.

Nursi beschreibt die Sunna als ein Element, das den Muslimen die Kraft und das Bewusstsein gibt, in einer

Welt voller Prüfungen und Herausforderungen zu bestehen. Er erkennt an, dass das Leben oft von Schwierigkeiten begleitet ist, und weist darauf hin, dass die Sunna als Mittel zur Stärkung und Orientierung dient. Sie erinnert Muslime an ihre spirituelle Verantwortung und bietet eine feste Basis in einer sich ständig wandelnden Welt.

Die praktische Anwendung der Sunna im Alltag ist für Nursi ein grundlegender Aspekt eines wahrhaftigen und erfüllten islamischen Lebens. Er sah in der Nachahmung des Propheten eine Möglichkeit, die eigene Spiritualität zu stärken und den inneren Frieden zu finden. Nursi selbst bemühte sich, die Sunna in all ihren Facetten zu leben, und gab dieses Ideal auch an seine Anhänger weiter. Er war der festen Überzeugung, dass die Sunna den Gläubigen zu einem besseren Menschen und zu einem besseren Diener Allahs formt. Für ihn war die Sunna mehr als eine Sammlung religiöser Riten; sie war eine Art innerer Kompass, der dem Muslim die richtige Richtung weist.

Nursi geht auch ausführlich der Frage, warum die Sunna eine unverzichtbare Richtschnur für Muslime darstellt. Er beschreibt die Sunna als ein göttlich inspiriertes Verhalten des Propheten Muhammed. Der Prophet diente als lebendiges Beispiel für die koranische Botschaft, und daher betrachtet Nursi die Sunna als untrennbar mit dem Koran verbunden. Die Sunna zu vernachlässigen hieße, das Erbe des Propheten Muhammed zu schwächen und den Zugang zu einer klaren und praktischen Anleitung für das spirituelle Leben zu verlieren. Nursi betont, dass jeder Aspekt der Sunna, sei er noch so klein, auf eine tiefe Weisheit und einen spirituellen Wert verweist. Das Wiederholen und Befolgen der Handlungen und Worte des Propheten wird als eine Form des Gedenkens an Gott verstanden, die das Herz reinigt und den Gläubigen auf die Nähe zu Allah vorbereitet.

Die Prophetenschaft Muhammeds

Das "19. Wort" in der Risale-i Nur (Nursi, 2002d, S. 303ff) stellt eine vertiefte Reflexion über die Bedeutung der Prophetenschaft dar, wobei Nursi die Rolle des Propheten Muhammed als leuchtendes Beispiel beschreibt. Er betont die Sunna als praktisches Lehrmaterial für die Menschheit, durch das Allahs Gebote in eine anfassbare, sichtbare Form gebracht werden. Indem Muslime die Handlungen des Propheten nachvollziehen, bringen sie die Offenbarung in ihr tägliches Leben ein und schaffen eine Brücke zwischen Theorie und Praxis. Nursi veranschaulicht hier auch die philosophischen und spirituellen Tiefen, die im Handeln nach der Sunna verborgen sind. So sieht er die Sunna nicht nur als eine äußere Nachahmung, sondern als ein inneres Bestreben, das Herz und die Seele auf die richtige Linie zu bringen und dabei die harmonische Ordnung der Schöpfung zu erkennen und zu ehren.

Wunder Muhammeds

Im "19. Brief" der Risale-i Nur (Nursi, 2004d, S. 140ff) widmet sich Said Nursi den Wundern des Propheten Muhammed und stellt diese als Zeichen seiner göttlichen

Sendung und als klare Bestätigung seiner Prophetenschaft dar. Nursi beschreibt die Wunder des Propheten nicht nur als außergewöhnliche Ereignisse, die in einer bestimmten historischen Epoche stattfanden, sondern als Beweise für die Wahrhaftigkeit des Propheten, die auch im spirituellen und intellektuellen Leben der Gläubigen fortbestehen.

Eines der bekanntesten Wunder des Propheten Muhammed ist die Teilung des Mondes. Diese Begebenheit stellt für Nursi eine übernatürliche Bestätigung dar, die Allah dem Propheten verlieh, um seine Botschaft zu bekräftigen. Die Teilung des Mondes soll den Mekkanern die Macht Gottes und die Sonderstellung des Propheten demonstrieren. Nursi betont, dass dieses Wunder im Koran selbst erwähnt wird und dadurch ein ewiges Zeugnis bleibt, das die Menschen an die Prophetenschaft Muhammeds erinnert.

Ein weiteres, unvergleichliches Wunder ist für Nursi der Koran selbst, der als lebendiges Wunder über Jahrhunderte hinweg die Herzen und Seelen der Menschen erleuchtet. Der Koran ist für Nursi das größte und bedeutendste Wunder des Propheten, denn er stellt die göttlichen Worte dar, die in ihrer Schönheit, Weisheit und Tiefe unnachahmlich sind. Nursi beschreibt, wie die literarische Kraft und die unvergleichliche Weisheit des Korans alle anderen sprachlichen Meisterwerke überragt und für die Menschheit zu einem unerschöpflichen Quell der Erkenntnis wird. Für Nursi beweist der Koran durch seine einzigartige Sprache und seine zeitlose Botschaft, dass er nicht von einem Menschen verfasst sein konnte, sondern allein von Gott stammt.

Neben diesen bekannten Wundern führt Nursi auch viele kleinere, weniger bekannte Begebenheiten an, die das Leben des Propheten Muhammed begleiteten und ihn als Gesandten Gottes bestätigten. Dazu gehören die Wunder, die sich in seinem täglichen Leben zeigten, wie die Vermehrung von Wasser und Nahrung, die Heilung von Kranken und der Schutz des Propheten in gefährlichen Situationen. Nursi schildert diese Ereignisse als Ausdruck göttlicher Fürsorge und als Zeichen der Nähe des Propheten zu Allah, der ihn in entscheidenden Momenten auf übernatürliche Weise unterstützte.

Der 19. Brief betrachtet die Wunder des Propheten jedoch nicht nur als historische Phänomene, sondern auch als lebendige Beweise, die für jeden Gläubigen von spiritueller Bedeutung sind. Nursi lädt seine Leser ein, über die Wunder nachzudenken und sie als Weg zur Stärkung des eigenen Glaubens zu betrachten. Für ihn sind die Wunder des Propheten wie Fenster, durch die man einen Blick auf die Allmacht und Barmherzigkeit Allahs werfen kann.

Insgesamt betrachtet Said Nursi die Wunder des Propheten Muhammed als tiefgründige, bedeutungsvolle Zeichen, die über die Jahrhunderte hinweg ihre Kraft behalten haben. Sie sind für ihn ein wichtiger Bestandteil des islamischen Glaubens, der die Herzen der Gläubigen erhellt und ihnen den Weg zu einem festeren, liebevolleren Glauben ebnet.

Die Himmelsfahrt des Propheten Muhammed

Im 31. Wort (Nursi, 2002d, S. 715ff) der Risale-i Nur setzt sich Said Nursi intensiv mit dem Himmelshart des Propheten Muhammed auseinander, einer spirituellen Reise, die den Propheten von Mekka bis in die höchsten Sphären des Himmels und in die unmittelbare Nähe Allahs führte. Nursi beschreibt diese nächtliche Himmelsreise, auch als Isra und Miradsch bekannt, als ein außergewöhnliches Ereignis, das die Grenzen der materiellen Welt überschreitet und die spirituelle Erhabenheit des Propheten offenbart.

Nursi stellt klar, dass die Himmelsfahrt nicht nur ein persönliches Erlebnis des Propheten Muhammed war, sondern auch etwas, was der gesamten Menschheit zugutekommt. In dieser Reise verkörpert der Prophet die spirituelle Bestimmung der Menschheit: den Weg zur Nähe und Liebe Allahs. Die Himmelsfahrt symbolisiert für Nursi die höchste Erhebung des menschlichen Geistes und die Möglichkeit, über das Materielle hinaus zur Erkenntnis des Göttlichen zu gelangen.

Durch die Himmelsfahrt erhält der Prophet Muhammed die fünf täglichen Gebete als Geschenk für die Gläubigen, und Nursi interpretiert diese Gebete als spirituelle "Aufstiege", durch die Muslime täglich eine Verbindung zu Allah knüpfen können. So wird die Himmelsfahrt zu einem ewigen Vorbild für die Beziehung zwischen dem Schöpfer und Seinen Dienern und bietet den Gläubigen einen Weg, der sie näher zu Allah führt und sie in ihrem Glauben bestärkt.

Fazit

Indem Nursi die Sunna als wertvolles Erbe verteidigte und ihren Wert sowohl für das individuelle als auch für das kollektive Leben der Gläubigen aufzeigte, legte er den Grundstein für ein Verständnis, das weit über eine bloße Pflichterfüllung hinausgeht. Er sah die Sunna als ein lebensbejahendes, heilsames System, das den Menschen sowohl in spirituellen als auch in praktischen Fragen Orientierung gibt. Die Sunna vereint die Weisheit des Glaubens mit den Bedürfnissen des täglichen Lebens und schafft eine Brücke zwischen den Prinzipien des Islam und der Lebenswirklichkeit des Menschen.

Nursis Ausführungen zur Sunna zeigen, wie er die Bedeutung des Propheten Muhammed für die menschliche Existenz immer wieder unterstrich und als beständiges Beispiel anführte. Durch die Schriften des 11. Lichtblitzes, des 19. Wortes, des 31. Wortes und des 19. Briefs gibt er seinen Lesern die Werkzeuge, die sie brauchen, um die Sunna nicht nur zu verstehen, sondern in den Alltag zu integrieren und damit einen Weg zu Gott zu finden, der durch den Propheten geebnet wurde.

Die Miradsch-Nacht

Die Miradsch-Nacht ist eine besondere Nacht für die Muslime. Laut den islamischen Quellen wurde der Prophet Muhammed in dieser Nacht nach Jerusalem gebracht. Von dort aus stieg er in den Himmel. Hier begegnete er vielen Propheten, sah das Paradies und kommunizierte mit dem Schöpfer.

Diese Kommunikation ist in dem At-Tahiyyât-Gebet niedergeschrieben. Der Prophet sagte zum Schöpfer: „Ehre sei Allah und Anbetung und Heiligkeit." Der Schöpfer entgegnete ihm: „Friede sei mit Dir, o Prophet, und die Barmherzigkeit Allahs und Seine Segnungen." Daraufhin sagte der Prophet: „Friede sei mit uns und den frommen Dienern Allahs." Die Engel sagten dann voller Erstaunen über diese Kommunikation: „Ich bezeuge, dass es keinen Gott gibt außer Allah, und ich bezeuge, dass Muhammed Sein Diener und Gesandter ist."

Von der Himmelfahrt kam der Prophet mit drei Geschenken zurück: 1. Das 5-mal tägliche Gebet. 2. Die zwei letzten Verse der Sure Al-Baqara. 3. Der Eintritt ins Paradies für die Gläubigen.

Im Koran wird an verschiedenen Stellen von dieser Nacht berichtet:
- „Gepriesen sei Der, Der seinen Diener des Nachts von der unverletzlichen Moschee zur fernsten Moschee führte, deren Umgebung Wir gesegnet haben, um ihm einige von Unseren Zeichen zu

zeigen. Wahrlich, Er ist der Hörende, der Schauende." (Koran: 17,1)

- „Wollt ihr ihm denn bestreiten, was er sah? Und wahrlich, er sah ihn noch ein zweites Mal. Bei dem Lotosbaum am äußersten Ende. Neben dem Garten der Geborgenheit, Als den Lotosbaum verhüllte, was ihn verhüllte. Da wich der Blick nicht aus, noch schweifte er ab. Wahrlich, er sah einige der größten Wunder seines Herrn!" (Koran, 53:12-18)

In der islamischen Literatur gibt es zahlreiche Auslegungen dieser Nacht. Der islamische Gelehrte Said Nursi (1877-1960) ist einer der zeitgenössischen Gelehrten, die sich mit der Himmelfahrt in der Miradsch-Nacht beschäftigen.

Nursi behandelt das Thema im 31. Wort seines Werkes "Die Worte" (k.A.c, S. 1007-1056; vgl. 2002d, S. 715ff). In der Einführung zum Thema schreibt Nursi, dass die Adressaten seines Textes Muslime sind. Dies ist insofern wichtig, da Nursi in seinem Text nicht auf "Beweise" oder "Möglichkeiten" der Himmelfahrt eingeht. Daher beschäftigt er sich mit vier Fragestellungen, die tatsächlich Muslime im Kontext der Himmelfahrt besprechen. Zunächst fragt er nach dem Sinn der Himmelfahrt. Im zweiten Abschnitt geht es um die Wahrheit hinter der Himmelfahrt. In der dritten Fragestellung beschäftigt er sich mit der Weisheit der Himmelfahrt. In der letzten Fragestellung geht es um die Früchte und Ergebnisse, welche die Himmelfahrt mit sich bringt.

Bei der Frage nach dem Sinn der Himmelfahrt, erläutert Nursi, dass sie eine Ausdrucksweise der Gottesfreundschaft des Propheten Muhammeds ist. Er bezeichnet dabei die Gottesfreundschaft als Weg über die Stufen der Annäherung zu Gott. Da der Prophet Muhammed „das geistige Bild der Schöpfung umwandelte und sie mit Licht erfüllte" (S. 1015), sei er es auch, dem die Himmelfahrt, welches die höchste Stufe der Gottesfreundschaft darstellt, am meisten gebührt.

Über die Wahrheit hinter der Himmelfahrt schreibt Nursi, dass sie aus der Fahrt und der Reise des Propheten Muhammeds besteht. Der Schöpfer, der der Herrscher der Erde und der Himmel ist, und Macht über sie hat, ist in der Lage, seinem Geschöpf diese Reise in nur einem Augenblick zu ermöglichen. Der Prophet Muhammed reiste durch alle Ebenen und Bereiche der Schöpfung und sah dadurch die Herrschaft, Souveränität und den Willen Gottes. Ihm wurde die Ehre teil, direkt mit dem Schöpfer zu kommunizieren. Er machte diese Reise und sprach mit dem Schöpfer als Stellvertreter für alle Geschöpfe.

In der dritten Fragestellung geht es um die Weisheit, die hinter der Himmelfahrt steckt. Hier schreibt Nursi, dass der Schöpfer, diese Welt so erschaffen hat, „dass alles, was da ist, mit zahllosen Zungen Seine Vollkommenheit rezitiert und anhand so vieler Zeichen Seine Schönheit zeigt. Dieses Universum zeigt mit allem, was in ihm ist, wie viele verborgene geistige Schätze sich in jedem Seiner Schönen Namen finden und wie Subtiles in jeder Beziehung Seiner Heiligkeit verborgen ist" (S. 1037).

Alles Erschaffene im Universim gibt Gottes unendliche Vollkommenheit, Seine Namen und Seine Eigenschaften bekannt und bringt Seine Vollkommenheit, Seine Schönheit und die Wahrheit Seiner Namen zum Ausdruck. Um das gesamte Kompendium Seiner umfangreichen Schönheit und Vollkommenheit zu zeigen, erfordert es einen außerordentlichen Akt, wie z.B. die Himmelfahrt.

Im letzten Abschnitt geht Said Nursi der Frage nach, welche Früchte und Wohltaten die Himmelfahrt mit sich bringt. Vor allem, was es für die übrigen Gläubigen bedeutet. Der Prophet Muhammed konnte mit eigenem Auge die Gaben Gottes, die Engel, das Paradies, das Jenseits betrachten und die Schönheit der Schöpfung wahrnehmen. Er sah die Schatzkammern Gottes und brachte deren Schlüssel der Menschheit. Dies bezeichnet Nursi als eine wichtige Frucht der Himmelfahrt. Desweiteren bezeichnet er das rituelle Gebet (salat), welches an diesem Tag 5-mal täglich auferlegt wurde, als großes Geschenk der Himmelfahrt. Denn dieses rituelle Gebet gibt dem Gläubigen (dem Liebendem) die Möglichkeit, zu wissen, womit der Schöpfer (sein Angebeteter) zufrieden gestellt werden kann. Jedes rituelle Gebet wird dadurch, laut einem Hadith, zur Himmelfahrt eines jeden Betenden. Zudem wurde durch die Himmelfahrt deutlich, dass der Mensch die kostbarste Frucht des Universums ist. Seine Berufung als Khalif wurde hierdurch noch einmal bestätigt.

Auch der Frage, ob die Himmelfahrt körperlich oder nur seelisch stattfand, geht Nursi kurz nach. Hier beschreibt er, dass der Prophet Muhammed sowohl körperlich als auch seelisch die Himmelfahrt absolvierte und dass dies für den Schöpfer keine Schwierigkeit bedeutet.

Insgesamt gesehen ist Nursis Annäherung an das Thema ganz anders als die bekannten Kommentare, in denen es vor allem um das Narrativ geht. Nursi versucht hier, den Sinn und die Weisheit der Himmelfahrt zu verstehen und die Bedeutung für die Muslime herauszuarbeiten.

Betrachtungsweise der Prophetengeschichten

Die Prophetengeschichten im Koran haben eine zentrale Bedeutung für die muslimische Gemeinschaft. Sie erzählen von den Leben und Herausforderungen der Propheten, die als Gesandte Gottes auf der Erde eine Vorbildfunktion einnehmen.

Diese Erzählungen sind nicht nur historische Berichte; sie sind spirituelle Wegweiser und moralische Lektionen, die den Glauben stärken und die Haltung der Gläubigen gegenüber dem Leben prägen. In den Texten Said Nursis wird die Betrachtung dieser Geschichten jedoch auf eine besonders tiefgehende und alltagsrelevante Weise dargestellt.

Said Nursi legt die Prophetengeschichten nicht als bloße Überlieferungen aus der Vergangenheit dar, sondern er sucht nach den Botschaften, die sich in das Leben jedes Einzelnen übertragen lassen. Für Nursi sind die Propheten nicht nur Vorbilder für moralisches Verhalten, sondern auch Lehrer, die uns beibringen, wie wir mit den Herausforderungen und Prüfungen des Lebens umgehen können. Er versteht die Prophetengeschichten als spirituelle Schlüssel, die den Menschen helfen, ihre eigenen Prüfungen zu bewältigen und ihre Verbindung zu Gott zu stärken.

196

Ein herausragendes Beispiel für Nursis Herangehensweise sind der erste und der zweite Lichtblitz aus seinem Werk "Die Lichtblitze". In diesen Abschnitten behandelt Nursi die Geschichten der Propheten Hiob (Ayyub) und Jonas (Yunus) und zieht daraus praktische Lehren für die heutigen Gläubigen. Er zeigt, dass die Herausforderungen, denen diese Propheten gegenüberstanden, universelle Lektionen für Geduld, Hoffnung und die Rückbesinnung auf Gott enthalten.

Der Prophet Jonas

Im ersten Lichtblitz (2007, S. 16-18) wendet sich Nursi der Geschichte des Propheten Jonas zu, der im Bauch eines Wals gefangen war. Jonas rief in seiner tiefsten Verzweiflung: „Es gibt keinen Gott außer dir! Preis sei dir! Gewiss, ich gehöre zu den Ungerechten" (Koran 21,87). Für Nursi ist dieser Ruf ein Symbol für die Lage eines Menschen, der sich in den "Bäuchen" seiner eigenen Sorgen und Nöte gefangen fühlt. Laut Nursi ist der Mensch in einer schlimmeren Situation als der Propheten Jonas: „Nun sind wir in einer Lage hundertfach schrecklicher als jene des Jonas. Unsere Nacht ist die Zukunft. Wenn wir auf die Zukunft mit dem Auge der Nachlässigkeit schauen, so ist die Zukunft hundertfach düsterer und bedrohlicher als die Nacht des Jonas. Unser Meer ist dieser rotierende Erdball. Jede Welle dieses Meeres trägt Tausende Leichname und ist tausendfach bedrohlicher als das Meer des Jonas. Unser Fisch ist die Laune unserer Triebseele, und sie strebt danach, dieses Fundament unseres ewigen Lebens zu erschüttern und zu zerstören. Dieser Fisch ist tausendfach bösartiger als der Fisch des Jonas. Denn der Fisch des Jonas konnte eine hundertjährige Lebensspanne zerstören, aber der Fisch unserer Triebseele will ein Leben zerstören, das Abermillionen Jahre dauert. Das ist unser wahrer Zustand, und wir sollten Jonas nachahmen und uns von allen Faktoren abwenden und direkt Zuflucht nehmen beim Verursacher aller Faktoren, bei unserem Herrgott" (2007, S. 16ff). Der Wal steht also in Nursis Auslegung für die Umstände, die den Menschen zu verschlingen drohen, sei es Angst, Schuld oder Verzweiflung. Jonas' Gebet zeigt jedoch den Weg aus dieser scheinbar ausweglosen Situation: die Hinwendung zu Gott, das Eingeständnis eigener Fehler und die Bitte um Befreiung. Nursi ermutigt den Leser, in Zeiten der Dunkelheit diese Gebete nachzusprechen und daran zu glauben, dass Gottes Hilfe immer nahe ist, wenn der Mensch sie aufrichtig sucht.

Der Prophet Hiob

Im zweiten Lichtblitz (2007, S. 18-26) analysiert Nursi das Leben des Propheten Hiob, der für seine Geduld bekannt ist. Hiob wurde von Gott mit schweren Prüfungen konfrontiert: Krankheit und Verlust von Besitz und Familie. Doch anstatt zu verzweifeln oder sich von Gott abzuwenden, hielt Hiob an seinem Glauben fest und betete: „Mir ist gewiss Unheil widerfahren, doch du bist der Barmherzigste der Barmherzigen" (Koran, 21:83). Nursi sieht in dieser Geschichte eine Lektion für alle Menschen, die mit Schmerz und Leid konfrontiert sind. Er erklärt, dass der Zustand von Hiob metaphorisch für den inneren Zustand eines jeden Menschen steht, der sich mit Krankheit oder anderen Prüfungen abmüht: „Entsprechend zu den äußeren Wunden und Krankheiten Hiobs haben wir innere Krankheiten des Geistes und des Herzens. Würde unser inneres Sein nach außen gewendet werden, und würde unser äußeres Sein nach innen gewendet werden, würden wir verwundeter und kränker als Hiob erscheinen. Denn jede Sünde, die wir begehen, und jeder Zweifel, der in unseren Verstand eintritt, schlägt unserem Herzen und unserem Geist Wunden. Die Wunden Hiobs waren von solch einer Natur, dass sie sein kurzes, weltliches Leben bedrohten, aber unsere inneren Wunden bedrohen unser unbegrenzt lang immerwährendes Leben. Wir brauchen das Flehgebet Hiobs tausendfach mehr als er selber" (2007, S. 18ff).

Nursi lehrt, dass der Mensch in solchen Momenten nicht die Hoffnung verlieren sollte, sondern in Geduld und im Vertrauen auf Gottes Barmherzigkeit Trost finden kann. Die Geschichte wird somit zu einer Quelle der inneren Stärke und der spirituellen Heilung.

Durch diese Beispiele macht Nursi deutlich, dass die Prophetengeschichten des Korans nicht lediglich vergangene Ereignisse dokumentieren, sondern zeitlose Botschaften enthalten, die den Gläubigen helfen, ihre eigenen Lebensfragen zu beantworten. Die Geschichten von Hiob und Jonas illustrieren, wie Geduld und Vertrauen in Gott den Menschen aus den schwierigsten Lebenslagen führen können. Nursi fordert den Leser dazu auf, die spirituellen Lektionen der Propheten in sein eigenes Leben zu integrieren und in jedem Ereignis eine göttliche Weisheit zu erkennen.

Diese Herangehensweise hebt Nursis Werk von vielen anderen Kommentaren zum Koran ab. Er sieht die Prophetengeschichten nicht als Abstraktion, sondern als lebendige, dynamische Anleitungen, die in jedem Moment des Lebens von Relevanz sind. Sie fordern die Gläubigen auf, Verantwortung für ihr eigenes spirituelles Wachstum zu übernehmen und Gott in allen Umständen zu suchen.

So zeigt Nursi, dass die Prophetengeschichten mehr sind als historische Berichte. Sie sind ein Spiegel, der uns unsere eigene Realität zeigt, und ein Licht, das uns den Weg aus der Dunkelheit weist. Sie bieten dem Menschen nicht nur Trost, sondern auch Handlungsanweisungen für ein erfülltes Leben im Einklang mit göttlicher Weisheit. Nursis Ansatz lädt dazu ein, die Prophetengeschichten mit offenen Augen und Herzen zu lesen und ihre Botschaften als persönliches Erbe zu begreifen, das uns leitet und stärkt.

Die Rechtsschulen des Islams

Die Rechtsschulen des Islams, bekannt als Madhabs, sind traditionelle Schulen der islamischen Rechtsprechung (Fiqh). Sie entwickelten sich nach dem Tode des Propheten Muhammed.

Die Rechtsschulen des Islams sind aus dem Bedürfnis entstanden, den Koran und die Hadithe – die primären Quellen des islamischen Rechts – auszulegen und anzuwenden. Nach dem Tod des Propheten Muhammed entstanden Fragen zur religiösen Praxis, die nicht direkt durch diese primären Quellen beantwortet werden konnte, z.B. wie man die Hände beim Gebet halten soll. Der Koran ist ja kein Bilderbuch. Die Gelehrten begannen dann, diese Fragen durch Ijtihad (unabhängige Rechtsfindung) zu beantworten, was zur Entwicklung verschiedener Interpretationen und rechtlicher Meinungen führte. Diese verschiedenen Ansätze kristallisierten sich schließlich in den Rechtsschulen heraus, die jeweils eigene Methodologien und Prinzipien der Rechtsfindung entwickelten.

Diese Schulen sind wichtig, um den Koran und die Hadithe zu verstehen, da sie unterschiedliche Interpretationsansätze und Rechtsmeinungen anbieten, welche die Anwendung der islamischen Lehre auf das tägliche Leben ermöglichen.

Die Rechtsschulen gehen also auf Fragen der religiösen Praxis ein, nicht auf die Glaubensinhalte. In diesen sind sie komplett identisch, da gibt es keine Meinungsunterschiede.

Die vier großen sunnitischen Schulen sind Hanafi, Maliki, Shafi'i und Hanbali. Sie erkennen jeweils die Gültigkeit der anderen an und haben über die Jahrhunderte in rechtlichen Debatten interagiert. Diese Rechtsschulen sind weltweit verbreitet und werden ohne regionale Einschränkungen befolgt, obwohl jede in verschiedenen Teilen der Welt dominant geworden ist. Beispielsweise dominiert die Maliki-Schule in Nord- und Westafrika, die Hanafi-Schule in Süd- und Zentralasien, die Shafi'i-Schule in Ostafrika und Südostasien und die Hanbali-Schule in Nord- und Zentralarabien.

Die Unterschiede zwischen den Schulen ergeben sich aus der Art und Weise, wie sie Quellen wie den Koran, die Hadithe und andere rechtliche Methoden interpretieren. Die Hanafi-Schule, gegründet von Imam Abu Hanifa (699-767), legt großen Wert auf Vernunft und Gemeinschaftsansichten. Die Maliki-Schule von Imam Malik (711-795) bevorzugt die Traditionen der Gefährten des Propheten Muhammed. Imam al-Shafi (767-820), Gründer der Shafi'i-Schule, betonte die Bedeutung der Traditionen des Propheten und formulierte explizit Regeln für die Etablierung des islamischen Rechts. Die Hanbali-Schule, die von Imam Ahmad bin Hanbal (780-855) begründet wurde, ist bekannt für ihre konservative Ausrichtung und besteht auf den wörtlichen Anweisungen des Korans und der Hadithe.

Über die selbstverständliche Entstehung der Unterschiede schrieb der Islamgelehrte Said Nursi folgendermaßen: „Entsprechend den Jahrhunderten ändern sich auch die Gesetze. Es können sogar in einem Jahrhundert verschiedene Gesetze und Propheten für verschiedene Völker kommen und sind sie auch gekommen. Aber nach dem Siegel der Propheten (Muhammed) waren unterschiedliche Gesetze nicht mehr nötig, da die große Gesetzgebung, die er brachte, in jedem Jahrhundert für jedes Volk ausreichte. Aber in Einzelheiten waren im gewissem Grade verschiedene Schulen nötig. (Beispiel:) Mit der Änderung der Jahreszeiten ändert sich auch die Kleidung. Je nach Temperament ändern sich ja die Medikamente. Genauso ändern sich die Gesetze je nach Zeitalter. Je nach den Fähigkeiten der Völker verändern sich die Anwendungen ihrer Gesetze. Denn in den Einzelheiten richten sich die Anwendungen der Gesetze nach den Haltungen der Menschen. Dementsprechend kommen sie und werden zu Heilmitteln. In den Zeiten der vorausgegangenen Propheten waren die Schichten der Menschen voneinander weit entfernt und ihre Art in gewissem Grade grob und ungestüm. Von ihren Vorstellungen her waren sie primitiv und standen dem Nomadenleben nahe. Daher kamen in ihrer Zeit unterschiedliche Gesetze, die ihrer Haltung entsprachen. Wir sehen sogar, dass sich auf einem Festland in demselben Zeitalter verschiedene Propheten und Gesetze befanden. Mit der Ankunft des Propheten der Endzeit (Muhammed) aber waren verschiedene Gesetze nicht mehr nötig, da die Menschen von der Stufe einer Grundschule zu der Stufe eines Gymnasiums fortgeschritten waren. Durch viele Umwälzungen und

Vermischungen gelangten die Völker der Menschheit zu einer Reife, in der sie einen einzigen Unterricht bekommen, auf einen einzigen Lehrer hören und mit einer einzigen Gesetzgebung leben konnten. Danach wurden auch verschiedene Lehrer nicht für nötig gehalten. Da sie aber ein gleiches Niveau nicht vollständig erreichten und sich nicht eine gleiche gesellschaftliche Lebensweise übergestreift hatten, kamen verschiedene Rechtsschulen hervor. Wenn die absolute Mehrheit der Menschen, wie die Studenten einer Hochschule, die selbe gesellschaftliche Lebensweise überziehen könnten, ein gleiches Niveau erreichten, dann könnte man die Rechtsschulen vereinen. Aber da der Umstand der Welt diesen Zustand nicht zulässt, können auch die Rechtsschulen nicht eins werden" (Nursi, k.A.c, S. 867ff).

Auf die Fragestellung, welche der Rechtsschulen den nun die richtige sei, antwortete Nursi: „Ein und dasselbe Wasser bekommt (laut der islamischen Rechtsfindung) fünf Bestimmungen für fünf verschiedene Situationen. Es ist dies folgendermaßen: Für den einen ist das Wasser ein Medikament je nach Art der Krankheit. Medizinisch ist es Vadjib (Pflicht). Für einen anderen aber ist es wegen seiner Krankheit so schädlich wie Gift. Medizinisch ist es für ihn Haram (verboten). Für einen anderen schadet es aber wenig. Medizinisch ist das Wasser für ihn Mekruh (unerwünscht). Für einen anderen nutzt es ohne Schaden. Medizinisch ist es für ihn Sunnah (Tradition des Propheten). Für einen anderen ist das Wasser weder schädlich noch nützlich. Er mag es mit Genuss trinken. Für ihn ist es Mubah (wünschenswert). Das Richtige hat sich hier ausgebreitet. Alle fünf Fälle sind recht. Kannst du sagen, dass das Wasser nur ein Heilmittel ist, nur Vadjib (Pflicht) ist und keine andere Bestimmung hat? Genauso wie dieses erscheinen die Gesetze Gottes in den Rechtsschulen entsprechend denjenigen, die sie befolgen, durch die Leitung der göttlichen Weisheit anders. Alle diese verschiedenen Variationen sind recht und richtig. Jede Variation wird auch richtig und passt der Sache" (Nursi, k.A.c, S. 868).

Alle vier Schulen stimmen in den wesentlichen Aspekten des Islams überein und erkennen die Autorität des Korans und der Traditionen als ultimative Quellen des islamischen Rechts an. Unterschiede entstehen nur in Bereichen, in denen diese Quellen keine expliziten Anweisungen geben, wodurch die Schulen ihre unabhängige Argumentation nutzen.

Die Entwicklung dieser Rechtsschulen ist ein wesentlicher Aspekt der islamischen Geschichte und hat bis heute Auswirkungen auf die Rechtspraxis in der muslimischen Welt. Sie zeigen, wie Muslime seit Jahrhunderten versucht haben, ihre religiösen Texte zu interpretieren und auf das tägliche Leben anzuwenden.

Idschtihad – eigenständige Rechtsfindung im islamischen Kontext

Idschtihad ist ein Begriff aus der islamischen Rechtswissenschaft, der tief in der Geschichte und Philosophie des Islam verwurzelt ist. Wörtlich bedeutet das arabische Wort "Idschtihad" Anstrengung oder Bemühung. Im theologischen Kontext beschreibt es den intellektuellen Prozess, bei dem ein Gelehrter auf der Grundlage der islamischen Quellen – insbesondere des Korans und der Sunna – neue rechtliche Urteile ableitet. Dieser Prozess erfordert nicht nur fundiertes Wissen über die religiösen Texte, sondern auch die Fähigkeit, komplexe Zusammenhänge zu erkennen und aktuelle gesellschaftliche Entwicklungen zu berücksichtigen.

Im Kern zielt der Idschtihad darauf ab, die zeitlosen Prinzipien des Islam auf neue Situationen anzuwenden, die zur Zeit des Propheten Muhammed noch nicht existierten. Dabei dient er als Brücke zwischen der unveränderlichen göttlichen Offenbarung und der sich ständig wandelnden Welt. Dies verleiht dem islamischen Recht eine bemerkenswerte Flexibilität und Dynamik, die es ihm ermöglicht, relevant und anwendbar zu bleiben, ohne seine grundlegenden Werte zu kompromittieren.

Historisch gesehen spielte Idschtihad eine entscheidende Rolle bei der Entwicklung der islamischen Rechtswissenschaft, der sogenannten Fiqh. Die frühen Gelehrten, darunter die Begründer der vier sunnitischen Rechtsschulen, nutzten ihn, um unterschiedliche

Meinungen zu komplexen rechtlichen Fragen zu formulieren. Diese Vielfalt der Meinungen spiegelte die kulturellen und sozialen Unterschiede der jeweiligen Regionen wider und zeigte die enorme Bandbreite der islamischen Jurisprudenz.

Jedoch ist Idschtihad nicht uneingeschränkt. Nur hochqualifizierte Gelehrte, die als Mudschtahid bezeichnet werden, sind berechtigt, diesen Prozess durchzuführen. Sie müssen nicht nur die islamischen Quellen umfassend kennen, sondern auch tiefes Verständnis in der arabischen Sprache, der Geschichte und der Logik besitzen. Diese Anforderungen garantieren, dass die abgeleiteten Urteile fundiert und theologisch legitim sind.

Im Laufe der Geschichte gab es immer wieder Debatten darüber, ob das Tor des Idschtihad – also die Möglichkeit, neue Urteile zu fällen – offen oder geschlossen sei. Einige Gelehrte argumentierten, dass alle relevanten Fragen bereits beantwortet wurden und daher kein weiterer Idschtihad nötig sei. Andere hingegen betonten die Notwendigkeit einer kontinuierlichen Rechtsfindung, um auf die Herausforderungen der Moderne zu reagieren. So sagte schon der Prophet Muhammed: „Zu Beginn eines jeden Jahrhunderts wird Gott jemand in dieser Gesellschaft berufen, der die Religion aktualisiert und wiederbeleben wird" (Abu Dawud, Melahim: 31).

In der heutigen Zeit gewinnt Idschtihad wieder an Bedeutung, da Muslime weltweit mit neuen gesellschaftlichen, wissenschaftlichen und technologischen Entwicklungen konfrontiert sind. Fragen zu Bioethik, künstlicher Intelligenz oder globaler Wirtschaftsethik erfordern innovative Ansätze, um die islamischen Werte auf zeitgemäße Weise zu interpretieren.

Idschtihad verkörpert daher die intellektuelle Lebendigkeit des islamischen Denkens und bildet die Grundlage für eine dynamische, anpassungsfähige Rechtswissenschaft. Damit stellt er sicher, dass die ewigen Prinzipien des Islam in jeder Epoche relevant bleiben, ohne ihre Authentizität zu verlieren.

Der Islamgelehrte Said Nursi argumentiert, dass das Tor des Idschtihad zwar offen ist, doch in der heutigen Zeit erhebliche Hindernisse bestehen, um hindurchzugehen (Nursi, k.A.c, S. 857ff). Hierfür nennt er sechs Gründe.

Grund 1: Bedingungen der Gegenwart sind ungünstig, der Glaube hat insgesamt abgenommen

Der erste Grund liegt in den herausfordernden Bedingungen der Gegenwart. Nursi vergleicht die Zeit mit einem harten Winter, in dem heftige Stürme wüten. In solch einer Situation würde niemand auf die Idee kommen, neue Tore zu öffnen oder Löcher in die Wände zu schlagen, um sie zu reparieren. Vielmehr würden alle Ritzen sorgfältig abgedichtet, um die Struktur zu schützen.

Übertragen auf den Islam bedeutet dies, dass es angesichts der heutigen gesellschaftlichen Umstände gefährlich wäre, unter dem Vorwand des Idschtihad neue Wege und Tore zu eröffnen. Nursi sieht darin eine Bedrohung für die Integrität und den Zusammenhalt des islamischen Glaubens. Denn in einer Zeit, in der Gottes Gebote vernachlässigt, unislamische Bräuche verbreitet und schädliche Neuerungen eingeführt werden, könnte der Idschtihad dazu missbraucht werden, die Fundamente des Islam zu untergraben.

Er warnt davor, dass diese Öffnungen wie Löcher in den Schutzwänden des Schlosses Islam wirken könnten, durch die destruktive Kräfte eindringen könnten. In einer Epoche, in der Irrlehren um sich greifen und das Verständnis der islamischen Lehren schwächer wird, könnte der Idschtihad von Unwissenden oder gar von denen, die den Islam schädigen wollen, ausgenutzt werden. Deshalb sieht Nursi in der gegenwärtigen Zeit das Risiko, dass die Methode des Idschtihad zu einer Erosion der islamischen Werte führen könnte, wenn sie unbedacht und ohne tiefes Wissen angewandt wird.

Für Nursi ist es daher unerlässlich, die Tore des Idschtihad vorsichtig zu handhaben und sie nur unter strengsten Voraussetzungen zu öffnen. Nur so könne der Islam vor äußeren Einflüssen und innerer Zersetzung bewahrt werden.

Grund 2: Koran und Sunna werden in ihrem Fundament erschüttert

Der zweite Grund, den Said Nursi nennt, bezieht sich auf die beiden unveränderlichen Quellen des islamischen Rechts: den Koran und die Sunna. Er betont, dass der Idschtihad diese fundamentalen Grundlagen des Glaubens nicht berühren kann, da sie endgültig und festgelegt sind. Für Nursi sind diese Quellen so essenziell wie Nahrung und Nährstoffe für den menschlichen Körper. Doch in der heutigen Zeit werden sie oft vernachlässigt und in ihrem Fundament erschüttert.

Anstatt sich in neue Interpretationen und Rechtsfindungen zu stürzen, sei es daher viel wichtiger, alle Anstrengungen und Begeisterung darauf zu konzentrieren, diese unveränderlichen Grundsätze zu beleben und zu stärken. Nursi sieht hierin die dringlichste Aufgabe der Gegenwart, da die islamische Gemeinschaft ihre spirituelle Stabilität aus diesen Quellen schöpft.

Zudem erinnert Nursi daran, dass die früheren Gelehrten aus den anderen beiden Rechtsquellen – dem Konsens der Gelehrten (Idschma) und der Analogie (Qiyas) – bereits umfassende und zeitlose Rechtsmeinungen entwickelt haben. Diese Lehrmeinungen entstanden durch reinen und aufrichtigen Idschtihad und sind so umfassend, dass sie den Bedürfnissen jeder Epoche gerecht werden können.

Nursi kritisiert daher die Tendenz, diese etablierten Lehrmeinungen zu ignorieren und stattdessen aus subjektiver Laune heraus neue Interpretationen zu schaffen. Für ihn ist das eine gefährliche Form des Frevels, die den Glauben schwächt und zur Verwirrung in der Gemeinschaft führt. Idschtihad darf nicht zu einem Werkzeug der Beliebigkeit verkommen, sondern muss mit tiefem Wissen und großer Verantwortung durchgeführt werden. Nur so kann die Einheit und Integrität des islamischen Glaubens gewahrt bleiben.

Grund 3: Spirituelle Bereitschaft und die natürliche Empfänglichkeit sind erheblich geschwächt

Im dritten Grund erläutert Said Nursi, dass jede Zeit ihre eigenen gesellschaftlichen und intellektuellen Strömungen hat, die die Denkweise und Interessen der Menschen prägen. Er vergleicht dies mit einem Markt, auf dem zu unterschiedlichen Zeiten unterschiedliche Waren gefragt sind. Genauso prägen auch in jeder Epoche bestimmte Themen und Ideale die Gedankenwelt der Menschen.

In der Zeit der "Reinen Vorfahren" (Self-i Salihin), also der ersten Generationen nach dem Propheten Muhammed, waren die Herzen und Gedanken der Menschen auf das Wohlgefallen Gottes ausgerichtet. Ihr größtes Anliegen war es, aus den Worten Gottes die Gebote und Weisungen zu erkennen und dadurch ewiges Glück im Jenseits zu erlangen. Da sie sich voll und ganz auf diese spirituellen Ziele konzentrierten, waren auch ihre Gespräche, ihr Alltag und ihre sozialen Interaktionen von diesem Streben geprägt.

In dieser Atmosphäre war es möglich, aus jedem Ereignis und jeder Erfahrung wertvolle Lehren zu ziehen, die zur Erkenntnis Gottes führten. Die Welt war für sie wie eine Schule, in der alles als Lehrer fungierte und zur spirituellen Reifung beitrug. Diese natürliche Lernumgebung wirkte wie ein Licht, das in den Herzen der Menschen entzündet wurde und ihnen die Fähigkeit gab, auf intuitive Weise Idschtihad zu betreiben, also eigenständig islamische Rechtsurteile zu fällen. Diese Menschen waren so empfänglich und bereit für spirituelle Erkenntnisse, dass sie ohne große Anstrengung zu tiefen Einsichten gelangen konnten.

Heute jedoch ist die Situation eine andere. Nursi beschreibt, dass weltliche Sorgen die Herzen und Gedanken der Menschen zerstreut hat. Die spirituelle Dimension hat in den Köpfen der Menschen an Bedeutung verloren, und weltliche Interessen haben das Denken stark beeinflusst. In dieser verworrenen geistigen Landschaft ist es äußerst schwierig, die gleiche Tiefe und Klarheit zu erreichen, die die Gelehrten der frühen Generationen hatten.

Nursi veranschaulicht dies anhand des berühmten Exegeten Sufyan ibn Uyaina, der bereits als Kind den gesamten Koran auswendig konnte und mit Gelehrten wissenschaftliche Diskussionen führte. Damals war es durch die spirituelle Atmosphäre und die gesellschaftlichen Rahmenbedingungen möglich, schon in jungen Jahren ein tiefes Verständnis zu entwickeln und die Fähigkeit zum Idschtihad zu erlangen. Heute jedoch, so Nursi, wäre es weitaus schwieriger, diesen Grad an spiritueller Reife zu erreichen, selbst bei vergleichbarer Intelligenz. Die gedankliche Zerstreuung hat das spirituelle Verständnis getrübt und die natürliche Empfänglichkeit verringert.

Deshalb betont Nursi, dass es in der heutigen Zeit wesentlich länger dauert, die notwendige spirituelle Reife für Idschtihad zu erreichen. Während frühere Gelehrte in etwa zehn Jahren zu ihrer Reife gelangen konnten, bräuchte ein heutiger Gelehrter dafür ein Vielfaches an Zeit und Anstrengung. Er warnt davor, dass Menschen der heutigen Zeit nicht annehmen sollten, sie könnten dieselbe geistige Klarheit und intuitive Erkenntnisfähigkeit erreichen, nur weil sie über ähnliche intellektuelle Fähigkeiten verfügen. Denn die spirituelle Bereitschaft und die natürliche Empfänglichkeit, die für Idschtihad notwendig sind, wurden durch die Einflüsse der modernen Zeit erheblich geschwächt.

Grund 4: Idschtihad wird aus weltlichen oder materialistischen Motiven gemacht

Im vierten Grund beschreibt Said Nursi die natürliche Tendenz zur Entfaltung und Vervollkommnung, die allem Geschaffenen innewohnt. Diese Tendenz entsteht von innen heraus und führt zu Wachstum und Reife. Er vergleicht diesen inneren Drang mit einer Pflanze, die aus eigenem Antrieb herauswächst und gedeiht. Wenn jedoch von außen an ihr gezogen oder sie gewaltsam verändert würde, würde das nicht zum Wachstum, sondern zur Zerstörung führen – so, als würde man die Haut eines Körpers zerreißen.

Diese Metapher überträgt Nursi auf das Konzept des Idschtihad, also der eigenständigen Rechtsfindung im Islam. Er argumentiert, dass der Wunsch nach Idschtihad und die Neigung zur geistigen Entfaltung eine natürliche und positive Entwicklung sind, wenn sie aus einer tiefen Gottesfurcht und aufrichtigen Befolgung der religiösen Pflichten entstehen – so wie es bei den "Selef-i Salihin", den ersten Generationen der Muslime, der Fall war. Diese Gelehrten waren durch ihre tiefe Frömmigkeit und Hingabe zum Glauben motiviert. Ihr Streben nach Idschtihad kam von innen, aus einem reinen Herzen und einem aufrichtigen Willen zur Vervollkommnung ihres Glaubens.

Anders sieht es laut Nursi jedoch aus, wenn das Bedürfnis nach Idschtihad aus weltlichen oder materialistischen Motiven entsteht. In der heutigen Zeit, so Nursi, geben viele Menschen ihre religiösen Verpflichtungen auf, bevorzugen das irdische Leben gegenüber dem Jenseits und lassen sich von materialistischer Philosophie beeinflussen. Wenn solche Menschen aus diesen weltlichen und unaufrichtigen Beweggründen heraus das Bedürfnis nach Idschtihad entwickeln, dann bedeutet das nicht geistige Reife oder Wachstum, sondern vielmehr eine Zerstörung des Grundgedankens. Ihre vermeintliche Entfaltung würde eher zu einer Aufweichung der islamischen Prinzipien und Gesetze führen, da sie nicht aus einem aufrichtigen Glauben, sondern aus einem Streben nach weltlicher Freiheit und Selbstbestimmung heraus motiviert ist.

Nursi warnt davor, dass diese Art von "Entfaltung" zur Auflösung der verbindlichen islamischen Gesetze und zur Abkehr von der göttlichen Ordnung führen würde. Es wäre, als ob man die Kette des göttlichen Gesetzes von seinem Hals reißen würde, um frei nach eigenen Wünschen und Launen zu leben. Für Nursi ist Idschtihad nur dann legitim und fruchtbar, wenn es aus einer tiefen Frömmigkeit und einem ehrlichen Streben nach Gottes Wohlgefallen hervorgeht, nicht aber aus weltlichen oder egoistischen Motiven.

Dieser vierte Grund zeigt deutlich, dass Nursi Idschtihad zwar nicht grundsätzlich ablehnt, aber die Voraussetzungen dafür streng definiert. Er legt Wert darauf, dass die Motivation aus einem reinen Herzen und einem aufrichtigen Glauben kommen muss und dass sie auf einem festen Fundament religiöser Verpflichtungen und Gottesfurcht basiert. Nur dann könne Idschtihad zur Vervollkommnung und zum Wachstum des Glaubens beitragen, ohne den Islam in seinem Kern zu gefährden.

Grund 5: Diesseitige Perspektive steht im Fokus

Der fünfte Grund befasst sich mit der Gefahr, dass die Methode des Idschtihad in der heutigen Zeit von einer himmlischen Perspektive in eine irdische umgekehrt wird. Dabei werden drei problematische Standpunkte erläutert:

1. **Verwechslung von Weisheit und Begründung:** In der islamischen Rechtsfindung gibt es eine

klare Unterscheidung zwischen der Weisheit (Hikma) und der Begründung (Illat) hinter einer religiösen Vorschrift. Während die Weisheit die Weisung sinnvoll erscheinen lässt, stellt die Begründung den eigentlichen Grund dar, warum eine Regelung existiert. In der modernen Denkweise neigt man jedoch dazu, die Weisheit als Begründung zu betrachten und danach zu urteilen, was zu weltlichem Wohl führt. Diese Sichtweise ist jedoch zu stark auf das Diesseits ausgerichtet und verliert den jenseitigen Bezug.

2. **Fokussierung auf weltliches Glück:** Während der Islam hauptsächlich auf das jenseitige Glück ausgerichtet ist und das irdische Glück nur als Mittel dazu betrachtet, fixiert sich die heutige Denkweise auf das weltliche Glück als primäres Ziel. Dies führt zu einer Verweltlichung der religiösen Vorschriften und entfernt sie von ihrem eigentlichen, himmlischen Ursprung.

3. **Missbrauch des Grundsatzes der Zwangslage (Darura):** Im islamischen Recht gibt es den Grundsatz, dass in Notlagen Verbote gelockert werden können. Dies gilt jedoch nur, wenn die Notlage nicht durch eigenes Verschulden entstanden ist. In der modernen Praxis wird jedoch häufig versucht, selbstverschuldete Notlagen als Rechtfertigung für das Umgehen von Verboten zu verwenden, was den spirituellen Gehalt untergräbt.

Insgesamt verdeutlicht der fünfte Grund die Notwendigkeit, Idschtihad nicht aus einer weltlichen Perspektive zu betreiben, sondern stets den jenseitigen Bezug und den göttlichen Ursprung zu bewahren.

Grund 6: Lüge und Wahrheit sind mehr klar voneinander getrennt

Im sechsten Grund erklärt Said Nursi, warum die Gefährten des Propheten Muhammed (Sahabis) in ihrem Idjtihad und ihrer Urteilskraft unübertroffen sind und warum die heutigen Gelehrten nicht auf ihrem Niveau urteilen können. Er betont, dass die Sahabis in einer Zeit des reinen Lichts und der Wahrheit lebten, die ihnen eine ungetrübte Sicht auf den Islam ermöglichte. Ihre Nähe zum Propheten, ihre Aufrichtigkeit und ihre Rechtschaffenheit gaben ihren Urteilen eine besondere Authentizität und Klarheit.

Nursi argumentiert, dass die Sahabis in einer Zeit lebten, in der Lüge und Wahrheit so klar voneinander getrennt waren wie Himmel und Erde. Sie erlebten die Aufrichtigkeit des Propheten Muhammed unmittelbar und sahen die Beispiele von Lügnern, die aufgrund ihrer Täuschungen tief fielen. Dadurch wurde ihnen die Hässlichkeit der Lüge und die Schönheit der Aufrichtigkeit deutlich bewusst. In dieser einzigartigen spirituellen und moralischen Atmosphäre konnten sie ihre Urteile mit unverfälschter Rechtschaffenheit fällen.

Im Gegensatz dazu sind die heutigen Menschen weit entfernt von dieser Quelle des Lichts und müssen durch viele Schleier und Hindernisse auf die Wahrheit blicken. Diese Entfernung und die Vermischung von Wahrheit und Lüge in der modernen Zeit erschweren es, die Reinheit und Klarheit zu erreichen, die den Sahabis eigen war. Nursi kritisiert, dass in der heutigen Zeit Lüge und Wahrheit oft so nah beieinander liegen, dass Menschen leicht von der Wahrheit zur Unwahrheit wechseln, sogar in politischen und gesellschaftlichen Angelegenheiten.

Diese Analyse verdeutlicht, dass nach Nursis Auffassung die geistige Reinheit und moralische Klarheit der Sahabis nicht wiederholbar sind und ihre Urteile daher eine unübertroffene Authentizität besitzen.

Fazit

Said Nursi legt in seiner tiefgründigen Analyse dar, warum die Idjtihad-Befugnis, also die selbstständige Rechtsfindung in islamischen Angelegenheiten, in der Zeit der Sahabis (Gefährten des Propheten) unvergleichlich und einzigartig war. Die sechs Gründe verdeutlichen, dass die Sahabis aufgrund ihrer unmittelbaren Nähe zur Offenbarung, ihrer makellosen Sprachbeherrschung, ihrer lebensnahen Erfahrungen mit der islamischen Gesetzgebung, ihrer Reinheit und Aufrichtigkeit im Glauben, ihrer Einmütigkeit in fundamentalen Glaubensfragen und ihrer unvergleichlichen Aufrichtigkeit und Klarheit im Urteil eine außergewöhnliche Fähigkeit zur Rechtsfindung besaßen.

Nursi argumentiert, dass die Sahabis durch ihre direkte Begegnung mit dem Propheten und ihre tief verwurzelte Liebe zur Wahrheit ein Verständnis des Islams entwickelten, das in späteren Generationen aufgrund zeitlicher und spiritueller Distanz nicht mehr in gleicher Weise erreicht werden konnte. Er betont, dass ihre Aufrichtigkeit und ihr Streben nach Gerechtigkeit so groß waren, dass sie vor der Lüge genauso zurückschreckten wie vor dem Unglauben selbst. In einer Zeit, in der Wahrheit und Unwahrheit enger beieinanderliegen als je zuvor, dient ihre Aufrichtigkeit als zeitloses Vorbild.

Daher kommt Nursi zu dem Schluss, dass die Voraussetzungen und Bedingungen für Idjtihad in späteren Zeiten erheblich erschwert wurden, da die Menschen heute hinter zahlreichen Schleiern der Zeit und spirituellen Verunreinigungen in das Buch der Wahrheit blicken. Er plädiert dafür, das einmalige Erbe der Sahabis zu schätzen und ihre Aufrichtigkeit als Maßstab für jegliche islamische Rechtsfindung zu nehmen. Damit verdeutlicht er, dass die spirituelle Tiefe und moralische Reinheit der Sahabis nicht nur ein Grund für ihre Idjtihad-Kompetenz waren, sondern auch eine notwendige Bedingung für jede wahrhaftige Interpretation des Islams.

Sein Verständnis von Dschihad

Said Nursi hat den Begriff des "Dschihad" auf eine Weise interpretiert, die viele moderne Missverständnisse über diese islamische Praxis korrigieren kann. Für Nursi, der in der turbulenten Zeit des späten Osmanischen Reiches und der frühen türkischen Republik lebte, war der Dschihad keineswegs eine militärische oder gewalttätige Handlung. Stattdessen verstand er ihn als einen tiefen, spirituellen und moralischen Kampf, der mehr mit der Vervollkommnung der eigenen Seele und der Pflege von Werten wie Geduld, Verständnis und Wissen zu tun hat als mit jeglicher Form von Krieg. In seinen Schriften betont Nursi, dass der wahre Dschihad ein innerer ist und keinen Platz für die Gewalt hat, die oft fälschlicherweise mit diesem Begriff verbunden wird.

Nursis Verständnis des Dschihad liegt eng an der ursprünglichen Bedeutung des arabischen Wortes "dschahada", was "sich bemühen" oder "sich anstrengen" bedeutet. Er sah den Dschihad als eine persönliche und kollektive Anstrengung zur Verbesserung des eigenen Charakters und zur Förderung von Harmonie und Frieden in der Gesellschaft. Für Nursi bestand der Dschihad darin, gegen die eigenen niederen Instinkte zu kämpfen und die moralischen Schwächen zu überwinden, die den Menschen dazu bringen, anderen Schaden zuzufügen oder sich selbst zu verlieren. Es war ein Aufruf zur Selbstdisziplin und zur Erziehung, die darauf abzielt, dass der Einzelne ein besserer Mensch und ein aktiver, positiv beitragender Teil seiner Gemeinschaft wird.

Ein wichtiger Aspekt im Islam ist, dass es keinen "heiligen Krieg" kennt, wie er oft in westlichen Interpretationen des Dschihad missverstanden wird. Der Islam ist eine Religion des Friedens und der Barmherzigkeit, und die Idee eines "heiligen Krieges" widerspricht den Grundsätzen des islamischen Glaubens. Der "heilige Krieg" ist ein Konzept, das in der islamischen Tradition keinen Platz hat und als Begriff aus einem falschen Vergleich mit den Kreuzzügen heraus entstanden ist, die den Dschihad fälschlicherweise auf kriegerische Aktivitäten reduziert. Nursis Verständnis von Dschihad steht daher in der Tradition des Islams. Er sieht es als eine Bemühung, die Welt durch positive, friedliche Mittel (vgl. Şahinöz, 2020b) zu einem besseren Ort zu machen.

Nursis Vision des Dschihad war zutiefst geprägt von der Überzeugung, dass Wissen und Bildung die effektivsten Werkzeuge im Kampf gegen Unwissenheit und geistige Schwäche sind. Er glaubte, dass Muslime die spirituellen, intellektuellen und sozialen Herausforderungen der modernen Welt nur durch Bildung und moralische Entwicklung bewältigen könnten. In seinen Augen bedeutete der Dschihad die Anstrengung, die eigene spirituelle Reinheit zu wahren und gleichzeitig durch Wissen und Weisheit in der Welt positiv zu wirken. Seine Schriften, die Risale-i Nur, sind Ausdruck dieser Überzeugung und enthalten zahlreiche Beispiele für die Art von innerem Dschihad, den er propagierte: den Kampf gegen Zweifel, Stolz, Egoismus und Ignoranz.

Nursi beschreibt, dass der wahre Kampf eines Gläubigen gegen den Egoismus gerichtet ist, indem er sich um die edle Ethik des Propheten Muhammed bemüht und die islamische Lebensweise als Wegweiser für gutes Verhalten und Rechtschaffenheit ansieht: „Ihre Berufung ist der Kampf gegen den Egoismus, d.h. sich mit der Ethik Muhammeds, mit dem der Friede sei, um die Gute Sitte bemühen, das Vorbild des Propheten, ihre Verfassung die Ge- und Verbote der islamischen Lebensweise; ihr Schwert aber sind die unwiderlegbaren Beweise. Denn Wahrhaftigkeit beweist man Menschen nur dadurch, dass man sie überzeugt und nicht mit Gewalt! Was die Wahrheit ist, das erforscht man nur dann, wenn man sich dafür interessiert. Unser Kampf aber richtet sich gegen Grausamkeit und Fanatismus. Ziel und Zweck bleibt die Erhöhung und Verherrlichung des Wortes Gottes (also des Koran). Neunundneunzig Prozent der Scharia befassen sich mit der Ethik, der Gottesdienste, dem Ewigen Leben und der Charakterbildung. Und nur ein Prozent beschäftigt sich mit der Politik. Um diese sollte sich unsere Regierung kümmern!" (Nursi, k.A.b, S. 99). Die "Waffe" im Dienst des Glaubens ist die Kraft der Beweise und Überzeugungen, nicht die Gewalt. Der Einsatz gilt der Bekämpfung von Grausamkeit und Fanatismus, mit dem Ziel, das Wort Gottes und den Koran zu erheben. Neunundneunzig Prozent der Scharia widmen sich der Ethik, dem Gottesdienst und der Charakterbildung, während nur ein Prozent politische Angelegenheiten betrifft, um die sich der Staat kümmern soll.

Ein zentrales Thema in Nursis Denken ist also die Idee, dass der Mensch sich in einem permanenten Zustand des "inneren Dschihad" befindet. Er definierte diesen als den Kampf gegen negative innere Kräfte wie Arroganz, Hass, Neid und Begierden, die das moralische und spirituelle Wachstum des Einzelnen behindern. Nursi sah diesen Kampf als eine Pflicht jedes Gläubigen, um ein gerechtes und friedliches Leben zu führen und sich mit den höchsten Tugenden zu schmücken, die der Islam lehrt: Geduld, Toleranz, Vergebung und Liebe. Indem er auf diese Qualitäten hinwies, verwarf er jede Vorstellung von Gewalt oder Aggression und erklärte, dass der Dschihad im Geiste des Islams stets friedliche und erzieherische Methoden beinhalte.

Ein weiterer Aspekt, den Nursi hervorhebt, ist die Pflicht, die Botschaft des Islams durch den sogenannten "Dschihad der Feder" – das heißt durch Schreiben und Bildung – zu verbreiten. Er betonte, dass in der modernen Welt der Dschihad nicht auf dem Schlachtfeld, sondern im Bereich des Wissens und der Erziehung stattfindet. Für Nursi war das Schreiben, das Lehren und das Forschen ein heiliger Dienst, durch den das Licht des Islams verbreitet werden könne. Dieser "Dschihad der Feder" stellt eine friedliche, gewaltfreie und intellektuell anspruchsvolle Form des Dschihad dar, die auf das Wohl der Menschheit und den Fortschritt der Gesellschaft abzielt. Es geht um die Verbreitung von Werten und Wissen, die Brücken des Verständnisses und der Freundschaft aufbauen können, anstatt Mauern des Hasses und der Gewalt.

Nursis war der Auffassung, dass das moderne Zeitalter das Zeitalter der Naturwissenschaft und der Zivilisation sei. Hierzu schreibt er: „In früheren Zeiten, als die Wildheit und Barbarei dominierten, herrschte auf der Welt die Macht und das Regiment der Gewalt, die das Ergebnis von Rückschritt und Zerfall war. Die Geschichte jener Staaten, die ihre Existenz auf Gewalt gründeten, zeigt wie Ruinen von verlassenen Orten, deren Zeilen das Ende jener Mächte verkünden und beschwören. In der heutigen Epoche der Zivilisation jedoch sind Wissen und Bildung die wahren Herrscher der Welt" (Nursi, 1978, S. 74). Er war also davon überzeugt, dass für die neue, moderne Zeit, die Naturwissenschaft und die Technologie, eine ganz enorme und schicksalsentscheidende Rolle spielen. Daher sei es zentral, die neuen Wissenschaften und Technologien zu nutzen.

Said Nursi betont, dass Wissenschaft und Überzeugung das Dschihad der Gegenwart sind: „Jeder Gläubige ist zur Erhöhung des Wortes Gottes verpflichtet. In heutiger Zeit ist die erste Veranlassung dazu die materielle Entwicklung. Denn man unterdrückt uns mit den Waffen der Naturwissenschaften und der Industrie in seiner geistigen Zwangsherrschaft. Auch wir werden mit Waffen von Kunst und Wissenschaft gegen Unwissenheit, Armut und Widerstreit der Meinungen, welche die furchtbaren Feinde der Erhöhung des Wortes Gottes sind, kämpfen. Den Kampf nach außen aber werden wir dem diamantenen Schwert, der unwiderlegbaren Beweise, der strahlenden Gesetzte Gottes überlassen. Denn ein Sieg über zivilisierte

Menschen ist nur dadurch möglich, dass man sie überzeugt, und nicht dadurch, dass man sie wie Wilde, die kein Wort verstehen, dazu zu zwingen versucht. Wir sind dazu bereit, für die Freundschaft Opfer zu bringen. Für Feindschaft haben wir keine Zeit!" (Nursi, k.A.b, S. 86; vgl. 2012b, S. 415). Demnach hat jeder Gläubige die Pflicht, das Wort Gottes zu erheben. In unserer Zeit geschieht dies vor allem durch materielle Entwicklung, da die geistige Vorherrschaft auf Naturwissenschaften und Industrie basiert. Daher sollen auch Muslime mit den "Waffen" von Wissenschaft und Kunst gegen Unwissenheit, Armut und Uneinigkeit kämpfen – die wahren Feinde der Erhebung des göttlichen Wortes. Äußere Konflikte hingegen sollen mit den klaren, überzeugenden Beweisen des Islams gelöst werden, denn nur durch Überzeugung, nicht Zwang, erreicht man zivilisierte Menschen. Nursi ruft dazu auf, für Freundschaft zu wirken, statt Feindschaft zu fördern. Er beschreibt die islamische Gesetzgebung und Lebensweise in ihrer Reinheit, Klarheit und Überzeugungskraft als leuchtend und vorbildlich. Damit hebt er hervor, dass die islamische Lebensweise ein Mittel der Wahrheit und des Lichts ist, das durch seine Argumente und ethischen Grundsätze überzeugt, anstatt durch Gewalt oder Zwang.

Indem Nursi den Dschihad auf diese Weise interpretierte, leistete er einen wichtigen Beitrag zur Versöhnung des Islams mit den Herausforderungen der modernen Welt. Er glaubte fest daran, dass der Islam, wenn er richtig verstanden wird, eine Quelle des Friedens, der Vernunft und der Erleuchtung ist. Für ihn war der Dschihad ein positiver und schöpferischer Akt, der die menschlichen

Fähigkeiten zur Förderung von Gerechtigkeit, Güte und Wissen entfaltet. In dieser Sichtweise liegt auch die Aufforderung an die Muslime, sich aktiv für das Wohl der Gesellschaft und die Bewahrung des Friedens einzusetzen, anstatt sich in Konflikte und Kriege verwickeln zu lassen. Nursis Interpretation des Dschihad ist daher ein Aufruf zur Reflexion und Selbsterziehung und eine Ablehnung jeder Form von Aggression, die im Namen des Glaubens gerechtfertigt wird.

Bemerkenswerterweise blieb seine Interpretation des Dschihad immer konstant. Sowohl vor als auch nach dem 1. Weltkrieg änderte er seine Meinung nicht. Obwohl große Wandlungen in der Welt stattfanden, blieb Nursi in seinen Ideen ziemlich gleich und beständig (Vahide, 1999).

Daher hat er durch seine Schriften und sein Leben eine Friedensbotschaft hinterlassen, die die wahre Essenz des Dschihad widerspiegelt. Für ihn bedeutete der Dschihad, sich mit allen Mitteln um das Gute, das Wahre und das Schöne zu bemühen und dies auf eine Weise zu tun, die den menschlichen Geist erhebt und die Gesellschaft in eine positive Richtung lenkt (vgl. Şahinöz, 2020b). Nursis Vision bleibt ein kraftvoller Gegenentwurf zu jeder Form der Gewalt und zeigt, dass der wahre Dschihad in der Liebe zur Menschheit und im Streben nach Wissen und spirituellem Wachstum liegt.

Haltung zur Republik, Demokratie und Säkularismus

Said Nursi war eine der einflussreichsten islamischen Gelehrten des 20. Jahrhunderts, dessen Schriften nicht nur theologische, sondern auch gesellschaftspolitische Themen behandelten. Sein Verständnis von Republik und Demokratie war tief in seinen islamischen Überzeugungen verwurzelt und gleichzeitig offen für die positiven Entwicklungen der Moderne. Er lehnte eine starre, autoritäre Herrschaft ab und sah in der Republik eine Regierungsform, die mit den Prinzipien des Islam vereinbar ist, sofern sie Gerechtigkeit, Rechtsstaatlichkeit und das Wohl der Menschen fördert.

Eines der bemerkenswertesten Beispiele für sein republikanisches Denken zeigte sich während eines Gerichtsverfahrens, in dem er beschuldigt wurde, ein Feind der Republik zu sein. Nursi verteidigte sich mit einer ungewöhnlichen, aber tiefsinnigen Analogie: Er sagte, dass er kein Gegner der Republik sei, denn schon bevor die Türkische Republik gegründet wurde, habe er Ameisen bewundert, weil sie Republikaner seien: „Sie fragten mich dort (1935 vor Gericht in Eskişehir): ʹWas denkst du über die Republik?ʹ Ich antwortete: ʹMeine Biographie, die ihr vor euch liegen habt, beweist, dass ich ein religiöser Republikaner war, lange bevor ihr, mit Ausnahme vielleicht des Vorsizenden des Gerichts von Eskişehir, geboren wurdet. Eine Zusammenfassung dessen ist Folgendes: wie jetzt lebte ich damals als

Einsiedler in einem abgelegenen Grabmal. Jemand brachte mir Suppe, und ich gab den Ameisen Brotkrumen. Ich pflegte mein Brot mit der Suppe zu essen. Einige Leute hörten davon und fragten mich danach, und ich sagte ihnen: 'Die Nationen der Ameisen und der Bienen sind Republiken. Ich gebe der Ameise die Brotkrumen aus Respekt für ihren Republikanismus.' So sagten sie: '(Dann) bist du gegen die frühen Führer des Islams.' Ich entgegnete: 'Die rechtgeleiteten Kalifen waren sowohl Kalifen als auch Präsidenten der Republik. Abu Bakr der Wahrhaftige, die Zehn, denen (vom Propheten) das Paradies versprochen wurde und die Gefährten des Propheten waren wie Präsidenten der Republik. Aber nicht als ein leerer Name und Titel, sie waren Anführer einer religiösen Republik, die den Sinn wahrer Gerechtigkeit und Freiheit im Einklang mit der Scharia trug'" (2000b, S.317ff; 2004a, S.326; vgl. 2001a, S.36).

Diese Aussagen verdeutlichen seine Auffassung, dass das republikanische Prinzip nicht an eine bestimmte politische Ideologie oder ein bestimmtes Land gebunden ist, sondern ein universelles System der Zusammenarbeit und Gerechtigkeit darstellt. Die Ameisen symbolisierten für Nursi eine Gesellschaftsform, in der es keine tyrannische Herrschaft gibt, sondern eine gerechte Ordnung, in der die Gemeinschaft im Vordergrund steht.

Nursis Haltung zur Demokratie war ebenfalls differenziert. Er kritisierte die Fehlentwicklungen, die in demokratischen Systemen auftreten können, insbesondere wenn sie von Machtmissbrauch und

228

Korruption geprägt sind. Gleichzeitig betonte er, dass die Grundidee der Demokratie – nämlich die Beteiligung des Volkes an der Regierung – nicht zum Widerspruch zum Islam steht. Der Prophet Muhammed traf selbst wichtige Entscheidungen in Absprache mit seinen Gefährten und der Islam betrachtet Gerechtigkeit, Konsens und Beratung als zentrale Werte. Daher unterstützte Nursi zeit seines Lebens immer demokratische Parteien. Er unterstützte öffentlich die Idee der parlamentarischen Demokratie als das gerechteste Gesellschaftssystem, in dem er u.a. Briefe an die Abgeordneten schrieb. Dabei verurteilte er Absolutismus und Tyrannei (Nursi, 1978, S.14). Zudem war er der Meinung, dass der Islam nicht für politische Zwecke benutzt werden darf (vgl. Şahinöz, 2019, S. 253ff).

Auch den Säkularismus bewertete er nicht grundsätzlich negativ: „Wenn ihr mich zu der säkularen Republik befragt, so verstehe ich darunter, dass Säkularismus bedeutet, unvoreingenommen zu sein. Das heißt, im Einklang mit den Prinzipien der Freiheit des Gewissens bezieht sich das auf eine Regierung, die sich nicht in die Angelegenheiten der religiös eingestellten und frommen Menschen einmischt, so wie sie sich nicht mit den religionslosen und verlotterten Menschen befasst." (2000b, S.317ff; 2004a, S.326; vgl. 2001a, S.36). Said Nursi verstand Säkularismus als Neutralität des Staates gegenüber religiösen Überzeugungen. Für ihn bedeutete Säkularismus nicht die Ablehnung von Religion, sondern die Unparteilichkeit des Staates, der weder in das Leben religiöser noch religionsloser Menschen eingreift. Er sah darin die Gewissensfreiheit gewährleistet, sodass jeder nach seinem Glauben oder seiner Weltanschauung leben kann, ohne staatliche Einmischung. Nursi betonte somit, dass ein säkularer Staat nicht gegen Religion sein muss, sondern Gerechtigkeit und Freiheit für alle gewährleisten kann.

Daher war für Nursi eine Republik, die sich an moralischen und ethischen Werten orientiert, keine Bedrohung für den Islam, sondern eine Regierungsform, die die Grundwerte des Glaubens schützen kann. Er unterschied dabei zwischen einer echten Republik, die auf Gerechtigkeit und Rechtsstaatlichkeit basiert, und einer Pseudorepublik, die lediglich eine Fassade für Tyrannei darstellt. Letztere betrachtete er als genauso schädlich wie eine Diktatur.

Seine Schriften enthalten zahlreiche Hinweise darauf, dass er die Freiheit des Denkens und die Partizipation der Gesellschaft an politischen Entscheidungen als essenziell ansah. Er betonte, dass eine Republik eine gerechte Herrschaft bedeuten könne, in der Religion nicht unterdrückt, sondern als moralische Grundlage für die Gesellschaft genutzt wird.

Nursis Verteidigung der Republik und sein Plädoyer für eine gerechte Demokratie zeigen, dass er kein blinder Traditionalist war, sondern ein Denker, der den gesellschaftlichen Wandel reflektierte. Er sah die Gefahren von Machtmissbrauch, war aber überzeugt, dass eine gerechte Republik mit islamischen Werten harmonieren kann, wenn sie sich an Gerechtigkeit, Transparenz und den Schutz der Rechte der Menschen hält. Sein berühmter Vergleich mit den Ameisen ist nicht nur eine rhetorische Verteidigung, sondern ein tiefes Sinnbild für seine Überzeugung, dass wahre republikanische Werte mit der Natur des Menschen und dem islamischen Verständnis von Gerechtigkeit übereinstimmen.

Positives Handeln

Der Islamgelehrte Said Nursi positionierte sich entschieden gegen jede Form von Gewalt, Extremismus, Fanatismus und Anarchie. Stattdessen entwickelte er ein umfassendes Konzept des "Positiven Handelns" (vgl. Şahinöz, 2020b), das den Kern seiner Lehre und seiner Bewegung bildet.

Was bedeutet Positives Handeln?

Said Nursi definierte "Positives Handeln" wie folgt: „Sich positiv verhalten, das heißt, sein Verhalten in der Liebe zum eigenen Weg ausrichten, Feindschaft gegenüber anderen Wegen, ihren Fehlern und Mängeln nicht nähren, ihr Wissen und Denken nicht kritisieren und sich mit dergleichen Dingen nicht beschäftigen" (Nursi, k.A.d, S. 300).

Positives Handeln bedeutet demnach nicht Passivität oder Gleichgültigkeit gegenüber der Wahrheit, sondern eine bewusste Entscheidung für eine Haltung der Güte, Geduld und Aufrichtigkeit. Anstatt sich mit Streit, Kritik und Feindschaft aufzuhalten, sollte der Mensch seine Energie darauf verwenden, das Gute zu fördern und sich auf den eigenen inneren Fortschritt zu konzentrieren. Nursi sah in der Liebe zum eigenen Weg eine Quelle der Kraft, die nicht durch Abwertung anderer, sondern durch das eigene vorbildliche Verhalten gestärkt wird. In einer Gesellschaft, die diesem Prinzip folgt, würde weniger Hass und Zwietracht entstehen, da Menschen nicht ihre

Unterschiede betonen, sondern sich gegenseitig in ihrer Entwicklung unterstützen.

Die Schaffung und Verkörperung des Richtigen und Guten

Dabei geht es darum, das Richtige und Gute zu schaffen und zu verkörpern. „In seinem letzten Brief an seine Schüler wiederholte Nursi nochmals eines der zentralen Prinzipien für den Dienst am Islam: das Prinzip des 'positiven Handelns', d.h. nicht die Kritik oder Zerstörung des Schlechten oder Falschen zählt, sondern die Schaffung und Verkörperung des Richtigen und Guten" (Bilici, 2003, S. 175).

Nursi war fest davon überzeugt, dass eine Gesellschaft nur dann stark sein kann, wenn sie zusammenhält. Gegenseitige Unterstützung und Solidarität fördern Aktivität und Fortschritt, während Neid und Zwietracht zu Stillstand und Schwäche führen: „Gegenseitige Unterstützung in einer Gesellschaft sorgt dafür, dass der Stillstand zu Aktivität wird, während gegenseitiger Neid alle Aktivität zum Stillstand bringt. Wenn eine Gemeinschaft nicht eins und ganz, eine ungeteilte Zahl ist, macht eine Addition sie schwächer wie das Multiplizieren von Brüchen" (Nursi, 2001b, S. 459; 2004b, S. 618).

Ablehnung von Gewalt und Anarchie als Grundprinzip

Nursi verwarf Gewalt und Anarchie als unvereinbar mit den Prinzipien des Islam. Er betonte, dass ein wahrer Muslim sich niemals an Handlungen beteiligen würde, die zu Chaos und Gesetzlosigkeit führen: „Ein wahrer Muslim, ein aufrichtiger Gläubiger wird niemals für Anarchie und Gesetzlosigkeit Partei ergreifen. Was die Religion auf äußerste verbietet, ist Aufruhr und Anarchie. Denn eine Anarchie respektiert überhaupt kein Recht" (Nursi, 2001a, S. 566; k.A.b, S. 937).

Für Nursi lag die eigentliche Aufgabe eines Individuums nicht in der Zerstörung bestehender Strukturen, sondern im Aufbau einer besseren Gesellschaft: „Demgegenüber ist es unser Weg, sich positiv zu verhalten und auch danach zu handeln. Er erlaubt uns nicht, mit anderen zu streiten, ja noch nicht einmal in Gedanken" (Nursi, 2000c, S. 188; k.A.h, S. 222).

Die Risale-i Nur Schüler und das "Positive Handeln"

Mehmet Fırıncı, einer der Schüler Said Nursis, betonte, dass die Nurcus niemals zur Gewalt aufrufen und sich stets an das Prinzip des "Positiven Handelns" halten: „Die Risale-i Nur Schüler haben niemals eine Waffe zur Hand genommen. Wir haben uns nie an Aufständen beteiligt. Unser Meister war niemals gewalttätig. Er hat versucht Gewalt und Krieg zu verhindern" (Şahinöz, 2019, S. 227ff).

Mustafa Sungur, ein weiterer Schüler Nursis, bekräftigte, dass "Positives Handeln" das Erbe ihres Meisters sei und dass sie verpflichtet seien, mit Geduld auf Probleme zu reagieren, um den Frieden in der Gesellschaft zu wahren (Şahinöz, 2020b, S. 14).

Geduld und Nachsicht

Ein weiteres wichtiges Element des "Positiven Handelns" ist Geduld und Nachsicht angesichts von Unterdrückung, was ein hohes Maß an Selbstaufopferung erfordert. Laut Nursi ist wahre Geduld nicht bloßes Erdulden von Schwierigkeiten, sondern auch eine aktive innere Haltung der Standhaftigkeit und des Vertrauens auf göttliche Gerechtigkeit. Wer schlecht behandelt wird, sollte nicht mit Hass oder Gewalt reagieren, sondern mit Weisheit, Beharrlichkeit und einem festen Glauben an die Kraft des Guten.

Diese Form der Geduld erforderte Selbstaufopferung, da sie den Verzicht auf Vergeltung und das Streben nach höheren moralischen Werten einschloss. Nursi sah darin nicht Schwäche, sondern eine große spirituelle Stärke, die langfristig sowohl das eigene Herz als auch die Gesellschaft von Ungerechtigkeit befreien kann. Wer sich in Geduld übt, trägt dazu bei, Zwietracht zu überwinden und eine gerechtere, friedlichere Welt zu schaffen.

Vergebung und Dienst am Glauben als oberste Priorität

Nursi ging sogar so weit, seinen Gegnern Vergebung anzubieten. Sein Hauptziel war der Dienst am Glauben, ohne zwischen Freund und Feind zu unterscheiden. Er sah die Stärkung des Glaubens in der Gesellschaft als einen Dienst an der Menschheit, unabhängig von persönlicher Feindschaft: „Wenn die Beamten des Gesetzes, die das Risale-i Nur mit der Absicht studieren, es zu kritisieren, ihren Glauben durch das Schriftenwerk stärken und retten, so seid Zeuge, dass ich ihnen vergebe. Denn wir sind hier um zu dienen. Wir sind verpflichtet, dem Glauben zu dienen, ohne zwischen Freund und Feind zu unterscheiden, ohne parteiisch zu sein" (Nursi, 2000b, S. 341; 2004a, S. 456).

Diese Haltung der Vergebung erstreckte sich sogar auf diejenigen, die ihn zum Tode verurteilt hatten, unter der Bedingung, dass sie durch seine Werke, die Risale-i Nur, ihren Glauben bewahren konnten: „Wenn diejenigen, die mich zum Tode verurteilt haben, […] wenn diejenigen ihren Glauben durch das Risale-i Nur bewahren und vor der ewigen Vernichtung bewahrt werden, so seid ihr Zeugen dafür, dass ich ihnen mit meinem Leben und meiner Seele vergebe!" (Nursi, 2000b, S. 258; 2004c, S. 334).

Nursi forderte seine Anhänger auf, keinerlei Hass oder Rachegefühle zu hegen, selbst gegenüber denjenigen, die ihn gefoltert und gequält hatten. Stattdessen sollten sie Loyalität und Standhaftigkeit zeigen: „Alles Materielle

236

und Immaterielle, was ich besitze, habe ich geopfert. Ich habe jede Qual ertragen müssen. Jeder Folter bin ich mit Geduld begegnet. Auf diese Weise verbreiteten sich die Glaubenswahrheiten (gemeint sind seine Werke; A.d.A.) in alle Ecken. Hunderte, vielleicht Millionen Schüler wurden dadurch ausgebildet. Diese Schüler werden nun in dem Dienst des Glaubens weitermachen. Und sie werden sich nicht von meinem Prinzip, alles Materielle und Immaterielle zu opfern, trennen. Sie werden nur für den Schöpfer arbeiten. Ich möchte nicht, dass meine Schüler auch nur die kleinste Spur von Hass oder Rachegefühlen gegen die Leute tragen, die mich gefoltert und gequält haben. Stattdessen empfehle ich ihnen Loyalität und Standhaftigkeit gegenüber der Risale-i Nur" (Nursi, 2001c, S. 318).

Nursi betonte, dass der Frieden des Volkes, insbesondere der Schutz von Kindern, alten, kranken und armen Menschen, Vorrang habe und er bereit sei, sein Leben dafür einzusetzen (Nursi, 2000b, S. 280; 2001c, S. 116; 2004a, S. 361; 2001c, S. 29).

Freiheit und Gedankenfreiheit als Basis für Fortschritt

Freiheit und Unabhängigkeit sah er als grundlegende Voraussetzungen für den Fortschritt der Gesellschaft und des Individuums: „Ohne Brot kann ich leben, aber ohne Freiheit nicht" (Nursi, 2001c, S. 18).

Gedankenfreiheit war für ihn das "Schwert der Zivilisation" und die Quelle aller kreativen Kräfte (Nursi,

2001a, S. 54-68; h.z.n. Yavuz, 2004, S. 130). Nur durch Freiheit kann der Mensch den höchsten Rang des Glaubens erreichen.

Elemente und Charakteristika des "Positiven Handelns"

Yavuz (2004) interpretiert Nursis ethisches System des "Positiven Handelns" als auf Konzepten wie Gottesfurcht, Zuverlässigkeit, Selbstachtung, Brüderlichkeit, Freundschaft und Aufrichtigkeit basierend. Er forderte seine Anhänger auf, Konflikte zu vermeiden und stattdessen durch gute Taten das soziale und kulturelle Leben der Gesellschaft positiv zu gestalten.

Gesellschaftlicher Nutzen und moralische Stärkung

Vahide (1999) betont den gesellschaftlichen Nutzen des "Positiven Handelns" und die moralische Stärkung, die es in der türkischen Gesellschaft bewirkte. Laut Vahide trugen die Schüler Said Nursis dazu bei, einen aufgeklärten Islam zu fördern und das moralische Gefüge der Gesellschaft zu stärken.

"Bewahrer des öffentlichen Friedens"

Nursi sah seine Schüler und Anhänger als Bewahrer des öffentlichen Friedens (Nursi, k.A.j, S. 422), da sie durch das Lehren der Glaubenswahrheiten eine Barriere gegen falsches Handeln in den Köpfen der Menschen pflanzten.

238

Für Nursi war der öffentliche Frieden untrennbar mit der spirituellen und moralischen Bildung der Gesellschaft verbunden. Er glaubte, dass wahres Wissen und Glaube den Menschen vor destruktivem Verhalten schützen und ihn dazu anleiten, in Harmonie mit anderen zu leben. Seine Anhänger sollten nicht nur passive Gelehrte sein, sondern aktive Vermittler von Weisheit, die durch ihr eigenes Vorbild eine Atmosphäre des Respekts, der Güte und der Verständigung schaffen. Indem sie die Herzen mit den Wahrheiten des Glaubens erleuchteten, verhinderten sie, dass Hass, Spaltung und Ungerechtigkeit Fuß fassten. So sah Nursi ihre Rolle nicht nur in der individuellen Erbauung, sondern auch in der Förderung eines friedlichen und stabilen gesellschaftlichen Zusammenlebens.

Konfessionsübergreifendes Handeln

Das "Positive Handeln" erstreckte sich auf alle Menschen, unabhängig von ihrer Konfession oder Weltanschauung. In den zwischenmenschlichen Beziehungen machte Nursi keinen Unterschied zwischen den Menschen und folgte damit dem islamischen Prinzip, jeden Menschen fair und gerecht zu behandeln.

Schlussfolgerung

Said Nursis Konzept des "Positiven Handelns" ist ein vielschichtiges ethisches System, das auf Gewaltlosigkeit, Vergebung, Dienst am Glauben, Einheit, Freiheit und positiver Gestaltung der Gesellschaft basiert. Es ist ein Aufruf zu konstruktivem Handeln, der darauf abzielt, das Gute in der Welt zu fördern und Konflikte durch positive Beiträge zur Gesellschaft zu überwinden. Seine Anhänger sind bestrebt, dieses Prinzip in ihrem Leben und in ihrem Umgang mit anderen zu verwirklichen.

Kultur des Miteinanders

Die Förderung einer Kultur des Miteinanders, geprägt von Respekt, Nächstenliebe, Empathie und dem Streben nach Einheit, ist ein universelles Anliegen. Said Nursi, ein Denker des 20. Jahrhunderts, dessen Worte noch heute nachhallen, betonte in diesem Sinne die Bedeutung von Brüderlichkeit und Zusammenhalt – nicht nur innerhalb einer Glaubensgemeinschaft, sondern als grundlegende Werte für die gesamte Menschheit.

Die Kraft der Verbundenheit

Nursi erinnerte an die Kraft der Verbundenheit und zitiert den Koranvers: „Die Gläubigen sind doch Brüder" (Koran, 49:10). Er sah Streit und Uneinigkeit als „Gift für das menschliche Leben" (Nursi, 2002e, S. 8) an, dass das individuelle, gemeinschaftliche und spirituelle Wohlbefinden untergräbt.

Er betonte, dass wahrer Zusammenhalt in der Gesellschaft nicht nur eine emotionale oder soziale Bindung sei, sondern eine göttliche Verpflichtung, die auf gegenseitiger Liebe, Vergebung und Aufrichtigkeit beruhe. Für Nursi war der Schlüssel zur Einheit die aufrichtige Zusammenarbeit, ohne Egoismus oder weltliche Interessen. Er warnte davor, dass Zwietracht und Neid nicht nur die Gemeinschaft schwächen, sondern auch den spirituellen Fortschritt des Einzelnen behindern. Einheit hingegen führe zu Segen, Stärke und göttlichem Beistand.

Die Unfairness von Groll und Feindschaft: Ein Haus mit vielen Eigenschaften

Groll und Feindschaft sind Ausdruck von Ungerechtigkeit. Nursi verglich einen Menschen mit einem Haus oder einem Schiff (Nursi, 2002e, S. 9), das neben Fehlern auch viele positive Eigenschaften birgt. Ihn aufgrund einer einzigen negativen Eigenschaft zu verurteilen, bedeutet, das Ganze zu verwerfen und wertvolle Potenziale zu zerstören. Wäre es gerecht, so fragte Nursi, die Existenz dieses ideellen Hauses zu zerstören? Sicherlich nicht. Daher legt er den Fokus auf die positiven Eigenschaften eines jeden Menschen (vgl. Şahinöz, 2024, S. 101ff).

Mitleid und Mitgefühl als Wegweiser

Liebe und Feindschaft sind unvereinbar. Anstatt zu verurteilen, sollte man sich bemühen, einander mit Freundlichkeit und Unterstützung zu begegnen. Nuris rief dazu auf, den Koranvers „Nicht gleich sind die gute Tat und die schlechte Tat. Wehre mit einer Tat, die besser ist, (die schlechte) ab, dann wird derjenige, zwischen dem und dir Feindschaft besteht, so, als wäre er ein warmherziger Freund" (Koran, 41:39) als Leitlinie zu nehmen und so Feindschaft in Freundschaft zu verwandeln.

Nursi betrachtete diese Haltung nicht als bloßes Ideal, sondern als eine praktische Lebensweise, die sowohl das persönliche als auch das gesellschaftliche Leben

242

tiefgreifend beeinflusst. Er betonte, dass der Mensch durch Geduld, Milde und Nachsicht nicht nur sein eigenes Herz von Hass und Groll befreien, sondern auch die Herzen anderer erweichen könne. Wahre Größe liege nicht in Vergeltung, sondern in der Fähigkeit, selbst in schwierigen Momenten mit Güte zu reagieren. Indem man das Gute in anderen fördert, statt sich auf deren Fehler zu konzentrieren, entsteht eine Atmosphäre des Vertrauens und der gegenseitigen Wertschätzung, die langfristig Konflikte überwindet und die Gemeinschaft stärkt.

Die zerstörerische Kraft von Neid und Groll

Neid und Groll wirken wie Gift auf die Seele. Sie verzehren denjenigen, der sie hegt, und untergraben die Fähigkeit zu Mitgefühl und Verständnis. Said Nursi drückte dies drastisch aus, indem er sagte: „Der Neid befällt zuerst den Neider, zerstört ihn und entzündet ihn" (Nursi, 2002e, S. 15). Der Neidische leidet unter dem Glück anderer, während der Beneidete oft kaum Schaden davonträgt. Daher sei es ratsam, zu verstehen, dass materielle Güter, Ruhm und Positionen, um die man meistens jemanden beneidet, vergänglich sind. Stattdessen solle man sich auf Werte konzentrieren, die wirklich zählen.

Der Schlüssel zur Überwindung von Neid liegt daher darin, die eigene Perspektive zu verändern. Anstatt sich auf das zu konzentrieren, was einem fehlt, sollte man sich auf das konzentrieren, was man hat, und dadurch Dankbarkeit kultivieren. Indem man sich von Neid und

Groll befreit, öffnet man für sich ein Leben voller Frieden, Freude und erfüllender Beziehungen.

Die Grenzen der Verurteilung

Es ist ein Irrtum zu glauben, man hätte das Recht, andere aufgrund ihrer Fehler zu verurteilen. Dabei hielt er sich an den Grundsatz: „Und keine lasttragende (Seele) nimmt die Last einer anderen auf sich" (Koran, 39:7) und betonte damit die individuelle Verantwortung. Es ist ungerecht, jemanden wegen einer negativen Eigenschaft abzuwerten und seine positiven Seiten zu ignorieren.

Die Rolle des Schicksals

Nursi verdeutlichte auch, dass das Schicksal eine Rolle im Leben jedes Menschen spielt. Es ist wichtig, Ereignisse anzunehmen und nicht anderen die alleinige Schuld für ihre Fehler zuzuschreiben. Er betonte, dass die Göttliche Bestimmung auch einen Anteil an den Geschehnissen hat und es daher notwendig ist, diese Bestimmung und ihre Verwirklichung mit Zufriedenheit anzunehmen (Nursi, 2002e, S. 16). Indem man die komplexen Zusammenhänge des Lebens erkennt, kann man Mitgefühl entwickeln und sich von vorschnellen Urteilen befreien. Es gehe darum zu verstehen, dass Menschen in ihrem Handeln auch von anderen Faktoren beeinflusst werden.

Einheit im Vielfältigen

Die Idee, dass wir alle Teile eines großen Ganzen sind, fördert das Gefühl der Zusammengehörigkeit. Nursi betonte: „Die Einheit des Glaubens erfordert sicherlich die Einheit der Herzen" (Nursi, 2002e, S. 10). Ob es die gemeinsame Menschlichkeit, die geteilten Werte oder das Streben nach einer besseren Welt ist – diese Gemeinsamkeiten schaffen eine Verbundenheit, die es ermöglicht, über Differenzen hinwegzusehen und einander mit Respekt zu begegnen.

Er sah in dieser Verbundenheit eine göttliche Weisheit, die den Menschen lehrt, egoistische Trennungen zu überwinden und sich auf das Wesentliche zu besinnen: Mitgefühl und Solidarität.

Für Nursi war die wahre Stärke einer Gesellschaft nicht in äußeren Errungenschaften, sondern in der Harmonie der Herzen und dem aufrichtigen Streben nach Wahrheit verankert. Er betonte, dass nur durch gegenseitiges Verständnis und eine tief empfundene Geschwisterlichkeit eine friedliche und gerechte Gesellschaft entstehen könne. In diesem Sinne rief er dazu auf, Vorurteile und Engstirnigkeit abzulegen und stattdessen das Verbindende in den Vordergrund zu stellen.

Prinzipien für ein harmonisches Zusammenleben

Ein harmonisches Zusammenleben erfordert die Einhaltung bestimmter Prinzipien, darunter die

Bereitschaft, Feindschaft gegen die Feindschaft im eigenen Herzen (Nursi, 2002e, S. 13) zu hegen und sich selbst kritisch zu hinterfragen, anstatt bei anderen Menschen nach Fehlern zu suchen.

Diese innere Haltung ist wie ein Schlüssel zur spirituellen und gesellschaftlichen Reinigung. Der Mensch neigt dazu, äußere Feinde zu bekämpfen, während die wahren Ursachen von Zwietracht und Unruhe oft in seinem eigenen Ego, Stolz oder Neid liegen. Wer seine eigene Seele diszipliniert und sich in Geduld, Vergebung und Selbstreflexion übt, trägt aktiv zum Frieden in der Gemeinschaft bei. Statt Fehler bei anderen zu suchen, sollte jeder seine eigene Läuterung anstreben, denn nur ein gereinigtes Herz kann wahre Gerechtigkeit in die Welt tragen.

Rassismus und Diskriminierung

Nursis Gedanken bieten auch eine kraftvolle Antwort auf Rassismus und Diskriminierung, da sie die Bedeutung der Einheit der Menschheit betonen. Er lehrte, dass alle Menschen – unabhängig von Herkunft, Ethnie oder sozialem Status – Geschöpfe Gottes sind und daher mit gleicher Würde behandelt werden müssen. In seinem Verständnis widersprechen Vorurteile und Ungleichbehandlung der göttlichen Ordnung, die auf Gerechtigkeit, Barmherzigkeit und gegenseitigem Respekt beruht. Wer sich dieser Wahrheit bewusst ist, erkennt, dass wahre Überlegenheit nicht in äußeren Merkmalen liegt, sondern in Tugend, Aufrichtigkeit und Gottesbewusstsein. Durch die Umsetzung dieser

Prinzipien kann eine Gesellschaft entstehen, in der Vielfalt nicht als Trennendes, sondern als Bereicherung verstanden wird, und in der Liebe und Brüderlichkeit an die Stelle von Hass und Spaltung treten.

Fazit

Die Förderung einer Kultur des Miteinanders ist eine Aufgabe, die jeden in der Gesellschaft betrifft. Said Nursis Worte sind eine Erinnerung daran, dass man durch Liebe, Vergebung und das Streben nach Einheit eine Welt schaffen kann, in der Frieden, Harmonie und gegenseitiger Respekt herrschen.

Anti-Rassismus bei Said Nursi – eine Vision der universellen Brüderlichkeit

Laut islamischem Verständnis war der Teufel selbst der erste Rassist. Als Gott den Menschen erschuf, sagte der Teufel laut dem Koran: „Ich bin besser als er (der Mensch). Du hast mich aus Feuer erschaffen, ihn aber hast Du aus Lehm erschaffen" (Koran, 7:12; 38:76). Diese arrogante Selbstüberhöhung enthüllt, dass bereits der Teufel die göttliche Schöpfung in Rangordnungen einteilen wollte. So wurzelt Rassismus nicht in natürlichen Unterschieden, sondern in der bewussten Ablehnung der göttlichen Einheit aller Menschen. Daher lehnt der Islam jeglichen Rassismus ab.

Said Nursis Botschaft der Einheit und Brüderlichkeit

In einer Welt, in der nationalistische Strömungen und rassistische Tendenzen immer wieder das gesellschaftliche Miteinander bedrohen, erstrahlt die Botschaft von Said Nursi als ein Leuchtfeuer der Einheit und Brüderlichkeit. Sein Verständnis von Rassismus, wie es in seinen Schriften zum Ausdruck kommt, basiert auf einem tief verwurzelten Glauben an die göttliche Schöpfungsordnung und die unauflösliche Verbindung aller Menschen. Nursi erinnert daran, dass die Verschiedenheit der Völker nicht dazu bestimmt ist, zu trennen, sondern vielmehr als Grundlage für das gegenseitige Kennenlernen und die Hilfe untereinander dient.

Der Ausgangspunkt der Argumentation von Nursi findet sich bereits im Koran: „O ihr Menschen, Wir haben euch ja von einem männlichen und einem weiblichen Wesen erschaffen, und Wir haben euch zu Völkern und Stämmen gemacht, damit ihr einander kennenlernt" (Koran, 49:13).

Diese göttliche Anordnung – das bewusste Erschaffen der Menschheit in ihrer Vielfalt – soll nach Nursi keinesfalls als Anlass dienen, sich einander als Fremde oder gar als Feinde zu betrachten. Vielmehr ist es ein Auftrag, in der Verschiedenheit eine Stärke zu erkennen, die durch das Kennenlernen und den Austausch zwischen den Kulturen zu einer harmonischen Gemeinschaft führt. Er interpretiert diesen Vers folgendermaßen, dass Gott die Menschen als Völker, Stämme und Nationen erschaffen hat, damit sie sich untereinander kennenlernen, ihre Beziehungen zueinander im sozialen Leben stärken und einander helfen. Gott habe die Menschen nicht zu verschiedenen Völkerstämmen gemacht, damit sie sich einander als Fremdlinge, Feinde oder Gegner betrachten und sich leugnen (Nursi, k.A.f, S. 595).

Einheit in Vielfalt

Indem Nursi betont, dass die verschiedenen Völker und Stämme nicht als Gegensätze, sondern als ein miteinander verflochtenes Ganzes geschaffen wurden, stellt er den rassistischen und nationalistischen Gedanken in den klaren Kontrast zur ursprünglichen Intention der Schöpfung.

Nursi illustriert diesen Gedanken eindrücklich, indem er die Gesellschaft in verschiedene Systeme gliedert, in dem jeder Einzelne seine Stellung und Funktion kennt, um so das gemeinsame Ziel zu erreichen (Nursi, k.A.f, S. 596). Durch dieses Bild macht Nursi deutlich, dass auch innerhalb einer großen Gemeinschaft Unterschiede existieren, die aber keineswegs zu Spaltungen führen dürfen. Die Gesellschaft gleicht einer riesigen Gemeinschaft, in der trotz der Aufteilung in unterschiedliche Gruppen stets ein einendes Band – z.B. der Glaube an denselben Gott, die gemeinsame religiöse Praxis, gemeinsame Werte – existiert. Diese Unterscheidung soll nicht Anlass zur gegenseitigen Feindschaft bieten, sondern vielmehr als Ansporn dienen, sich gegenseitig zu unterstützen.

Kritik am Nationalismus und falschen Patriotismus

Die scharfe Kritik Nursis richtet sich gegen die Formen des Nationalismus, die im Laufe der Jahrhunderte zu unheilvollen Spaltungen und Konflikten geführt haben. Er weist darauf hin, dass der nationale Gedanke in seiner negativen Ausprägung als Instrument der Despoten und Intriganten missbraucht wurde, um Gesellschaften zu spalten und imperiale Herrschaft zu legitimieren. Dabei wird der Gedanke nicht nur als ideologisches Werkzeug verstanden, sondern als ein gefährlicher Anreiz, der die natürliche Einheit einer Gesellschaft zerstören kann.

So sagte der Prophet Muhammed: „Der Islam hat den Nationalismus der Vorzeit abgeschafft" (Bukhari, Ahkam 4; Abu Dawud, Sunnah, 5; Tirmidhi, Ilim, 16). In seiner Abschiedspredigt erwähnte er zudem: „Ein Araber hat weder einen Vorrang vor einem Nicht-Araber, noch hat ein Nicht-Araber einen Vorrang vor einem Araber; Weiß hat keinen Vorrang vor Schwarz, noch hat Schwarz irgendeinen Vorrang vor Weiß; (niemand ist einem anderen überlegen) außer in der Gottesfurcht und in guter Tat" (Ahmad bin Hanbal, Musnad, 5/411).

Daher ist für Nursi der wahre Patriotismus nicht der blinde Stolz auf die eigene Nation, sondern die tief verwurzelte Liebe und Verbundenheit zu einem größeren, göttlich bestimmten Ganzen. Er betont, dass ein idealer Staat nicht auf ethnischen oder nationalen Abgrenzungen beruhen darf, sondern auf dem unerschütterlichen Fundament der Brüderlichkeit, in der jedes Mitglied – ob groß oder klein – seinen Platz hat und zum Wohle der Gemeinschaft beiträgt.

Historische Lektionen und die Gefahren des Nationalismus

Historische Beispiele illustrieren eindrucksvoll die zerstörerischen Folgen eines aufgeblähten Nationalstolzes. Nursi erinnert an die Omayyaden, die durch die Vermischung von nationalistischen Gedanken mit ihrer Politik nicht nur den inneren Zusammenhalt der islamischen Gemeinschaft gefährdeten, sondern auch den Weg für künftige Spaltungen ebneten (Nursi, k.A.f, S. 598).

Der tragische Verlauf der europäischen Geschichte, in der nationale Feindseligkeiten und rassistische Vorurteile zu den verheerenden Ereignissen der Weltkriege führten, bestätigt immer wieder die Warnungen Nursis. Er vergleicht dabei die unheilvollen Kräfte des Nationalismus mit dem Verhalten einer „gefährlichen Schlange", die unaufhaltsam ihre Krallen ausfährt, während die vermeintliche Liebe zum Vaterland in Wahrheit die Zerstörung der sozialen und moralischen Ordnung zur Folge hat.

Positive nationale Gesinnung und Glaube als verbindendes Element

Doch Nursi differenziert auch zwischen einer negativen, aggressiven Form des Nationalismus und einer positiven nationalen Gesinnung, die als Ausdruck eines inneren Bedürfnisses nach Solidarität und sozialer Harmonie verstanden werden kann. Eine solche positive Nationalität erwächst aus dem Wunsch, in der Gemeinschaft füreinander da zu sein, und manifestiert sich in einer stillschweigenden Hilfeleistung, die der Gemeinschaft neue Kraft verleiht.

Dabei darf jedoch keinesfalls die Rolle des Glaubens und der moralischen Werte zugunsten eines rein nationalistischen Stolzes in den Hintergrund treten. Denn der wahre Patriotismus, wie ihn Nursi beschreibt, ist in erster Linie ein Ausdruck der Hingabe an den Koran und den Schöpfer, der die gesamte Schöpfung zusammenhält.

252

Einheit von Glaube, Sprache und Heimat

Ein besonders eindrücklicher Aspekt in Nursis Auseinandersetzung mit dem Thema Rassismus liegt in seiner Betonung der Einheit von Glaube, Sprache und Heimat. Er fordert dazu auf, diese drei Elemente als untrennbare Einheit zu begreifen und warnt eindringlich davor, sie aufzulösen (Nursi, k.A.f, S. 604).

Diese Aussage unterstreicht die Überzeugung, dass der wahre Zusammenhalt nicht auf äußerlichen Merkmalen wie Hautfarbe oder Herkunft beruht, sondern auf einer gemeinsamen geistigen und kulturellen Identität, die weit über bloße Nationalgrenzen hinausreicht.

Dabei ist es gerade der Glaube, der als universelle Sprache fungiert und Menschen unterschiedlicher Herkunft miteinander verbindet. In der islamischen Tradition steht der Glaube an die Einheit Gottes – der Tauhid – im Mittelpunkt, und diese zentrale Idee stellt den Nährboden für eine umfassende Solidarität dar, die alle rassistischen und nationalen Abgrenzungen überwindet.

Keine Hierarchien

Nursi macht einen Vergleich zwischen islamischer und christlicher Tradition, um die Unterschiede in der Herangehensweise an Gemeinschaft und Identität aufzuzeigen. Während das Christentum in vielen historischen Epochen dazu tendierte, hierarchische Strukturen zu verstärken und die Rolle von Gelehrten und Mönchen als getrennte Eliten zu verherrlichen, fordert der Islam in seiner Lehre die Ablehnung von Hierarchien und Klerikern. Sie fördert die völlige Hingabe an den einen Gott, der allen Menschen gleichermaßen nah ist. So wird deutlich, dass der Islam von vornherein darauf abzielt, ein egozentrisches Denken zu überwinden, das in der Annahme wurzelt, einzelnen Gruppen einen überlegenen Rang zuzuschreiben.

Migrationsströmungen

Ein weiterer zentraler Punkt in Nursis Argumentation ist die historische Erfahrung mit Flüchtlingsbewegungen und Migrationsströmen, die in der Geschichte des Nahen Ostens und auch in Europa immer wieder zu Spannungen führten. Er schildert eindringlich, wie der Nahe Osten, das über Jahrhunderte hinweg Schauplatz von Völkerwanderungen und Vertreibungen war, niemals als Bühne für rassistische Reinigungsaktionen dienen durfte (Nursi, k.A.f, S. 604). Stattdessen müsse der Zusammenhalt der Gemeinschaft durch das Band des Glaubens und der gemeinsamen kulturellen Identität gestärkt werden. Dabei warnt er vor den Gefahren einer pur rassistischen Ideologie, die, wenn sie als Grundlage für eine nationale Bewegung dient, das soziale Gefüge unwiderruflich zu zerstören vermag.

Solidarität und Brüderlichkeit als Grundlage der Gemeinschaft

Besonders bewegend wird Nursis Appell, als er an das Schicksal derer erinnert, die unter dem Druck des

254

negativen Nationalismus litten. Er beschreibt die unermessliche Opferbereitschaft derjenigen, die aus tiefer Liebe zum Glauben und zum Volk ihr Leben riskierten (Nursi, k.A.f, S. 605). Dies ist nicht nur ein Ausdruck des unerschütterlichen Glaubens, sondern auch ein Appell, den wahren Wert der Solidarität und Brüderlichkeit zu erkennen – einen Wert, der über nationale und ethnische Grenzen hinweg Bestand hat. Das Heldentum dieses Gedankens liegt in der Erkenntnis, dass die wahre Stärke einer Nation nicht in ihrer militärischen Macht oder in nationalen Symbolen zu finden ist, sondern in der unerschütterlichen Bindung ihrer Mitglieder zueinander.

Fazit

Die Reflexionen Nursis sind auch heute aktueller denn je. In Zeiten globaler Herausforderungen, in denen sich Grenzen immer mehr verwischen und kulturelle Begegnungen zunehmen, mahnt er zu einem Bewusstsein, das sich nicht an oberflächlichen Unterschieden orientiert, sondern an den tiefen, gemeinsamen Werten, die alle Menschen miteinander verbinden.

Die Vielfalt der Menschheit, so Nursi, ist ein Geschenk, das der Schöpfer gemacht hat, um zu lehren, dass jede Begegnung – gleich welcher Herkunft – eine Chance zum gegenseitigen Lernen und Wachsen darstellt. Indem man sich dieser göttlichen Absicht bewusst wird, kann man den Hass und die Spaltung, die oft aus nationalistischen und rassistischen Ideologien erwachsen, überwinden und stattdessen ein Miteinander fördern, das auf Respekt und echter Solidarität beruht.

Die Warnung vor den Fallstricken eines unreflektierten Nationalismus ist für Nursi untrennbar mit dem Aufruf zur Bewahrung des inneren Lichts verbunden, das den Gläubigen den Weg weist. Er fordert dazu auf, sich nicht von den Ränkespielen äußerer Mächte und den verführerischen Versprechungen eines oberflächlichen Patriotismus blenden zu lassen, sondern den Blick auf das Wesentliche zu richten – den Glauben an einen Gott, der die gesamte Menschheit in seiner Liebe umfasst.

Said Nursi versteht unter Anti-Rassismus nicht nur das bloße Ablehnen von Fremdenfeindlichkeit, sondern er sieht es als eine ganzheitliche Lebensphilosophie, die auf der Überzeugung beruht, dass alle Menschen, unabhängig von ihrer Herkunft, Sprache oder Kultur, miteinander verwoben sind. Die tiefgreifende Botschaft, dass Vielfalt kein Makel, sondern vielmehr ein Spiegelbild der unermesslichen Schöpfungskraft Gottes ist, bildet das Fundament seines Denkens. Nur durch das bewusste Anerkennen dieser Einheit kann ein wahrhaft harmonisches Zusammenleben entstehen.

In der Auseinandersetzung mit den Herausforderungen unserer Zeit – von politischen Spannungen bis hin zu gesellschaftlichen Rissen – bietet Nursis Vision einen Weg, der auf Respekt, gegenseitiger Hilfe und dem festen Glauben an die übergreifende Gerechtigkeit fußt. Nursi zeigt, dass der wahre Patriotismus nicht in der Abgrenzung und im Ausschluss liegt, sondern in der

Fähigkeit, die Vielfalt als eine Bereicherung zu erkennen und gemeinsam an einer besseren Zukunft zu arbeiten. Seine Worte sind dabei nicht als historische Relikte zu verstehen, sondern als lebendige Mahnung, die uns in jeder Generation dazu aufruft, das Erbe der göttlichen Schöpfungsordnung zu ehren und aktiv gegen jede Form von Rassismus und Intoleranz einzutreten.

Die Gedankenwelt Said Nursis fordert auf, über das Bekannte hinauszublicken und das Menschsein in seiner ganzen Fülle zu begreifen. Sie lädt ein, das eigene Herz für die unermessliche Schönheit der Unterschiede zu öffnen und zu erkennen, dass diese Unterschiede nicht der Grund für Spaltung sind, sondern vielmehr der Schlüssel zu einem tieferen Verständnis füreinander. So wird aus dem scheinbaren Widerspruch zwischen individueller Identität und kollektiver Einheit ein harmonisches Zusammenspiel, in dem die Einzigartigkeit eines jeden Einzelnen zum kostbaren Bestandteil eines lebendigen Ganzen wird.

Die Essenz von Nursis Anti-Rassismus liegt in der unerschütterlichen Überzeugung, dass jede Form von Spaltung und Ausgrenzung nicht nur den Menschen, sondern letztlich auch den göttlichen Plan selbst untergräbt. Indem man sich an die Worte des Koran erinnert – Worte, die lehren, dass man als Völker und Stämme erschaffen wurde, um einander zu begegnen und zu unterstützen – kann man den Versuchungen eines selbstzentrierten Nationalstolzes widerstehen und stattdessen den Weg der wahren Brüderlichkeit einschlagen. Die Zeit der Vorurteile, der Feindschaften und des unbedachten Nationalismus muss beendet werden, wenn man als globale Gemeinschaft den Herausforderungen der modernen Welt gewachsen sein will.

Nursi ruft dazu auf, in jedem den Samen der Nächstenliebe und des Verständnisses zu pflegen – einen Samen, der durch die Kraft des Glaubens und der gemeinsamen menschlichen Erfahrung zu einer unüberwindlichen Kraft der Einheit heranwächst. Diese Vision, in der der Mensch als Teil eines größeren, göttlichen Plans begreift, dass jede kulturelle und sprachliche Differenz nicht als trennendes, sondern als verbindendes Element wirkt, ist eine zeitlose Botschaft. Sie lädt ein, sich von den Zwängen eines schädlichen Nationalismus zu befreien und in der Vielfalt die wahre Schönheit der Schöpfung zu erkennen.

Daher ist die Lehre Said Nursis ein eindrucksvolles Plädoyer gegen Rassismus – ein Aufruf, die Grenzen zwischen den Völkern zu überwinden und den Glauben an das gemeinsame Menschsein in den Mittelpunkt unseres Handelns zu rücken. Indem wir man sich dieser Botschaft bewusst wird und sie im täglichen Miteinander verankert, trägt man dazu bei, die unheilvollen Schatten vergangener Zeiten zu vertreiben und den Weg in eine Zukunft zu ebnen, in der der Respekt vor dem Anderen und die Liebe zum Nächsten untrennbar miteinander verbunden sind.

Religionspädagogik

Einführung

Religionspädagogik ist eine Fachrichtung, die sich mit der religiösen Erziehung befasst. Dabei geht es primär um die Vermittlung der Glaubenslehre, die sowohl in religiösen Einrichtungen, z.B. in der Kirche oder in der Moschee, als auch in Bildungsinstitutionen, z.B. in der Schule, stattfinden kann. Hierzu gibt es in den jeweiligen Religionen unterschiedliche Konzepte.

Wenn man islamische Religionspädagogik aus Sicht Said Nursis betrachten will, muss man erst festhalten, dass Said Nursi weder ein Pädagoge war noch eine Anleitung für eine Religionspädagogik machte. Jedoch lebte Nursi in Zeiten der Umwälzungen und Veränderungen. Er erlebte das Osmanische Reich, den Untergang dessen und die Neugründung der Türkischen Republik. In diesem Kontext agierte er jedoch wie ein Pädagoge und gab seine Ideen, wie Bildung u.a. auch die Bildung der Religion, funktionieren sollte. Aus diesem Blickwinkel scheint also trotzdem wichtig, die Ansichten Nursis im Hinblick auf die Religionspädagogik zu durchleuchten.

Um seine Ansichten zu verstehen, ist es aber nötig, sich den Bildungsweg Said Nursis genauestens unter die Lupe zu nehmen. Denn diese prägten ihn sehr und führten letztendlich zu seinen Ideen. Seine Sozialisation war also ausschlaggebend für seine Gedanken.

Der Bildungsweg Said Nursis[2]

Said Nursi[3] wurde 1876[4] als Sohn einer kinderreichen Familie[5] im ostanatolischen Dorf Nurs[6], in Bitlis geboren. Zu dieser Zeit lebten ca. 397.044 Einwohner in

---

[2] Für eine ausführliche Sicht des Lebens von Said Nursi und der Entstehung seiner Bewegung siehe Şahinöz, 2019

[3] Der Name Nursis auf seinem Pass lautet „Muhammed Said Okur".

[4] Es gibt einige Unklarheiten, was das Geburtsjahr Nursis angeht. In der Biographie „Tarihçe-i Hayat" (2001a, S. 29) wird das Jahr 1873 angegeben. Die renommierte Said-Nursi-Biografin Şükran Vahide (2005, S. 3) schreibt 1877. Laut dem Gesetzgeber ist sein Geburtsjahr allerdings 1876 (vgl. Ergin, 2001, S. 35). Allgemein wird das letztere akzeptiert.

[5] Geschwisterreihenfolge (vom Ältesten zum Jüngsten): Dürriyye (w), Hanım (w), Abdullah (m), Said (m), Muhammed (m), Abdulmecid (m), Mercan (w)

[6] Der Name „Nur" (deutsch: Licht) spielt eine wichtige Rolle im Leben Saids: 1.) Sein Geburtsort heißt Nurs. 2.) Sein Name lautet Said Nursi. 3.) Seine Werke nennt er Risale-i Nur. Hierzu schreibt er: „In meinem ganzen Leben trat mir das Wort Licht überall entgegen. Beispielsweise, mein Geburtsort war Nurs, der Name meiner verstorbenen Mutter war Nuriye, mein Nakschibendi-Meister war Sayyid Nur Muhammed, einer meiner Kadiri-Meister war Nureddin, einer meiner Koran-Meister war Nuri, und von meinen Schülern trugen jene, die am engsten an mich gebunden waren, ein Nur in ihrem Namen. [...] Und was meine Bücher am meisten erhellt und beleuchtet, sind die Vergleiche vom Licht. Und der leuchtende Name Nur unter den Schönsten Namen Gottes löste am besten meine Schwierigkeiten im Zusammenhang mit den Göttlichen Wahrheiten. Und mein besonderer Führer bei meiner leidenschaftlichen Begeisterung für den Koran und bei meinem alleinigen Dienst am Koran ist Osman Dhu l-Nurayn (Gottes Wohlgefallen sei mit ihm)" (2004a, S. 479ff; 2000g, S. 104, 156; 2000b, S. 378). Mit „Nur" ist nicht das elektrische oder das natürliche Licht gemeint, sondern das göttliche Licht.

Bitlis. Nur 63,97% der Bevölkerung waren Muslime. 32,74% waren Armenier. 1,51% waren syrische Jakobiner. 0,655% waren Katholiken. Der Anteil der Yeziden betrug 0,97%. Der römisch-katholischen Kirche gehörten 0,05% der Bevölkerung an. Verschwindend gering war der Anteil der Bewohner, die zum Stamm der Kıpti (0,09%) gehörten (Cuinet, 1891, S.526; zitiert nach Mardin, 2003, S. 75). Henry Binder, der im Jahre 1887 vom französischen Bildungsministerium beauftragt wurde, das gesellschaftliche Leben in Bitlis zu untersuchen, schrieb, dass die verschiedenen Völker, trotz ihrer Unterschiede keine diskriminierenden Probleme miteinander hatten (Binder, 1887, S.152; zitiert nach Mardin, 2003, S. 76). Jedoch war das soziale Umfeld durch andere Probleme gekennzeichnet. Unruhe und Konflikte beherrschten den Alltag. Wie er später schreibt, spielte hier Nursi in seiner Jugend öfters die Rolle des Streitschlichters und war selbst beteiligt an Debatten mit Klanführern (Nursi, 1999). Unter diesen Umständen wuchs Said Nursi auf. Hierbei lernte er den Umgang mit Diversität. Diese Umgangsform zeigte er dann auch später bei der Wissenserwerbung, in dem er sich nicht mit bestimmten Wissensgebieten begnügte, sondern auch auf andere schaute.

Mit acht Jahren begann Nursi seine Ausbildung nach Empfehlungen des örtlichen Imams. Die Ausbildung fand damals in den Medresen statt. Hier erlernte er u.a. Koran- und Hadithwissenschaften, Logik und Arabisch. Da er noch zu jung war und wie er später schreibt, „zu kindlich" (2001a, S. 35; vgl. Ergin, 2001, S. 41; Yaşar, 1993, S. 120ff) behandelt wurde, wechselte er öfters die

Medresen und zog somit mit jungem Alter von Ort zu Ort. Zudem war Nursi als Kind schon jemand, der nur ungern Anweisungen von anderen annahm. Er hasste Hierarchien. Diese Eigenschaften und der Neid seiner Altersgenossen gegenüber der Intelligenz von Nursi brachten ihn öfters in Streitigkeiten.

Die meisten seiner Lehrer gehörten zum Nakschibendi-Orden an, wie z.B. Seyyid Sibgatullah. So erkennt man in Nursis Schriften, dass er von bedeutenden Nakschibendiführern, wie z.B. Ahmed Sirhindi (auch als Imam Rabbani bekannt; 1564 – 1624) oder Ahmed Ziyaeddin Gümüşhaneli (Yavuz, 2004, S. 137) inspiriert wurde. Auch zitiert er oft Abdulkadir Geylani, den Gründer des Kadiri-Ordens. Obwohl der größte Teil seiner Verwandtschaft und der Bewohner in der Umgebung dem Nakschibendi-Orden angehören, fühlte sich Nursi, wie er später schreibt, vom Kadiri-Orden sehr angezogen. Seine Wanderung hatte nach 5 Jahren ein vorläufiges Ende, als er auf Scheich[7] Mehmet Celali traf. Bei ihm erhielt er eine strenge und harte Ausbildung und bestand das Examen in einer recht schnellen Zeit von drei Monaten. Anschließend nahm er an wissenschaftlichen Disputen mit Gelehrten seiner Heimatprovinz teil und erwies sich als überlegender Diskutant. Solche Diskussionen gehörten zum Alltag in Anatolien. Auch Nursi hatte gefallen an diesen "Begegnungen" und nahm öfters an diesen teil. Später schreibt er, dass Angeberei und Protz in seinem Dorf sehr verbreitet waren und in

---

[7] Der Scheich ist eine religiöse Autorität eines islamischen Ordens, Stammes oder einer Gemeinschaft.

diesen Disputen Hierarchien bestimmt wurden (2001a, S. 49). Man kann davon ausgehen, dass diese Diskussionen eine Plattform waren, an dem man Status und Berühmtheit erlangen konnte.

Mit 14 Jahren hatte Said Nursi den bereits erwähnten Traum (2001a, S. 30). Fortan beschäftigte er sich mit verschiedenen Wissenschaftszweigen und konnte so eine umfassende Religionspädagogik entwerfen.

Seine nächste Ausbildungsstätte war Bitlis, wo er wieder von Medrese zu Medrese wechselte und auf diese Weise viele Gelehrte kennenlernte. Einer der Gelehrten, die mit ihm diskutierten, war Molla Fethullah aus Siirt, der ihn in besonderer Weise prüfte. Als Nursi die Prüfung außerordentlich gut bestand, verlieh Molla Fethullah ihm 1892 den Titel "Bediüzzaman"[8], was so viel bedeutet wie "Mann der Epoche". Unter diesem Namen wurde er später berühmt.

1894 reiste er nach Mardin und beteiligte sich nun in dieser größeren Stadt an Diskussionen mit Gelehrten. Nachdem er auch hier seine Überlegenheit bewiesen hatte, und die älteren Gelehrten mit seinen "neuen" Ideen nicht einverstanden waren, kam es zu kleineren Streitigkeiten. Daraufhin verbannte ihn der Gouverneur Nadir Bey nach Bitlis. Sein Aufenthalt in Bitlis dauerte zwei Jahre. 1896 reiste er nach Einladung des Gouverneurs nach Van, wo er in der Stadtbibliothek

---

[8] Die Information, Said Nursi hätte sich den Namen selbst gegeben, ist nicht richtig (Bruinessen, 1989, S. 354).

Werke der damals modernen Natur- und Ingenieurwissenschaften kennenlernte. Diese Kenntnisse sollten ihn noch ein Leben lang beschäftigen. Bis zu diesem Zeitpunkt hatte er vor allem arabisch und seine kurdische Muttersprache verwandt. Im Haushalt des Gouverneurs sprach er Türkisch, so dass Nursi sich in der türkischen Sprache verbessern konnte. In Van verblieb er die nächsten 10 Jahre.

Idee einer Universität

Wie beschrieben, entstand in Van die Idee einer Universität, in der Theologie[9] und Naturwissenschaft parallel gelehrt werden sollten. Wichtig ist an dieser Stelle, dass Nursi die Ausbildung in den Medresen unzureichend fand. Er empfand, dass diese Bildungsstätten alte Methoden nutzten, bloßes Auswendiglernen vermittelten, Fähigkeiten der Schüler nicht förderten, Forschungen behinderten, keine Antworten auf neue Fragen boten, Urteilsfähigkeiten nicht bestärkten und die Schüler nicht auf die Zukunft vorbereiteten.

Er sah die Befreiung aus der Unwissenheit und die Lösung für den gesellschaftlichen Abstieg darin, Religionswissenschaften mit der modernen Wissenschaft, die er in der Bibliothek in Van kennengelernt hatte, zu verknüpfen: „Meine muslimischen Zeitgenossen sind Andenken aus dem Mittelalter. Sie haben versäumt, mit

---

[9] Theologie und Religionswissenschaft werden im Artikel als Synonyme zueinander verwendet.

264

dem Fortschritt im modernen Denken der Menschen Schritt zu halten" (Nursi, 1998, S. 24). Dies ist auch der Grund für seine ständigen Auseinandersetzungen mit verschiedenen Gelehrten, deren Erziehungsmethoden er anzweifelte. Nursi war der Meinung, dass diese Methoden von Grund aus erneuert werden müssten. Das dreiteilige Bildungssystem (Medrese, Tekke, Volksschule) wäre die Quelle der Unwissenschaftlichkeit im Osmanischen Reich (Şahiner, 1979, S. 93). Die einzige Möglichkeit, für den Aufstieg des Osmanischen Reiches wäre es, wenn wieder in den Volksschulen Religionswissenschaft, in den Medresen moderne Wissenschaft gelehrt wird und Lehrer und Akademiker in den Tekkes lehren (Mardin, 2003, S. 133). Damit verknüpfte er die Bildungsproblematik mit der Theologie. Nursi war also gegen die Trennung dieser drei von Grund aus verschiedenen Bildungseinrichtungen und strebte eine Universität an, die diese drei vereinigen sollte. In dieser Universität sollte zeitgenössisches Wissen vermittelt werden.

Mit dieser Idee reiste er 1907 nach Istanbul, der Hauptstadt des Osmanischen Reiches. Das soziale Leben und die Psychologie der Menschen in Istanbul beschrieb der ungarische Orientalist und Turkologe Arminius Vámbéry, der sich auch mit Sultan Abdulhamid II. traf, als Faul, Unsensibel und Unentschieden (1898, S. 10-11; h.z.n. Mardin, 2003, S. 211). Auch Nursi empfand so. Unwissenheit, Armut und Uneinigkeit sah er als die größten Feinde des Osmanischen Reiches und schlug gegen sie Wissenschaft und Technologie, Arbeit und Solidarität und Einheit der Nation vor (1978, S. 14). Der

Gouverneur Tahir Paşa unterstützte ihn bei seinem Vorhaben, eine Universität zu gründen, und schrieb ein Empfehlungsschreiben an Sultan Abdülhamid II. In Istanbul stellte Nursi seine Idee einzelnen Regierungsmitgliedern vor.

Während er auf die Entscheidung der Regierung wartete, beteiligte er sich auch in Istanbul wie gewohnt an religiösen und wissenschaftlichen Diskussionen. So unternahm er etwas, was ihn in kürzester Zeit in ganz Istanbul berühmt machte. An seine Haustür klebte er ein Zettel mit der Aufschrift „Hier werden alle Fragen beantwortet, aber von mir werden keine Fragen gestellt!"[10] Diese freche und selbstbewusste Geste machte ihn allerdings sehr schnell bekannt. Viele Intellektuelle besuchten Nursi, um ihm auf die Probe zu stellen. Vielmehr wollten sie ihn bloßstellen. Durch seine Intelligenz schaffte es aber Nursi immer wieder, sich durchzusetzen und zu beweisen. So besuchte ihn eines Tages Scheich Bahit, ein Wissenschaftler der „Al Azhar"-Universität in Kairo. Dieser fragte ihn, was er über Europa und das Osmanische Reich denke. Nursi antwortete ihm: „Europa ist schwanger und wird einen islamischen Staat gebären. Das Osmanisch Reich ist auch schwanger und wird eines Tages einen europäischen Staat gebären". Auf diese tiefsinnige Antwort sagte der Scheich: „Mit diesem Herr kann man nicht diskutieren. Auch in bin seiner Meinung. Doch so schön, kurz und

---

[10] Dass er keine Fragen stellt, ist auf den Traum zurückzuführen, in dem ihm der Prophet dieses verbietet.

266

knapp kann es nur ein Bediüzzaman formulieren"
(2001a, S. 45ff).

Die Berühmtheit Said Nursis erreichte auch den Sultan,
so dass er persönlich von Sultan Abdülhamid II.
eingeladen wurde, um sein Projekt vorzustellen. Doch
zur Enttäuschung Nursis wurde sein Projekt nicht ernst
genommen. Stattdessen hielt man ihn für verrückt, da er,
ungewöhnlich für diese Zeit, den Sultan für seine passive
Regierungsform scharf kritisierte. Im Islam gäbe es, laut
Nursi, keine Unterdrückung. Durch Ausspionieren und
anonyme Anzeigen sowie unter Ausschluss der
Öffentlichkeit dürfe niemand abgeurteilt werden. Das
Amt des Kalifen bestehe nicht aus
Freitagsgebetszeremonien, sondern es verpflichte zum
materiellen und geistigen Engagieren für die Belange der
Muslime auf der ganzen Welt. Würde sich der Kalif an
den Propheten halten, würde man ihn akzeptieren. Eine
Person aber, die ungerecht, gewalttätig, grausam und
unterdrückend ist, ist ein Bandit, auch wenn er ein Kalif
ist (1978, S. 14; 2001a, S. 57).

Daraufhin wurde Said Nursi in eine Irrenanstalt
eingewiesen. Die Regierung erhoffte sich so, den „frei
Redenden" und „nicht Scheuenden" Nursi zum
Schweigen zu bringen, da er durch seine Reden in
Istanbul „der Regierung schade". Hier wurde er schnell
entlassen, denn der Arzt attestierte: „Wenn es an
Bediüzzaman die winzigste Spur von Verwirrtheit geben
sollte, dann dürfte in der ganzen Welt kein einziger
geistig gesunder Mensch existieren" (Yaşar, 1993, S.
293). Als Entschädigung bot ihm der Sultan ein sehr

hohes Gehalt an und versprach ihm, die Universitätsidee noch einmal zu besprechen. Doch Nursi lehnte ab, da er dies als Bestechungsgeld ansah.

Sein Wissenschaftsverständnis

Die Universität wurde nie gebaut, allerdings entstand die Nurculuk Bewegung, die diese Universität repräsentiert. Die Nurculuk Bewegung ist sozusagen die Umsetzung des Traumes von Nursi, eine Universität zu gründen, in dem moderne Wissenschaften und Religionswissenschaft zusammengelehrt werden. Das bereits erwähnte Gespräch Nursis mit Gymnasiasten im Jahre 1936 ist hierfür ein eindrucksvolles Beispiel.

Ähnlich wie Augustinus, Paracelsus, İbn-i Arabi oder R. Boyle bezeichnete Nursi den Kosmos als „Heiliges Buch Gottes", das erforscht werden muss. Die Natur sei, neben Koran und dem Propheten Muhammed, die dritte Offenbarungsquelle Gottes (Nursi, 2000d, S. 21). Die Welt ist in Nursis Augen ein Koran, der gelesen und verstanden werden muss. Die Wissenschaft ist die Brille, um die Verse des Welt-Korans zu verstehen. Somit wurden das Forschen und die Aneignung nach Wissen selbst zum İbadet (Gottesdienst)[11]. Je mehr man die Welt versteht, desto gläubiger wird man, laut Nursi. Wissen ist demnach im religiösen Weltbild immer verbunden mit der Erkenntnis des Göttlichen (Seufert, 1997, S. 384). Daher legte Nursi viel wert auf die Erforschung der

---

[11] Dies ist nicht erst seit Nursi so. Jedoch hat dies erst wieder durch Nursi an Leben gewonnen.

Naturgesetze, die er als Gesetze Gottes (Sünnetullah oder sünnet-i İlahiye) bezeichnete (2000f, S. 176; 2000d, S. 138, 211; 2001b, S. 463; 2004b, S. 622; 2007, S. 142). Die Natur und die Ordnung im Kosmos werden von Nursi als Beweise für die Existenz eines Schöpfers beschrieben. Er schreibt über Bäume, Pflanzen, Blumen, Tiere, Fliegen und Käfer, die alle laut ihm Kunstwerke eines Schöpfers sind. Laut Mehmet Kutlular, dem verstorbenen Herausgeber der Zeitung ́Yeni Asya ́, welches zu einer der Nurcu Gruppierungen gehört, wird die Tatsache, dass Nursi von Fliegen und Käfern schreibt, spöttisch belächelt: „Ein paar Ex-Kommunisten, die jetzt alhamdülillah (Gott sei Dank; A.d.A.) Nurcus sind, haben mir einmal folgendes erzählt: In den 70ern sagten ihnen ihre Lokalführer: ́Diskutiert nicht mit den Nurcus ́. Diese fragten zurück: ́Woher sollen wir denn wissen, wer ein Nurcu ist? ́. Daraufhin kam die Antwort: ́Das sind die, die ständig über Bienen, Käfer und Fliegen reden! ́" (Sahinöz, 2019, S. 248).

Zudem wehrte sich Nursi gegen die Instrumentalisierung des Positivismus für den Atheismus und versuchte auf die gleiche Art und Weise die Methodik des Positivismus zu benutzen, um die Existenz Gottes zu beweisen. So strebte er nach einer Synthese zwischen Glauben und Vernunft, in dem er die Naturgesetze dafür benutzte, um die Allmacht eines Schöpfers zu erklären (Yavuz, 2004, S. 124ff). Er war davon überzeugt, dass der unbewusste und imitierte Glaube (iman-ı Taklit) durch den bewussten Glauben (iman-ı Tahkik) ersetzt werden müsste. Blinden Gehorsam oder einen unwissenden Glauben lehnte er ab. Erst die Verbindung zwischen Wissen und Glauben führe zum iman-ı Tahkik. Dabei muss angemerkt werden, dass Nursi die Koranverse nicht auf wissenschaftliche Erkenntnisse reduzierte oder die Wissenschaft auf einer Ebene mit dem Koran sah, sondern die Wissenschaft als Mittel dafür benutzte, um Koranverse zu bestätigen. Er bot also eine alternative und aktualisierte Koraninterpretation an, ohne dessen Fundament zu verändern. Sein Spruch, „Wenn die Zeit älter wird, wird der Koran jünger. Seine Zeichen werden offenbar" (1995, S. 132; 2004b, S. 618; 2001b, S. 460) und die seines engsten Schülern Zübeyir Gündüzalp, „Eins der größten Wunder des Korans ist es, dass es immer jung und frisch bleibt. Und es ist jedes Jahrhundert so, als wäre es gerade offenbart worden, da es genau die Probleme des jeweiligen Jahrhunderts löst" (Nursi, 2001d, S. 706), zielen auf die These, dass je weiter die Wissenschaft voranschreitet, desto besser die Wahrheiten der Offenbarung bestätigt und besser verstanden werden. Dies manifestiert er an einer anderen Stelle: „Was den Islam kontinuierlich manifest werden lässt und dafür sorgt, dass er sich gemäß den Fortschritten des Denkens weiterentwickelt, ist die Tatsache, dass er auf Realität gegründet ist und mit den Grundlagen der Weisheit konformgeht, die von Ewigkeit zu Ewigkeit aneinander gebunden sind" (Nursi, 2000e, S. 43). Wissenschaft ist demnach Mittel zum Zweck, den Koran in seiner Göttlichkeit zu bestätigen. Deshalb rufen die Nurcus die Muslime dazu auf, „den Koran im Lichte der Vernunft zu interpretieren und die Wissenschaft ernst zu nehmen" (Yavuz, 2004, S. 130). Man kann dies auch als Muslimisierung der Wissenschaft sehen, so wie es Mehmet Kutlular im Interview beschrieb: „Wenn man mich fragen würde, was die Risale-i Nur[12] ist, würde ich antworten, ʿEs ist die Muslimisierung (so die wortwörtliche Übersetzung von „müslümanlaştırmak"; A.d.A.) der Wissenschaftʿ" (Sahinöz, 2019, S. 249).

Der Wortschatz Nursis ist zudem auffällig von der Naturwissenschaft, besonders des Bereichs Elektrizität, beeinflusst. Nur bietet er eine andere Lesart dieser Wissenschaft an. Er „islamisiert" sie, in dem er Begriffe wie Atom, Kosmos, Universum, Licht, Strom oder Zelle dazu benutzt, um Koranverse zu interpretieren. Oftmals dienen ihm die Theorien der Naturwissenschaft als Beispiele seiner Erläuterungen. Mit diesem intellektuellen Rüstzeug liest er wiederum den Koran. Nursi war aber kein reiner Rationalist. Er sprach auch das Herz der Leser an. In seinen Briefen betont er selbst, dass in der Risale sowohl das Herz als auch der Verstand angesprochen werden (2000c, S. 13).

Auch die Sprache der Philosophen war ihm ein Instrument. „He argued that he established Islamic truths on rational proof in the method of philosophers debating with his opponents and with the opponents of Islam. Nursi resorted to explaining Islamic ideas by way of philosophical concepts as, for example, he did with the concept of ʿjusticeʿ using Platoʿs theory of the four virtues – chastity, courage, wisdom, and justice – and also using Aristotleʿs theory on the concept of ʿvirtueʿ as a means between excess and permissiveness" (Abdel

---

[12] Die Werke, die Said Nursi verfasste, sind im Sammelband "Risale-i Nur" zusammengetragen.

Rahman, 2003, S. 200). Nursi bediente sich exzellent der drei Prinzipien der Philosophie Beobachtung, Hinterfragen und Beweis. Die Beweisführung bezeichnet er als ein Grundprinzip der Risale (2001c, S. 80). Dominant waren bei ihm Sinnfragen, die ebenfalls im Zentrum der Philosophie stehen. Während er in jüngeren Jahren versuchte, Weisheit und Philosophie zu vereinen, trennte er sie später, in dem er die Philosophie der Weisheit unterordnete und es in dessen Dienst stellte (Abdel Rahman, 2003, S. 201, 208ff).

Die Werke sind zudem sehr von Analogien und Vergleichen gekennzeichnet. Wenn Nursi etwas verständlich machen möchte, gibt er einen Vergleich aus dem Alltag. Dies begründet er folgendermaßen: „Die Gründe, weswegen ich die Erzählungen in diesen Abhandlungen in der Form von Metaphern und Parabeln schreibe, sind, die Auffassungskraft zu steigern und zu zeigen, wie vernünftig, angemessen, gut begründet und zusammenhängend die Wahrheiten des Islam sind. Die Bedeutungen der Erzählungen führen zu ihren schlussfolgernden Wahrheiten. Die Erzählungen deuten in ihrer Anspielung auf die innewohnenden Wahrheiten. Daher sind sie nicht allein bloße Phantasieerzählungen, sondern wirkliche Wahrheiten" (2002c, S. 10; 2001d, S. 52). Er schmückte also seine Ausführungen mit alltäglichen Beispielen, um es verständlicher zu machen. So machen es auch seine Anhänger, die immer wieder in den Lesungen Beispiele aus ihrem eigenem Leben wiedergeben, um das Gelesene verständlicher zu machen.

Auch unterschied er deutlich unter seinen Lesern. Manchmal schreibt er nur für „die Jugendlichen". Manchmal besteht seine Zielgruppe aus „den Älteren". „Die Frauen" oder „die Kranken" gehören ebenfalls zu seinen Ansprechpartnern. Dass heißt, er versuchte seine Texte dem lesenden Publikum anzupassen. An einer Stelle schreibt er: „Gebe dem Pferd heu und dem Löwen Fleisch und nicht anders herum" (Nursi, 2000c, S. 198). Diesem pädagogischen Stilmittel bediente sich Nursi sehr. Auch aus der Tradition des Propheten Muhammed finden wir dies wieder. Wenn der Prophet gefragt wurde, was den der beste Gottesdienst sei, antwortete er immer anders. Seine Gefährten fragten ihn, warum er immer unterschiedlich antwortet. Der Prophet sagte, dass er jedem genau die Antwort gäbe, die er am nötigsten hatte. Die Antwort richtet sich also nach dem Fragenden. Die Ebene des Empfängers ist also wichtig.

Nursi selbst war von neuen Technologien und Entwicklungen begeistert. So lobt er in seinen Schriften die Erfindung des Radios, sieht es als Geschenk Gottes (Şahiner, 1993, Band 3, S. 92) und meint, dass dieser einen Dienst im Namen des Islams leisten wird (Nursi, 2000c, S. 46). Der Audiorecorder sei ein schöner Risale-i Nur Leser, der die kompletten Werke auswendig gelernt hätte (Şahiner, 1993, Band 3, S. 73). Als er ein Flugzeug fliegen sah, sagte er seinen Schülern, dass er stolz auf die Menschheit sei (Şahiner, 1993, Band 4, S. 48; vgl. Cebeci, 2006). Er würde für die Piloten beten (Şahiner, 1993, Band 3, S. 259). An anderer Stelle ernennt er die Druckmaschine, mit der die Risales gedruckt werden, zu einem „Risale-i Nur Schüler", also zu einem Nurcu

(2001c, S. 155). Jegliche Art von Kommunikationsmittel und Technik waren für ihn Mittel um die Risale-i Nur zu verbreiten. Kutlular hierzu: „Said Nursi benutzte die Technologie mit dem Ziel den Glauben zu beweisen" (Sahinöz, 2019, S. 252).

Die heutigen Nurcus führten Nursis Tradition, Religionswissenschaft und andere Wissenschaften zu verbinden, weiter. Mitte der 70er wurde von Yeni Asya eine Serie von Büchern mit dem Übertitel „Wissenschaft und Technologie" publiziert. Diese Veröffentlichungen waren akademische Arbeiten (meist naturwissenschaftliche). Zudem gab es Zeitschriften, wie z.B. Köprü oder Zafer, die wissenschaftliche Arbeiten abdruckten. Hinzu kamen die Errichtung eines Forschungszentrums in Istanbul, eines Instituts in den Vereinigten Staaten, die Publikation eines englischsprachigen Magazins mit dem Titel „Nur - the Light" (die deutsche Ausgabe hieß „Nur – Das Licht"), die Übersetzung des Risale ins Englische und Deutsche, und das Herstellen von Kontakten zu Akademikern und Denkern. Durch diese Arbeiten erreichte die Bewegung nun ein neues, breiteres und vor allem jüngeres Publikum.

Religionswissenschaft bei Said Nursi

Die Lehre der Religion und damit der Religionspädagogik selbst nimmt bei Said Nursi eine gewichtete Rolle ein. In einem seiner früheren Werke schreibt er: „Dass die meisten Propheten aus dem Osten und die meisten Philosophen aus dem Westen kamen ist Gottes Schicksal, dass uns zeigen soll, dass es die Religion und das Gewissen sind, die den Osten wieder stärken werden" (Nursi, 2001a, S. 125). Hier versucht er noch einmal deutlich zu machen, dass die Lehre der Religion den Osten wieder stärken wird.

An einer anderen Stelle schreibt er, dass die Herzenskrankheit der Menschen in seinem Volke die Vernachlässigung der Religion sei und man nur wieder gesundwerden würde, wenn man wieder mehr wert auf die Religion geben würde (Nursi, 2001a, S. 51). Denn laut Nursi könnte ein Volk ohne die Religion nicht überleben (Nursi, 2001a, S. 481). Religion sei das Leben des Lebens, schreibt er. Es sei Licht und die Wirklichkeit an sich. Und die Auferstehung dieses Volkes wäre nur durch die Widerbelebung der Religion möglich (Nursi, 2001d, S. 657).

Jedoch spricht er in seinen Werken nicht von einem blinden Glauben, sondern von einem bewussten Glauben. Denn Nursis Verständnis von Religionspädagogik weist nicht nur Theologische Aspekte auf, sondern er sieht das Wissenschaftsverständnis ebenfalls als einen Faktor der Religion. Wie ersichtlich wurde, war für Nursi die Kombination von Religionswissenschaft und anderen Wissenschaften wichtig. Demnach strebte er eine Religionspädagogik an, die wissenschaftlich fundiert und begleitet wurde. Laut Nursi ist es nicht ausreichend, das bloße Auswendiglernen des Korans und das Erlenen von Bittgebeten als Religionspädagogik zu beschreiben.

Nur eine wissenschaftliche begleitete Religionsausbildung würde laut Nursi zu einer bewussten Religionsauslebung führen. Nursi war der Meinung, dass eine bewusst gelebte Religion die Brüderlichkeit stärken würde. Türken, Kurden und Araber könnten vereint werden und das Land damit gestärkt sein. Um aber eine gesunde Religionsausbildung zu genießen, fügte er diesem den Faktor der modernen Naturwissenschaften an. Erst diese Kombination macht es laut Nursi möglich, sowohl das Eine als auch das Andere zu verstehen.

Nursi interpretierte quasi den Koran und den Islam von Neuem für das Jahrhundert, in dem er lebte. Durch seine Forschungen war er der Meinung, dass Missverständnisse in der Religion nur behoben werden konnten, wenn dieses als Fach in der Universität und in den Schulen gelehrt würde. Man kann davon ausgehen, dass die Basis dieser Ideen in Van, als er in der Bibliothek die westliche und moderne Literatur durchforstete, entstand.

Fazit

Said Nursi genoss während seiner Kindheit eine intensive theologische Ausbildung, bei dem er mehrere Medresen besuchte und sich ein fundiertes Wissen aneignete. Seine Lehrer, Ausbilder und Zeitgenossen bestätigten seine Kenntnisse und nannten ihn fortan "Bediüzzaman" (Mann der Epoche).

Er selbst war jedoch nicht beeindruckt von den Ausbildungsmethoden. Er fand sie zu einseitig. Während in einigen Bildungsstätten nur moderne Naturwissenschaft gelehrt wurde, wurde in anderen nur die Religionswissenschaft behandelt. Er war gegen diese Trennung. Deshalb war er überzeugt davon, dass Theologie und Naturwissenschaft parallel gelehrt werden mussten. Daher entwarf er die Idee einer Universität namens Medresetüz Zehra, in der mehrere Wissenschaftsgebiete gelehrt und miteinander in Verbindung gesetzt werden sollten. Hierbei sollte zeitgenössisches Wissen vermittelt werden.

Diese Art der Religionspädagogik war Nursis Ausweg und Befreiung aus der Unwissenheit und die Lösung für gesellschaftliche Probleme, die damals in der muslimischen Welt herrschten.

Jedoch konnte er seine Idee einer Universität nicht umsetzen. Allerdings erreichte er in gewissermaßen doch sein Ziel, in dem er seine über 6000 Seiten umfassenden Werke schrieb, in denen er moderne Wissenschaft mit der Religionswissenschaft vereint, und damit auch für die gegenwärtige Religionspädagogik wichtige Gedanken liefert.

Chronologie des Lebens von Said Nursi

Von Wolf D. Ahmed Aries (2004)

Vorbemerkung
1. Die nachstehende kurze Biographie Said Nursis orientiert sich an der Biographie Sükran Vahides, die 1992 in Istanbul erschienen ist.
2. In ihr wird das Leben Nursis in drei große Abschnitte unterteilt:
 (a) der "Alte Said",
 (b) der "Neue Said" und
 (c) der "Dritte Said".

1877-1920 "Der Alte Said"

1877
Said Nursi wird als siebentes Kind einer kinderreichen Familie im ostanatolischen Dorf Nurs geboren.

1886
Mit ca. zehn Jahren begann Nursi seine Ausbildung an der örtlichen Medrese.

1886 – 1891
Gemäß dem damaligen Curriculum erlernt er die Grundzüge der arabischen Grammatik. Der Unterricht stellt ihn jedoch nicht zufrieden, so dass er in den folgenden Monaten immer wieder die Medresen wechselte.

278

1891

Schließlich traf er auf Scheich Muhammed Jalali, bei dem er eine Weile blieb. Da er den Eindruck gewonnen hatte, dass der Unterricht reformbedürftig sei, konzentrierte sich Nursi auf wenige Schlüsseltexte und bestand - für die damalige Zeit ungewöhnlich - das Abschlussexamen innerhalb von drei Monaten. Damit vermochte er zu beweisen, dass Veränderungen notwendig waren. In den anschließenden Diskussionen mit den Gelehrten seiner Heimatprovinz erwies sich Nursi als überlegender Gelehrter, was ihm den Ehrentitel Bediüzzaman, Wunder der Epoche, eintrug.

1892

Die Auseinandersetzung mit den Fragen der Zeit, führte ihn zur Einsicht in die Grundprobleme der Gemeinschaft der Muslime.

1893 – 1895 Bitlis

Man nimmt heute an, dass Nursi etwa zwei Jahre in Bitlis lebte, wo er vierzig – nach dem Verständnis des Medresen Curriculums – Hauptwerke auswendig lernt.

1895 – 1897 Van

Nursi gelang die Gründung einer eigenen Medrese, in der er seine Ideen einer Bildungsreform umzusetzen versuchte. Gleichzeitig las er alle erreichbaren (Lehr-) Bücher, in denen die damals bekannten Naturwissenschaften dargestellt wurden. So gewann er die Idee einer Universität, in der religiöse und naturwissenschaftliche Lehrer und Forscher gemeinsam arbeiten sollten. Während seines Vaner Aufenthaltes wenden sich immer wieder einzelne Stämme an den jungen Gelehrten, um ihn als Mediatoren in ihren Konflikten zu gewinnen. Dabei zeichnet Nursi sich nicht nur durch persönliche Tapferkeit aus, sondern auch als Friedensstifter.

1907 Istanbul

Gegen Ende des Jahres 1907 reiste Nursi in die Hauptstadt des osmanischen Reiches, Istanbul, um dort für die Idee einer ostanatolischen Universität zu werben. Und der bis dahin unbekannte Gelehrte aus Ostanatolien wurde in kurzer Zeit so bekannt, dass es zu einer Begegnung mit dem regierenden Sultan, Abdul Hamid II, kam. Als im Sommer 1908 die zweite Verfassung in Kraft trat, da engagierte sich Nursi in Zeitungsartikeln und Aufsätzen für sie. So wurde er Mitglied der Ittihad-i-Muhammedi (Muhammedanische Gesellschaft für die muslimische Einheit), was ihn vor ein Kriegsgericht brachte, welches ihn jedoch frei sprach. 1910 veröffentlichte er unter dem Titel "Nutuk" einen Sammelband mit Aufsätzen und Reden.

1910

Im Sommer dieses Jahres bereiste Nursi die ostanatolischen Stämme, um sie von der neuen Politik zu überzeugen, denn er war der Meinung, dass der Konstitutionalismus die Einheit und den Fortschritt der islamischen Welt fördern würde. Die zahlreichen Reden und Gespräche jener Monate wurden später in zwei Bänden zusammengefasst veröffentlicht: "Ärztliches Rezept" (1911) und "Diskussionen" (1913).

1911

Im Verlauf seiner Reise erreichte Nursi u.a. auch Damaskus, wo man ihn bittet in der Omayyadenmoschee eine Predigt zu halten, was er in fließendem Arabisch tat. Nachdem ihr Text zwei Mal nachgedruckt werden musste, erscheint ein darauf folgenden Jahr ein türkische Übersetzung. Kaum nach Istanbul zurückgekehrt, wird er aufgefordert den Sultan auf dessen Balkanreise zu begleiten, während der man ihm die Unterstützung für die Gründung einer ostanatolischen Universität zusagt.

1912

So kommt es ein Jahr später zur Grundsteinlegung seiner Universität, der Medresetü'z-Zehra. In den folgenden Monaten unterrichtete der inzwischen berühmte Gelehrte an seiner alten Medrese in Van.

1914

Mit Ausbruch des Ersten Weltkrieges wurde aus dem Lehrer der Befehlshaber seiner Provinz und zugleich Kommandeur eines studentischen Freiwilligen Regimentes, dessen Kern seine eigenen Studenten bildeten, mit denen er sich mehrfach u.a. bei der Verteidigung der Stadt Bitlis auszeichnet. In den Kampfpausen diktierte Nursi seinen später bekannt gewordenen Korankommentar "Der Koran - Ein Zeichen des Wunders".

1916 – 1918

Schließlich wurde das Regiment von der russischen Armee gefangen genommen, und er selber in ein Lager an der Wolga verbracht, von wo ihm im Sommer 1918 die Flucht über Berlin nach Istanbul gelang.

1918 – 1920

Mit seiner Ernennung zum Mitglied des höchsten osmanischen Rates für Fragen der Bildung, des Darü´l-Hikmeti´l-Islamiye, begannen Monate intensiven Arbeitens, deren Frucht nicht nur eine große Zahl von Publikationen waren, sondern zugleich eines sozialen Engagement, das ihn u.a. Mitglied in der neuen Gesellschaft des Grünen Halbmondes werden ließ, die sich gegen die Verbreitung des Alkohols wandte.

1920 – 1950 "Der Neue Said"

1920

Mit Mitte vierzig zog sich der inzwischen so erfolgreiche Gelehrte in die Einsamkeit zurück, um nachzudenken, zu meditieren, was einen tiefen Wandlungsprozess einleitete, an dessen Ende Nursi zur Erkenntnis gelangte, dass die muslimische Welt sich in einer Krise befände. Nursis Lösung war die Rückbesinnung auf den Koran als Glaubensquelle und die bewusste Entscheidung zum Leben im Glauben. In dieser Zeit schrieb und publizierte er eine Reihe von Arbeiten in arabischer Sprache, die ins Türkische übersetzt unter dem Titel "Harmonie des Lichts" erschienen.

1922

Nach mehrfachen Einladungen der neuen Regierung fährt Said Nursi nach Ankara, wo ihn das Parlament offiziell empfängt. Er findet soviel Resonanz, dass man ihm anbietet die eine oder andere Aufgabe zu übernehmen. Allerdings gelingt es ihm, die Abgeordneten von der Idee einer Universität in Ostanatolien zu überzeugen. Doch trotz der Bewilligung der staatlichen Fördermittel für diese Universität machen die Umstände den wirklichen Bau unmöglich.

1923 – 1925

In der für islamische Gelehrte charakteristischen Weise zieht sich der nun Fünfzigjährige aus der Politik und dem gesellschaftlichen Leben zurück, um mit einer kleinen Gruppe von Schülern zu beten und zu meditieren. Als im Februar 1925 ein religiös motivierter Aufstand ausbricht, schreibt er gegen ihn an. Dennoch stellt ihn die Regierung unter Aufsicht, "verlegt" ob seiner Beliebtheit in den folgenden Jahren von einem Ort zum anderen.

1926 – 1935

Wie im Protest zur Tagespolitik erscheinen in diesen Jahren Abhandlungen, Briefe und längere Texte, die sich mit dem Jenseits, der Verantwortung des Menschen, seinem Glauben und der Offenbarung auseinandersetzen. Dabei wächst seine Popularität ebenso wie der Kreis seiner Schüler, was die Behörden dazu veranlasst, ihn über Klagen immer wieder ins Gefängnis zu stecken.

1936 – 1949

Während seiner langen Wanderung durch Gefängnisse und Verbannungen entstehen heimlich eine große Zahl von Arbeiten, die seine Schüler auf den unterschiedlichsten Wegen trotz aller Kontrollen erreichen und von diesen abgeschrieben werden, um danach weiter zu kursieren. Auf diese Weise entsteht ein weiter Kreis von Schülern in allen Bevölkerungsschichten. Schließlich entlässt man ihn im Dezember 1949.

1950 – 1960 "Der Dritte Said"

1950

Die politischen Veränderungen in der Türkei bringen nicht nur eine Generalamnestie, sondern zugleich eine Freiheit, die Nursi nutzt. Ein Jahr später beschließt die Regierung endlich die von ihm so lange ersehnte Universität in Ostanatolien zu bauen. Obwohl sie nicht seiner islamischen Konzeption entspricht, begrüßt er die Entscheidung.

1956 - 1960

Erst im Juni 1956 gibt ein Gericht in Afyon das inzwischen zu dem Risale-i-Nur, dem Sendschreiben des Lichtes, herangewachsene Gesamtwerk des Gelehrten zum Druck frei. Inzwischen sprechen seine Schüler und Außenstehende von seinem Kreis der Schüler als der "jama´at-i-nur", der Gemeinschaft des Lichtes.

In den letzten Jahren seines Lebens reist er noch einmal zu den Orten seines Lebens. Schließlich stirbt er am 23. März 1960 in Urfa, wo ihn seine Schüler auch begraben. In einer Nacht und Nebel Aktion am 12. Juli 1960 wird jedoch sein Leichnam auf Befehl der Militärjunta aus gegraben und an einen unbekannten Ort verbracht.

Das Gesamtwerk Risale-i Nur im Überblick

- 33 Fenster
- 6 Große Namen Gottes
- Abhandlung über die Natur
- Ärztliches Rezept
- Beweise erhabener Glaubenswahrheiten
- Blitze
- Briefe aus Barla
- Briefe aus Emirdağ
- Briefe aus Kastamonu
- Bruderschaft und Wahrhaftigkeit im Islam
- Das große Zeichen
- Das Ich
- Das Oberste Zeichen
- Das Siegel der Bestätigung aus dem Verborgenen
- Der Koran - Ein Zeichen des Wunders
- Die Auferstehung
- Die Auferstehung und das Jenseits
- Die Briefe
- Die erste Tür des Nur
- Die Ewigkeit
- Die Fliegen
- Die Früchte des Glaubens
- Die Harmonie des Lichtes
- Die Lichtblitze
- Die Lichtstrahlen
- Die Worte
- Diskussionen
- Ein Schlüssel zum Glauben
- Gott und das Jenseits
- Harmonie des Lichts
- Heilmittel für Kranke
- Im Aufscheinen des Morgensterns
- Islamische Glaubenswahrheiten
- Kleine Worte
- Kurze Wörter
- Leuchtende Rechtleitung
- Mensch und Universum
- Ramadan
- Sein Leben und Werk
- Stab Mosis
- Strahlen
- Tröstung für die Alten
- Wegweiser für die Jugend
- Wunder Muhammeds

Literatur

- Abdel Rahman T.: The Separation of Human Philosophy from the Wisdom of the Qur´an in Said Nursi´s Work. In: Abu-Rabi I. (Hrsg.): Islam at the Crossroads. On the Life and Thought of Bediüzzaman Said Nursi. State University of New York Press: New York, 2003, S. 199-213
- Abdullah F.: Menschliches Verhalten aus islamischer Perspektive. Zur Interaktion von Anlage, Umwelt und spiritueller Dimension. In: Rüschoff I., Kaplick P. M. (Hrsg.): Islam und Psychologie. Beiträge zu aktuellen Konzepten in Theorie und Praxis. Waxmann: Münster, 2018, S. 227-244
- Abu Dawud: Sünen-i Ebu Davud. Çağrı Yayınlar: Istanbul, 1981
- Abu-Rabi İ.: How to Read Said Nursi´s Risale-i Nur. In: ders. (Hrsg.): Islam at the Crossroads. On the Life and Thought of Bediüzzaman Said Nursi. State University of New York Press: New York, 2003, S.61-91
- Acluni: Keşfu'l-Hafa. k.A: Beirut, 1982
- Ahmad bin Hanbal: Musnad. Çagrı Yayınları: Istanbul, 1982
- Akman N.: Interview mit dem israelischen Religionswissenschaftler Yehezkel Landau. In: Zaman (Türkische Zeitung). 31.10.2004

- Al Ghazali: İslâm'da Müsamaha. Marifet Yayınları: İstanbul, 1990
- Al Ghazali: Das Elixier der Glückseligkeit. Edition Minarett: Braunschweig, 2004a
- Al Ghazali: Ledün Risalesi. Semerkand: Istanbul, 2004b
- Al Ghazali: Iḥya al-ʿUlum ad-Din. Bedir Yayınevi: Istanbul, k.A.
- Al Munawi: Feyzüʾl Kadir. k.A.: Beirut, 1971
- Aries W.: Chronologie des Lebens von Said Nursi. In: Vahide S.: Ein Beitrag zu einer „Intellektuellen Biographie" Said Nursis. Söz Basım Yayın: Istanbul, 2004, S.65-72
- Badıllı A.: Risale-i Nur'un Kudsi Kaynakları. Istanbul: Envar Neşriyat, 2007
- Baihaqi, Es-Sünenü'l-Kebir. Ocak Yayıncılık: Istanbul, 2016
- Bakkal A.: Bediüzzaman Said Nursi´nin Hadisleri Yorumlama Metodu. In: Katre, Hadis özel sayısı, Nr. 4, 2017, S. 27-57
- Balbay M.: Mustafa Öztoprak. Bediüzzaman Said Nursi´nin Hadis Anlayışı. In: Katre, Nr. 14, 2022, S. 201-208
- Bilen M.: Bediüzzaman Said Nursi ve Hadis. Siyer Yayınları: Istanbul, 2020
- Bilen M.: Risale-i Nur´da hadis kabul kriterleri. In: İlmi Araştırmalar Dergisi, Volume 11, Nr. 2 (24), 1999, S. 428-439
- Binder H.: Au Kurdistan: En Mesopotamie et en Perse. Maison Quantin: Paris, 1887

- Bruinessen M.M.: Agha, Scheich und Staat. Politik und Gesellschaft Kurdistans. WB Druck: Rieden, 1989
- Bukhari: Sahih Bukhari. Çagrı Yayınları: Istanbul, 1992
- Can M. A.: Said-i Nursi'nin Risale-i Nur Külliyat'ında Geçen Hadislerin Tahrîci ve Değerlendirilmesi. Yüksek Lisans Tezi, Konya, 2014
- Cebeci S.: İzmir'de iki gün. In: Yeni Asya (Türkisch Zeitung). 07.12.2006
- Çekin, A.: Maneviyat, Manevi Bakım ve Sosyal Hizmet. Etüt Yayınları: Samsun, 2014
- Cuinet V.: La Turquie d'Asie: Geographie Administrative, Statistique Descriptive et Raisionnée de Chaque Province de l'Asie Mineure. Band 2. Ernest Leroux: Paris, 1891
- Demir B.: Zayıf Hadisle Amel ve Said Nursi'nin yaklaşımı. In: Katre, Hadis özel sayısı, Nr. 4, 2017, S. 95-114
- Duden: Gelassenheit. Im Internet: https://www.duden.de/rechtschreibung/Gelassenheit. Zuletzt aufgerufen: 01.01.2019
- Ergin M.: Nurculuk Gerçeği. Yeni Asya: Istanbul, 2001
- Göktaş Ü.: Arap Dili ve Belagatı Açısından Bediuzzaman Said Nursî. Yüksek Lisans Tezi, Erzurum, 2011
- Haddad Y.: Ghurba as Paradigm for Muslim Life: A Risale-i Nur Worldview. In: Muslim World. Band 89 (3-4). Juli –Oktober, 1999

288

- Hamer D.: Das Gottes Gen. Warum uns der Glaube im Blut liegt. Kösel: München, 2006
- Horsch S.: Barmherzigkeit als Grundlage der Seelsorge. Eine islamische Sicht. In: Begic E., Weiß H., Wenz G. (Hrsg.): Barmherzigkeit. Zur sozialen Verantwortung islamischer Seelsorge. Neukirchener Verlag: Neukirchen-Vluyn, 2014, S. 23-31
- Ibn Abdilberr: El-İstiab. Daru'l-Cebel: Beirut, 1992
- Ibn Hibban: Sahih Ibn Hibban. Dar Ibn Hazm: Beirut, 2012
- Iqbal M.: Islamic Medicine: The Tradition of Spiritual Healing. In: Science & Spirit, 9 (4), 1998, S. 3-5
- Karabaşoğlu M.: Text and Community: An Analysis of the Risale-i Nur Movement. In: Abu-Rabi I. (Hrsg.): Islam at the Crossroads. On the Life and Thought of Bediüzzaman Said Nursi. State University of New York Press: New York, 2003, S.263-296
- Karabulut A. R.: Tıbb-ı Nebevi Ansiklopedisi. Mektebe Yayınları: Kayseri, 1993
- Khan F.: The Physics of Radiation Therapy. Williams & Willkins: Lippincott, 2003
- Laabdallaoui M., Rüschoff I.: Ratgeber für Muslime bei psychischen und psychosozialen Krisen. Edition Bukhara: Mössingen, 2009
- Mardin Ş.: Religion and Social Change in Modern Turkey. The Case of Bediüzzaman Said Nursi. State University of New York Press: New York, 1989

- Mardin Ş.: Anmerkungen zu normativen Konflikten in der Türkei. In: Berler L.P (Hrsg.): Die Grenzen der Gemeinschaft. Bertelsmann Stiftung: Gütersloh, 1997, S.355-397
- Mardin Ş.: Bediüzzaman Said Nursi Olayı. İletişim Yayınları: Istanbul, 2003
- Mardin Ş.: Reflections on Said Nursi´s Life and Thougt. In: Abu-Rabi I. (Hrsg.): Islam at the Crossroads. On the Life and Thought of Bediüzzaman Said Nursi. State University of New York Press: New York, 2003, S.45-50
- Maturidi: Kitabü´t-Tevhid. Türkiye Diyanet Vakfı Yayınları: Ankara, 2003
- Muslim: Sahih-i Muslim. Istanbul: Irfan Yayınevi, 2014
- Nawawi A.: Riyad us-Salihin. Gärten der Tugendhaften. SKD Bavaria: München, 1999, 2002
- Necati O.: Hadis ve Psikoloji. 2. Baskı. Fecr: Ankara, 2008
- Necati O.: Kur´an ve Psikoloji. 3. Baskı. Fecr: Ankara, 2011
- Nursi S.: Divan-ı Harb-i Örfi. Sözler: Istanbul, 1978
- Nursi S.: Hutbe-i Şamiye. Yeni Asya: Istanbul, 1995
- Nursi S.: Sayqal al-Islam. Sözler: Istanbul, 1998
- Nursi S.: Münazarat. Yeni Asya: Istanbul, 1999
- Nursi S.: Asa-yı Musa. Yeni Asya: Istanbul, 2000a
- Nursi S.: Şualar. Yeni Asya: Istanbul, 2000b
- Nursi S.: Kastamonu Lahikası. Yeni Asya: Istanbul, 2000c

- Nursi S.: Mesnevi-i Nuriye. Yeni Asya. Istanbul, 2000d
- Nursi S.: Muhakemat. Yeni Asya. Istanbul, 2000e
- Nursi S.: Lem'alar. Yeni Asya: Istanbul, 2000f
- Nursi S.: Barla Lahikası. Yeni Asya: Istanbul, 2000g
- Nursi S.: Tarihçe-i Hayat. Yeni Asya: Istanbul, 2001a
- Nursi S.: Mektubat. Yeni Asya: Istanbul, 2001b
- Nursi S.: Emirdağ Lahikası. Yeni Asya: Istanbul, 2001c
- Nursi S.: Sözler. Yeni Asya: Istanbul, 2001d
- Nursi S.: Heilmittel für Kranke. Sözler, Istanbul, 2001e
- Nursi S.: Mensch und Universum. Sözler: Istanbul, 2002a
- Nursi S.: Die Früchte des Glaubens. Sözler: Istanbul, 2002b
- Nursi S.: Die Auferstehung und das Jenseits. Sözler: Istanbul, 2002c
- Nursi S.: Die Worte. Sözler Verlag: Istanbul, 2002d
- Nursi S.: Die Lichtstrahlen. Sözler: Istanbul, 2004a
- Nursi S.: Die Briefe. Sözler: Istanbul, 2004b
- Nursi S.: The Flashes. Sözler: Istanbul, 2004c
- Nursi S.: Latif Nükteler. Sözler Yayınevi: Istanbul, 2006
- Nursi S.: Die Lichtblitze. Sözler: Istanbul, 2007
- Nursi S.: Diskussionen. Yeni Asya: Köln, 2011
- Nursi S.: Harmonie des Lichts. VFJH: Köln, 2011b
- Nursi, S.: İşârâtü'l - İ'câz. Söz Basım: İstanbul, 2012a

- Nursi, S.: İlk Dönem Eserleri. Söz Basım: İstanbul, 2012b
- Nursi S.: Strahlen. VFJH: Köln, k.A.a
- Nursi S.: Sein Leben und Werk. VFJH: Köln, k.A.b
- Nursi S.: Worte. VFJH: Köln, k.A.c
- Nursi S.: Blitze. VFJH: Köln, k.A.d
- Nursi S.: Der Koran – Ein Zeichen des Wunders. VFJH: Köln, k.A.e
- Nursi S.: Briefe. VFJH: Köln, k.A.f
- Nursi S.: Ärztliches Rezept. VFJH: Köln, k.A.g
- Nursi S.: Briefe aus Kastamonu. VFJH: Köln, k.A.h
- Nursi S.: Briefe aus Barla. VFJH: Köln, k.A.i
- Nursi S.: Briefe aus Emirdag. VFJH: Köln, k.A.j
- Özmen R.: Ahmed B. Hanbel ve zayıf hadis´le amel meselesi. In: Yüzüncü Yıl Üniversitesi İlahiyat Fakültesi Dergisi 5 / 6, Juni 2017, S. 1-15
- Paksu O. A.: Bedîuzzaman ve İşârâtu'l-İ'câz Tefsiri. Yüksek Lisans Tezi, Sakarya, 1997
- Rabbani: Mektubat-ı Rabbani. Hakikat Kitabevi: İstanbul, 2001
- Rahman S. A.: The Epistemology, Ontology and Axiology of Psychology from Islamic Perspectives. Imam Nursi as a Model. In: The Journal of Risale-i Nur Studies, 3:2, 2020, S. 14-17
- Şahiner N.: Bilinmeyen Taraflarıyla Bediüzzaman Said Nursi. Yeni Asya: Istanbul, 1979
- Şahiner N: Son Şahitler Bediüzzaman Said Nursi'yi Anlatıyor. Band 1-4. Nesil: Istanbul, 1993
- Şahinöz C.: Wer bist du? Die Reise des Menschen. Nesil: Istanbul, 2005

- Şahinöz C.: Pozitif ol. Pozitif bak. Psikolojik Terapide Risale-i Nur. Zafer Yayınları: Istanbul, 2016
- Şahinöz, C.: Seelsorge im Islam. Theorie und Praxis in Deutschland. Springer VS: Wiesbaden, 2018
- Şahinöz C.: Die Nurculuk Bewegung. Entstehung, Organisation und Vernetzung. 4. Auflage. Bod: Norderstedt, 2019
- Şahinöz C.: Kalbinizle yaptığınız her şey, size geri dönecektir. Kitap Arası: Istanbul, 2020a
- Şahinöz C.: Positives Handeln bei Said Nursi. BOD: Norderstedt, 2020b
- Şahinöz Cemil: Leben und Arbeiten mit türkischen, arabischen und muslimischen Familien: Ein einfühlsamer Ratgeber. 3. Auflage: BOD: Norderstedt, 2020c
- Şahinöz C.: Perspektivenwechsel. Durch positive Psychologie das Leben neu entdecken. BOD: Norderstedt, 2024
- Şahinöz C., Altıner A. (Hrsg.): Islamische Seelsorge bei Said Nursi. BOD: Norderstedt, 2018
- Schimmel A.: Vorwort. In: Al Ghazali: Das Elixier der Glückseligkeit. Edition Minarett: Braunschweig, 2004, S. 6-10
- Seufert G.: Politischer Islam in der Türkei. Franz Steiner Verlag: Istanbul, 1997
- Şeybani: Dschamiu's Sagir. Ocak Yayıncılık: Istanbul, 2013

- Seyyar, A.: Tıbbi Sosyal Hizmetlerde Manevi Bakım. 2. erweiterte Auflage. Rağbet: Istanbul, 2010
- Smith M.: Studies in Early Mysticism in the Near and Middle East. k.A.: Oxford, 1995
- Suyuti: Die Medizin des Propheten. Tibb un-Nabawi. Astec: Bochum, k.A.
- Takim, A.: „Und meine Barmherzigkeit umfaßt alle Dinge" (Koran 7,156): Das islamische Menschenbild und die Seelsorge im Islam. Vortrag am 18.02.2016 auf der Deutschen Islam Konferenz, 2016
- Tarhan N.: İnanç Psikolojisi. Timaş: İstanbul, 2009
- Tarhan N.: Mesnevi Terapi. Timaş: İstanbul, 2012
- Tirmidhi: Sünenü't-Tirmidhi. Çağrı Yayınlar: Istanbul, 1981
- Vahide Ş.: Dschihad in modernen Zeiten. Bediüzzaman Said Nursi´s Interpretation des Dschihad. In: In: Jama´at-un Nur (Hrsg.): Said Nursi im Spiegel westeuropäischer Diskussionen. Jama´at-un Nur: Köln, 1999, S.24-41
- Vahide Ş.: Islam in Modern Turkey. An intellectual Biography of Bediuzzaman Said Nursi. State University of New York Press: Albany, 2005
- Vámbéry A.: La Turquie d´Aujourd´hui et d´Avant Quarante Ans. P.V.Stock: Paris, 1898
- Yardım, N.: Theologische Grundlagen der islamischen Fürsorge und Anforderungen an eine Notfallbegleitung für Muslime. In: Lemmen T., Yardım N., Müller-Lange J. (Hrsg.): Notfallbegleitung für Muslime und mit Muslimen.

Ein Kursbuch zur Ausbildung Ehrenamtlicher. Gütersloher Verlagshaus: Gütersloh, 2011, S. 19-38

- Yaşar İ.: Zamanın Sesi. Yeni Asya: Istanbul, 1993
- Yavuz H.: Die Renaissance des religiösen Bewusstseins in der Türkei: Nur-Studienzirkel. In: Göle N., Ammann L. (Hrsg.): Islam in Sicht. Der Auftritt von Muslimen im öffentlichen Raum. Transcript: Bielefeld, 2004, S.121-146

Zum Autor

Der Autor Dr. Cemil Şahinöz (Soziologe, Religionspsychologe, Familienberater, Integrationsbeauftragter, geboren 1981) ist Gründer und Chefredakteur der Zeitschrift "Ayasofya". Er hat verschiedene Bücher zu soziologischen, gesellschaftlichen, psychologischen und theologischen Themen verfasst. Sein erstes Buch schrieb er mit 15 Jahren und mit 16 Jahren brachte er seine erste monatliche Zeitschrift heraus. Sein Aufsatz "Situation der türkischen Familien in Europa" wurde 2006 von Diyanet (DİTİB) zum "Besten Aufsatz des Jahres" gewählt. Zu verschiedensten Themen hält er Vorträge, Seminare, Fortbildungen, Konferenzen und Workshops. Er ist in verschiedenen Zeitungen und Zeitschriften als Journalist und Kolumnist tätig. Als Journalist begleitete er den deutschen Bundespräsident Christian Wulff und den türkischen Staatspräsidenten Abdullah Gül bei ihrem Osnabrück-Besuch. Şahinöz moderierte den Podcast "Misawa Talk". Hauptberuflich ist er in der Integrationsagentur und Familienberatung und nebenbei in der türkischen Glücksspielsuchthotline tätig. In der Vergangenheit arbeitete er als Lehrer, Projektmanager, Seelsorger für muslimische Häftlinge, Übersetzer, Editor und Leiter von pädagogischen Angeboten. Seine Webseite (www.misawa.de) wurde unter 42 deutschen Islamseiten in den Bereichen "Offenheit", "Dialog", "Meinungsfreiheit", "Toleranz" und "Demokratisch" in einer Forschungsarbeit an einer Universität am besten bewertet. Als Dank und Auszeichnung für sein Engagement im Bereich Integration wurde er von

Bundeskanzlerin Dr. Angela Merkel im Bundestag in Berlin empfangen und seine Arbeit auf diesem Gebiet gelobt. Şahinöz traf sich u.a. auch mit dem muslimischen Berater von Barack Obama, Rashad Hussain, und tauschte sich mit ihm über den Islam, die Muslime und ihren Organisationen in Deutschland aus. Der AIB (Europäischer Arbeitgeber und Akademiker Verbandes NRW) verlieh ihm im Juni 2011 den "Akademiker- und Integrationspreis." In der Focus Ausgabe Nr. 39 (19.09.2015) wurde er als einer der intellektuellen, muslimischen Jugendlichen in Deutschland vorgestellt und als "Seelsorger" betitelt. Şahinöz war zudem Vorsitzender des Bündnis Islamischer Gemeinden (Dachverband der muslimischen Einrichtungen in Bielefeld) und Gründungsmitglied, Generalsekretär und ehemaliger Vorsitzender der European Risale-i Nur Association (Dachverband der Nurculuk Bewegung in Europa).

Kontakt

cemil.sahinoez@gmx.de
www.misawa.de
https://x.com/Cemil_Sahinoez
https://www.facebook.com/CemilSa
http://instagram.com/cemilshnz
https://www.youtube.com/user/Cemil4000

Weitere Bücher von Dr. Cemil Şahinöz:

• Wer Bist Du? Die Reise des Menschen
• Das Gebetsbuch. Handbuch zum Islamischen Gebet. Theorie und Praxis
• Die Nurculuk Bewegung. Entstehung, Organisation und Vernetzung
• Patient oder Kunde? Eine empirische Studie über Konzepte, Strukturen und Kundenorientierung in Krankenhäusern
• Leben und Arbeiten mit türkischen, arabischen und muslimischen Familien: Ein einfühlsamer Ratgeber
• Chancen(un)gleichheit in der Schule
• Der deutsche Islam
• My Halal Check – Einkaufshelfer für Muslime
• Avrupa´da Islam. Gurbette müslümanlar ve türkler (türkisch)
• Muhammed in der Thora und der Bibel
• Gefangen im Spiel. Glücksspielsucht unter Migranten. Ursachen, Folgen und Wege aus der Sucht
• Islamisches Wörterbuch
• Salafismus. Extremismus und Fanatismus verstehen und handeln
• Pozitif ol. Pozitif bak. Psikolojik Terapide Risale-i Nur (türkisch)
• Die Gülen Bewegung – Religionsgemeinschaft oder Geheimbund?
• Seelsorge im Islam: Theorie und Praxis in Deutschland
• Islamische Seelsorge bei Said Nursi
• Nurculuk Hareketi: Sosyolojik Bir Araştırma (türkisch)
• Systeme der Gesellschaft
• Ahlaq – Moral und Ethik im Islam

- Positives Handeln bei Said Nursi
- Kalbinizle yaptığınız her şey, size geri dönecektir (türkisch)
- Einführung in die islamische Soziale Arbeit und Religionssoziologie
- Cemaat'ten Örgüt'e. FETÖ'nün sosyolojik analizi (türkisch)
- Rhetorik und die Kunst der Kommunikation nach Imam Gazali
- Damals war es Ali
- Göçmen Bavulu (türkisch)
- Das große Buch der islamischen Bittgebete
- Yapay Zeka. Dost mu, Düşman mı? (türkisch)
- Faiz nasıl helal oldu? (türkisch)
- Perspektivenwechsel. Durch positive Psychologie das Leben neu entdecken
- Who Are You? The journey of man (englisch)
- Waswasa und Panikattacken. Strategien gegen Zwangsstörungen, Zwangsgedanken und Einflüsterungen
- Islamische Philosophie
- Der Pfad des Glaubens. Said Nursis Botschaften für Herz und Verstand

Islamische Seelsorge
bei Said Nursi

Dr. Cemil Şahinöz, Avni Altıner
(Hrsg.)

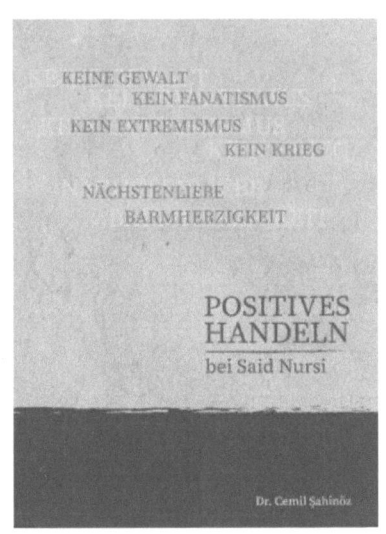

KEINE GEWALT
KEIN FANATISMUS
KEIN EXTREMISMUS
KEIN KRIEG

NÄCHSTENLIEBE
BARMHERZIGKEIT

POSITIVES HANDELN
bei Said Nursi

Dr. Cemil Şahinöz

DIE NURCULUK BEWEGUNG
Entstehung, Organisation und Vernetzung

Dr. Cemil Şahinöz

Dr. Cemil Şahinöz

Der Pfad des Glaubens
Said Nursis Botschaften
für Herz und Verstand.